KB040002

부의 대이동

달러와 금의 흐름으로 읽는 미래 투자 전략

부의 대이동

오건영 지음

P page2

부와 가난의 갈림길에서

전 세계가 코로나19로 고통받고 있는 이즈음, 매우 역설적이게도 전 세계적으로 투자 열풍이 불고 있다. 나스닥은 연일 사상 최고가를 경신 중이고 우리 주식시장은 '동학 개미운동'이라는 신조어가 생길 정도로 개인투자자들의 주식시장 진입이 왕성하며 정부가 수차례 고강도 부동산 규제책을 내놓고 있지만 집값은 아랑곳하지 않고 치솟고 있다.

글로벌 팬데믹에 대응하여 먹고사는 문제를 해결하기 위해 정부가 전례 없는 막대한 유동성을 풀면서 발생한 기현상이다. 2008년 금융위기 이후 10년 넘게 진행된 자산 가격의 상승기에 경험한 부의 양극화라는 치명적인 결과를 너무도 잘 알기에 우리는 지금이라도 이 유동성 랠리에 올라타려고 몸부림치고 있는 중이다.

과연 이 유동성이란 이름의 열차는 우리를 부의 종착역까지 안전하게 데려다줄 수 있을까? 과연 이 열차는 경기 침체와 자산 버블이라는 협곡과 사막을 안전하게 통과할 수 있을까? 우리는 너무 늦게, 그것도 너무 비싼 승차권을 지니고 이 열차에 올라타고 있는 것은 아닐까?

이 책의 저자 오건영 팀장은 '삼프로TV'가 세상에 알린 국제금융 시장 분석가이다. 지금까지 그가 보여준 미 연방준비제도를 중심으로 한 깊이 있고 경쾌한 분석은 30년 가까이 금융시장을 관찰해온 나에게도 매우 신선한 충격이었다. 어떤 학자도, 어떤 애널리스트도 갖지 못한 금융시장에 대한 탁월한 해석 능력에 더해 글과 말의 친절함까지 함께하면서 오건영 팀장은 이미 여의도는 물론이고 경제에 관심 있는 많은 분들에게 하나의 아이콘이 되었다.

오건영 팀장은 어떤 자산을 사거나 팔라는 말을 결코 하지 않는다. 그러나 그의 말과 글을 접하다 보면 우리도 모르게 지금 해야 할 투자의 지평이 넓어지고 얼마 지나지 않아 '맞아! 그런 뜻이었구나' 하는 발견의 쾌감을 함께 느끼게 된다.

삼프로TV 방송에서 오건영 팀장과 나는 폐부 깊은 곳에서 뽑아내는 진성과 쾌도난마식의 경쾌한 가성을 함께 쓰는 절창과 그 명창의 흥을 돋우는 고수의 역할을 나누어 해왔다. 누구는 나의 진행 테크닉을 칭찬하지만 솔직히 말하면 그와 생방송을 할 때마다 그의 강의에 빠져들어 몰아의 상태에서 내뱉는 신음이나 호흡 소리 같은 추임새를 더했을 뿐이다. 그만큼 그의 강의는 힘과 감동이 있다.

이 책을 꼭 찬찬히 그리고 끝까지 읽어보기를 권한다. 강의에서 다

하지 못한 그의 인사이트와 친절한 설명을 들으며 어느 역에서 어디로 가는 부의 열차에 올라탈지를 가늠해보기를 권한다. 더운 여름, 바쁜 업무에도 열정을 다해 좋은 글을 써준 오건영 팀장에게 감사하며 모든 독자분들이 올해는 꼭 부자 되시기를 간절히 소망한다.

여의도 연구실에서
삼프로TV 김동환

급변하는 시장 속
기회를 찾는 법

지난해 첫 책을 출간하고 나서 벌써 1년이라는 시간이 흘렀습니다. 지난 1년 동안 우리가 사는 세상에는 정말 많은 변화가 있었습니다. 특히나 금융시장과 투자 업계에서는 큰 변화가 나타났죠. 2020년 2~3월 코로나19 팬데믹이라는 사상 초유의 사태로 금융시장이 금융위기 이후 최대 폭으로 급락하는 불안한 모습을 보였고, 이후 사상 유례없는 규모의 경기 부양으로 경기는 무너져 내리는데 주식시장은 뜨겁게 달구어지는 현상도 나타났습니다. 불과 3~4개월 동안 기록적인 상승과 하락을 목격한 만큼 냉온탕을 오간 투자자들의 불안감 역시 상당했을 겁니다.

다만 제가 너무나 놀랐던 것은 이런 급격한 변동성 속에서도 개인투자자들의 주식시장 참여가 활발했다는 점입니다. 여의도에 있다 보니 투자자분들과 자주 대화를 나누는 편인데요, 과거와는 달리 단순히 개별 종목만을 보는 것이 아니라 환율, 금리를 비롯하여 매크로 시장 전체를 조망하는 방법에 상당한 관심을 보여준다는 것을 느꼈습니다.

지난번에 쓴 책의 서문에서 거시 경제에 대한 얘기는 소외되기 딱 좋은 담론이라는 말씀을 드렸는데 불과 1년 만에 이런 분위기가 사뭇 바뀐 것이 아닌가 하는 생각이 들 정도였죠. 경제 유튜브 플랫폼을 통해서 방송을 하면서도 이런 변화를 확연히 느끼게 됩니다. 매크로 애널리스트들이나 이코노미스트들의 이야기를 개인투자자들이, 그리고 금융시장에 대해 조금이라도 더 알고 싶어 하는 분들이 적극적으로 들어보려고 한다는 느낌을 받았습니다. 그리고 이런 큰 변화 속에서 매크로 경제를 공부했던 제가 부족하나마 할 수 있는 역할이 무엇인지에 대해 진지하게 고민했습니다.

그 결과 생각한 것이 바로 '소통'이었습니다. 지난 15년여 동안 금융시장을 관찰하며 배운 것들을 주제로 금융시장을 새롭게 배우고자 하는 분들과 대화하고 소통하자는 생각이었죠. 이른바 '그들만의 리그'에서 오가는 어려운 말이 아니라 평범한 언어로 말입니다. 저는 유튜브 경제 채널을 통해 지속해오던 소통을 이제 책을 통해서 이어갈까 합니다. 지난 책은 환율과 금리, 즉 우리가 자주 접하기는 하지만 복잡하게만 느껴져 부담스러웠던 금융 이야기를 위기의 역사를 통해 쉽게 살펴보았습니다.

그리고 이번 책에서는 환율, 금리보다는 조금 더 구체적으로 '투자 가능한 자산'을 중심으로 소통을 시도해보았습니다. 그중 하나가 코로나19 사태 이후 다시 한번 그 무서움을 만천하에 알리면서 유명세를 타고 있는 '달러'고요. 다른 하나는 2019년 하반기부터 제대로 눈을 뜨면서 고공비행을 이어가고 있는 '금'입니다. 실제 최근 금이나 달러를 사두면 어떻겠냐고 묻는 분들도 많고, 언론에서도 금이나 달러는 투자 자산으로 자주 오르내리곤 하죠. 이번 책에서는 너무나 유명한 투자 자산이기는 하지만, 그리고 투자하는 게 좋을 것 같다는 느낌은 들지만, 어떤 특성을 갖고 있는지 그리고 어떤 식으로 공부하고 투자하면 좋을지가 막막했던 금과 달러라는 자산에 대해 소통해보려고 합니다.

하지만 단순히 금이나 달러를 지금 사야 한다, 팔아야 한다 같은 단답형 조언을 담지는 않았습니다. 지난 책과 마찬가지로 역사의 흐름 속에서 이들 자산의 특성을 살펴보고 앞으로 이들이 어떤 식으로 움직여 갈지, 그리고 이런 움직임 속에서 어떻게 투자를 해야 할지, 어떤 관점에서 이들 자산을 바라보아야 할지 깊이 있게 다루어보았습니다.

우리가 역사를 공부하는 이유는 시험을 보기 위해서가 아닙니다. 과거를 통해 현재 우리의 위치를 알고, 현재에 대한 명확한 인식을 바탕으로 최적의 미래를 그려나가기 위함이라고 생각합니다. 저는 이 책에서 지난 100여 년의 역사 흐름 속에서 금과 달러가 어떻게 경쟁했는지 다루어보려 합니다. 그리고 1980년대를 넘어서면서는 시기별로 끊어가며 그 시대의 경제 상황은 어땠고, 그 당시 금과 달러 그리고 다른 금융 자산들이 어떻게 움직였는지 스냅샷을 찍는 것처럼 전개해보았습니다.

이런 긴 과거 흐름을 통해 금과 달러는 어떤 '특성'을 가진 자산인지를 시장의 실질적인 흐름을 통해 체득할 수 있으리라 생각합니다. 그리고 2020년 상반기 찾아온 코로나19 사태 속에서의 이례적인 금융시장의 움직임을 통해 이 자산들이 갖고 있는 특성을 생생히 보여드리고자 했습니다. 그리고 여기까지의 진단을 바탕으로 이들 자산의 미래를 그려보았는데요, 단순히 오른다 또는 떨어진다라는 방향성에 대한 조언보다는 투자 포트폴리오 관점에서 접근했을 때의 효과를 말씀드리는 데 집중했습니다.

저는 매크로 투자에 대한 학습은 영어 공부처럼 해야 한다고 생각합니다. 영어를 책으로 읽으며 공부하는 것도 필요하겠지만, 그보다는 원어민과 매일매일 대화를 하면서 스스로 배워나가는 게 더 중요하다는 의미입니다. 비슷한 관점에서 큰 시장의 흐름을 경제학 교과서나 전문적인 서적을 통해 배우는 것도 좋지만, 매일매일 바뀌는 시장 상황을 조금씩 관찰하고 따라가며 시장의 흐름 속에서 하나하나 배워야 한다고 봅니다. 다만 매크로 투자라는 것이 워낙에 추상적이고 광범위하기에 환율과 금리, 혹은 금과 달러라는 특정 카테고리를 중심으로 학습을 해나가는 것이 초기 단계에는 필요하지 않을까 생각합니다.

환율과 금리는 '돈의 값'을 말합니다. 그리고 금과 달러는 '실물 화폐'와 '종이 화폐' 자체를 말합니다. 모든 투자는 돈을 갖고 하기에 돈의 값을 알고 돈 자체에 대한 이해를 높이는 것이 필수겠지요. 부족하나마 이 책을 통해 이런 돈에 대한 이해도를 높이면서 투자에 도움이 되는 기초 지식을 키울 수 있기를 바랍니다.

쉽지 않은 주제를 쉽게 다루기 위해 노력한 만큼 이 책에서는 다음과 같은 점을 반영했습니다. 첫째, 전체 글이 구어체입니다. 유튜브나 여타 방송에서 말하는 것처럼 투자에 대해 궁금해하는 분들과 실제 대화를 하는 느낌을 살리고자 구어체를 썼습니다. 둘째, 실제 경제 신문의 기사들도 다수 첨부했습니다. 인용된 경제 기사들을 제가 말씀드리고 있는 이론과 접목해서 읽어보면 보다 수월하게 이해가 될 것입니다. 마지막으로 그래프마다 강조 포인트를 두었고, 각 그래프에 대한 설명과 해석을 달아두었습니다. 글보다는 하나의 그래프가 상황을 더 직관적으로 설명해주기도 합니다. 그래프 하나하나 그냥 넘어가지 말고 꼼꼼히 흐름을 체크하면서 읽어보면 금융시장을 이해하시는 데 훨씬 더 많은 도움이 되리라 확신합니다.

금과 달러는 제가 관심을 많이 가지고 있던 분야였기에 이번 책은 수월하게 쓸 것이라는 착각(?)을 했습니다. 그런데 책을 쓰는 건 역시 쉽지 않은 일이더군요. 특히나 이번 책에서는 코로나19 사태로 날마다 드라마틱하게 바뀌는 금융시장의 변화를 최대한 반영해서 설명하려다 보니 생각보다 훨씬 힘든 작업이었습니다. 이런 고된 기간 동안 아낌없는 격려와 지도 편달을 해주신 저희 신한AI 배진수 사장님과 동료들, 지금의 제가 있기까지 많은 것을 가르쳐주신 신한은행의 선후배님들, 바쁜 일상 속에서도 금융시장을 모니터링할 수 있게 힘을 불어넣어주시는 페이스북과 네이버 카페 회원님들, 변함없이 힘을 주시는 삼프로TV 진행자분들과 수많은 청취자분들께 진심 어린 감사의 말씀을 드립니다. 그리고 수개월 동안 주말마다 카페에 앉아 종일 책을 쓰고 있음에도 불만 한마디 없이 응원해준 아내와 아이들에게, 항상 작은아들을 믿어주시는 어머니와 형에게, 그리고 항상 저에게 힘을 불어넣어주신 장인어른과 장모님께, 마지막으로 하늘에서 저를 지켜주고 계시는 아버지께 사랑한다는, 그리고 깊은 감사를 드린다는 말씀을 전합니다.

오건영

PART 1 | 기초 지식 편

돈의 흐름을 읽는 환율과 금리에 대한 이해

PART 2 | 달러 투자 편

'궁극의 안전 자산' 달러로 포트폴리오를 보호하라

PART 3 | 금 투자 편

초저금리의 장기화, '황금의 시대'가 돌아왔다

PART 4 | 최종 정리 편

위기에 강한 자산에 투자하라

PART 1

THE BIG SH

돈의 흐름을 읽는
환율과 금리에 대한 이해

T OF MONEY

•••••• 먼저 기초 지식 편을 시작하기 전에 이 말씀을 드릴까 합니다. 기초 지식 편은 이미 환율이나 금리, 채권 등에 대해 상당한 지식을 갖고 있는 분들에게는 어쩌면 유치하게 느껴질 수 있습니다. '이거 설명이 너무 대충 아닌가?' 하는 생각이 들 수도 있을 겁니다. 세계 경제 흐름에 대한 이야기를 어려워 하는 분들의 이해를 돕기 위해 조금은 과도한 일반화 혹은 사례를 든 것도 있습니다. 아무쪼록 이런 점은 너그러이 이해해 주기 바랍니다.

다만 아무리 기초라고 해도 마냥 쉬운 이론들만 나열하는 방식은 지양했습니다. 이론을 설명하되, 신문 경제면에 나오는 기사를 함께 인용하면서 이 이론이 현실에서 어떻게 적용 되는지 보여드리려고 합니다. 기사 해설까지 들어가다 보니 조금 길게 느껴질 수도 있을 겁니다. 하지만 아시죠? 이론만 배우는 것보다는 이론과 함께 응용 문제를 풀어봐야 제대로 이해하고 있는지를 알 수 있는 법입니다.

기초 지식 편은 환율 이야기 두 개, 금리 이야기 세 개 이렇게 모두 다섯 개의 스토리로 이루어져 있습니다. 뒤의 달러 투자 편과 금 투자 편을 읽을 때 헷갈릴 수 있는 개념을 따로 빼서 적어둔 것이라 생각하고, 차분히 그리고 가벼운 마음으로 읽어보기 바랍니다. 이제 시작합니다.

환율은 대체 무엇이고,
왜 자꾸 변하는 걸까?

대부분의 사람들이 '환율'이라는 말을 들으면 일단 드는 생각이 '매우 복잡하다'일 겁니다. 네, 솔직히 복잡합니다. 그냥 직관적으로도 환율은 두 나라 돈의 값어치를 비교한 값입니다. '달러/원 환율은 1달러에 1000원' 이런 식으로요.

그러다 보니 이 둘의 값어치를 제대로 판단하기 위해서는 미국 달러의 가치와 한국 원화의 가치를 '동시에' 알아야 합니다. 그것도 대충 알아서 되는 게 아니라 제대로 알아야 하겠죠. 미국과 한국을 비교해서 나오는 숫자인 만큼 환율이 이해하기 참 어렵다는 것은 그야말로 팩트라고 봅니다. 그렇지만 워낙에 실생활에 밀접하게 연관되어 있는 만큼, 그리고 투자와도 밀접히 연관이 되는 만큼 환율에 대한 기초적인 이해는 어느 정도 가지고 가야 합니다.

환율 = 비교를 통해 완성되는 돈의 값

환율을 쉽게 한마디로 정리하면 '대외적인 돈의 값'이라고 보면 됩니다. 돈에도 값이 있는데요, 한국 원화의 가치가 대외적으로는 얼마인지를 보는 척도가 바로 환율입니다.

그럼 대체 '대외적'이라는 건 무슨 말이냐? '대외적'은 다른 국가의 통화와 비교한다는 거죠. 그게 미국 달러화가 될 수도 있고, 일본 엔화나 중국 위안화 혹은 유럽의 유로화가 될 수도 있습니다. 그리고 달러를 기준으로 한 원화의 가치를 우리는 '달러/원' 환율이라고 부르고요, 일본의 경우 엔/원 환율, 중국은 위안/원 환율, 유럽은 유로/원 환율이라고 부르게 됩니다. '1달러를 사기 위해 한국 원화가 얼마 필요한가?'라는 직접적인 비교 방법을 쓰게 되는데, 1달러에 1200개의 원화, 즉 1200원이 필요하면 달러/원 환율은 달러당 1200원이라고 말하게 되죠.

'음, 크게 어렵지 않네'라는 생각이 들 텐데요. 하지만 여기서부터 조금 복잡해집니다. 달러 가치가 오르게 됩니다. 1달러를 살 때 예전에는 1200원이 필요했는데, 이젠 1500원이 필요하게 된 겁니다. 그럼 달러/원 환율은 달러당 1500원이 된 거죠. 기존 1200원에서 300원이 올랐습니다. 네, 달러/원 환율이 오른 거죠(달러/원 환율 상승). 반대로 예전에는

1달러를 사는 데 1200원이 필요했는데, 달러의 가치가 하락해서 이제 1달러를 1000원이면 너끈하게 삽니다. 그럼 달러/원 환율이 달러당 1200원에서 1000원으로 200원 내려왔죠? 이걸 좀 있어 보이는 말로 달러/원 환율이 하락했다고 합니다. 달러/원 환율이 하락했다는 의미는 원화 대비 달러 가치가 떨어졌다, 즉 예전에는 1달러를 사려면 1200개의 원화가 있어야 했는데 이제는 원화 1000개만 있어도 1달러를 살 수 있다는 의미가 됩니다.

자, 여기까지 정리합니다. 달러/원 환율의 상승은 원화 대비 달러 가치가 올랐음을 의미합니다. 달러/원 환율의 하락은? 그렇습니다. 원화 대비 달러 가치가 떨어졌음을 말하죠.

'뭐야? 이 정도는 다 아는 것 아냐?'라고 말할 수 있는데요. 이제 질문 하나를 던지면 헷갈리기 시작할 겁니다. '원화 가치가 하락하면 환율은 어떻게 될까요?'라는 질문이 바로 그것입니다. 음…… 원화 가치가 하락하면? 바로 대답이 안 나오는 분들이 많을 겁니다.

환율이 복잡한 이유가 바로 여기 있습니다. 달러를 기준으로 말할 수도 있고, 원화를 기준으로 말할 수도 있기 때문이죠. 원화를 기준으로 설명을 다시 해보겠습니다. 예전에는 1200개의 원화를 갖고 1달러를 살 수 있었답니다. 그런데 이제는 1500개의 원화를 가져가야 간신히 1달러를 살 수 있는 거죠. 1500개의 원화가 필요해졌다는 얘기는 원화 가치가 달러 대비 떨어졌음을 의미하겠죠. 더 많은 원화를 줘야 달러를 살 수 있으니까요. '환율이 오른다'는 말은, 달러 기준으로는 달러 가치가 오르는 것을 의미하지만, 원화 기준으로는 원화 가치가 떨어진다는 의미가 됩니다. 반대로 환율이 하락한다는 말은 1달러를 사는 데 예전에는 1200개의 원화가 필요했지만 이제는 원화가 고귀해져서 1000개면 충분하다는 얘기죠. 달러가 약세면 혹은 원화가 강세면 달러/원 환율은 하락하게 됩니다.

인플레이션과 환율의 관계

잠시 이런 얘기를 해보겠습니다. '인플레이션'이라는 단어가 있습니다. 뉴스에서 많이 들어봤을 텐데, 물가의 상승을 뜻하는 말입니다. 물가는 물건을 살 때 얼마의 돈을 줘야 하는지를 뜻하죠. 따라서 물가가 오른다는 얘기는 같은 물건을 살 때 더 많은 돈을 줘야 한다는 의미가 될 겁니다. 그럼 여기서 질문. 인플레이션은 물건의 가격이 오른다는 얘기도 될 수 있지만 돈의 가치가 하락했다고 봐도 되는 걸까요?

그렇습니다. 물가의 상승은 물건의 가격을 측정하는 돈의 가치가 하락했음을 의미합니다. 그래서 '물가 상승'이라고 쓰고 '돈의 가치 하락'이라고 읽을 수 있는 거죠. 반대로 디플레이션, 즉 물건의 가격이 하락하는 현상은 '물가의 하락'이라고 쓰고 '돈의 가치 상승'이라고 할 수 있겠죠. 갑자기 '인플레, 디플레가 왜 나오지?'라고 생뚱맞은 느낌이 들수 있지만 이걸 환율에 적용해봅시다.

환율의 상승은 달러 가치의 상승입니다. 반대로 말하면 달러의 가치를 측정하는 원화 가치의 하락을 말하죠. 인플레이션이 물가의 상승 혹

환율의 상승은 달러 강세를

달러/원 환율 상승 → 달러 가치 상승 → 원화 가치 하락

그리고 원화 약세를 의미합니다

환율의 하락은 달러 약세를

달러/원 환율 하락 → 달러 가치 하락 → 원화 가치 상승

그리고 원화 강세를 의미합니다

은 화폐 가치의 하락을 말하는 것처럼요. 반대로 환율의 하락은 달러 가치의 하락 혹은 원화 가치의 상승을 말하게 됩니다. 자, 이제 가운데에 있는 달러 가치라는 말을 지우고 생각해봅시다. '환율이 상승했다'라는 얘기는 원화 가치 하락을, '환율이 하락했다'는 말은 원화 가치 상승이라고 할 수 있습니다. 위에 간단히 손글씨로 이 로직을 정리해두었으니 한 번만 더 읽어보고, 머릿속에 집어넣은 후 다음으로 넘어갑시다. 뒤에서 이 표현이 자주 나오는데 볼 때마다 헷갈리면 글 전체의 흐름을 놓칠 수 있으니까요.

환율과 주가,
환율과 부동산의 상관관계

달러/원 환율의 상승과 하락이 무엇을 의미하는지 간단히 정리해봤습니다. 다 이해했으리라 믿고, 이제 환율은 언제 오르고 내리는지를 생각해보겠습니다.

실은 외환 전문가들도 환율의 움직임을 예측하기 어려워합니다. 환율에 영향을 미치는 요인들이 너무나 많기 때문입니다. 하지만 그걸 다 설명하려면 머리가 너무 아플 테니 여기서는 간단하게 두 가지만 생각하고 갑시다.

달러가 밖으로 나가느냐, 안으로 들어오느냐

하나는 수출이 잘될 때입니다. 한국의 수출이 잘되면 한국은 다른 나라에 물건을 팔고 그만큼 달러를 많이 받겠죠. 우리나라로 그 달러화가 쏟아져 들어오는 겁니다. 그럼 달러 공급이 늘어나게 되니 달러 가치는 하락하게 되겠죠. 그럼 달러/원 환율은? 네, 하락하게 됩니다.

반면 한국이 계속해서 무역 적자를 기록하면 어떻게 될까요? 실제 2008년 2분기에 국제유가가 너무 많이 올랐고요, 금융위기 직전에 세계 경기 역시 좋지 않았답니다. 우리나라는 원유를 전액 수입에 의존하고 있죠. 원유를 수입하려면 우리나라에서 보유하고 있는 달러를 주고 원유를 사와야 할 겁니다. 한국에서 외화가 나가는 소리가 들리죠? 그런데 당시 국제유가가 사상 최고치인 배럴당 145달러를 기록했습니다. 참고로 이 책을 쓰고 있는 2020년 2분기 국제유가는 배럴당 20달러가 채 안됩니다. 당시 국제유가가 정말 엄청나게 높았네요. 지금이야 원유를 살 때 우리나라에서 배럴당 20달러만 내면 되지만, 2008년에는 배럴당 145달러씩을 낸 거죠. 그럼 우리나라에 있는 달러가 과도하게 밖으로 빠져나가는 겁니다. 그럼 국내 달러 공급이 줄어들게 되겠죠.

그리고 하나 더. 2008년 2분기에 세계 경기가 그리 좋지 못했다고 말했죠? 세계 경기가 좋지 않다는 것은 우리나라처럼 수출 의존도가 높은 국가에는 반갑지 않은 얘기가 됩니다. 수출은 한국에서 생산한 제품이 국내에서 팔리는 게 아니라 해외에서 팔리게 되는 것인데, 해외 경기가 좋지 않다는 얘기는 외국 사람들이 우리나라 물건을 사주기 어렵다는 의미가 되기 때문이죠. 해외에 물건을 많이 못 팔면, 즉 수출이 잘 안 되면 한국으로의 달러 유입이 줄어들게 됩니다. 원유 가격 상승으로 나가는 달러는 많아지는데 수출로 벌어들이는 달러가 줄어들게 되는 현상, 이를 '무역 적자'라고 부릅니다. 적자로 인해 달러가 한국에서 많이 유출되면 국내 달러 공급이 줄어드는 만큼 달러 가치가 상승하게 되겠죠? 달러 가치 상승은…… 네, 바로 달러/원 환율 상승을 의미합니다.

　아래에 두 개의 기사를 인용할 건데요, 첫째는 무역 흑자 관련 달러/원 환율 기사 헤드라인이고, 다른 하나는 2008년 무역 적자에 대한 기사입니다. 이 두 기사를 읽으면서 느낌만 잡고 가겠습니다.

5월 원달러 환율, 무역수지 흑자로 하락할 것
(이코노믹리뷰, 2019. 4. 30)

　기사 제목만 써봤습니다. 무슨 뜻인지 바로 이해되었나요? 네, 달러/원 환율이 하락한다고 하죠. 왜? 무역수지 흑자로 달러가 유입될 것이기 때문에요. 그런 기대가 생긴다는 내용을 골자로 하고 있습니다(여기서 잠깐. 기사에서는 '원달러' 환율이라고 쓰고 있죠? 음…… 사실 이렇게 쓰면 안 되는 건데, 그냥 원달러 환율이라는 기사의 표현과 제가 말하는 달러/원 환율 모두 '달러 대비 원화 가치'라고 생각해주길 바랍니다. 동일한 의미라고 보고 따라가시면 될 듯합니다). 다음 기사를 또 보겠습니다.

고유가로 11년 만에 첫 상반기 무역 적자

(연합뉴스, 2008. 06. 29)

정부가 국제유가 급등세가 이어짐에 따라 올해 무역수지 전망치를 흑자에서 적자로 수정할 것으로 보인다. 올해 상반기 무역수지가 11년 만에 처음 적자를 기록할 것으로 예상되는 데 이어 국제유가도 당초 전망과 달리 급등세를 지속해 연간 전체로도 무역수지가 적자를 낼 가능성이 높아졌기 때문이다. 정부는 최근의 국제유가 상승세를 반영해 다음 달 초 무역수지 수정 전망치를 발표할 예정이다. 29일 지식경제부와 관세청 등에 따르면 올해 들어 이달 20일까지 수출은 1988억 2339만 달러였고 같은 기간 수입은 2095억 2033만 달러로 무역수지는 106억 9694만 달러의 적자였다. (……) 무역수지가 계속 악화되고 있는 이유는 국제유가의 상승세 때문이다. 올해 들어 지난 5월까지 우리나라의 원유 수입액은 351억 7400만 달러로 지난해 같은 기간에 비해 58.9% 늘어났다. 특히 수입 물량은 줄어들고 있는데 수입액은 대폭 증가하고 있다.(후략)

결국 국제유가의 상승으로 인해 이례적인 무역 적자가 나타났다는 얘기의 기사임을 알 수 있을 겁니다. 그럼 2008년도에는 환율이 당연히…… 네, 올랐습니다. 원화가 약세를 보였다는 의미겠죠. 이 기사에서 환율이 국제유가하고 연계되어 있다는 점을 추론해낼 수 있겠죠? 최근에는 국제유가가 환율에 미치는 영향이 상당히 약해졌지만 과거에는 아주 결정적인 요소 중 하나였답니다. 이 정도만 보고 다음으로 넘어가겠습니다.

주식시장에서 '큰손들'이 움직일 때

제가 아까 환율에 영향을 미치는 요인으로 크게 두 가지가 있다고 했죠? 앞에서 그중 하나, 무역으로 인한 달러의 공급 및 유출을 설명했습니다. 이렇게 실물 경기가 환율에 영향을 많이 주는 게 보통이지만, 최근 들어 금융시장 역시 환율에 상당한 영향을 주고 있습니다. 우리나라 주식시장에는 세 종류의 플레이어들이 있다는 말을 들어봤을 겁니다. 바로 외국인, 기관, 개인입니다. 이 중 가장 입김이 센 세력이 바로 외국인입니다. 네, 해외의 강한 자본력을 바탕으로 우리나라 주식을 사고파는 이른바 '큰손'이 그들입니다.

　우리나라 주식이 좋아 보입니다. 그럼 외국인들이 우리나라 주식을 사기 위해 찾아오죠. 그리고 우리나라 국채도 좋아 보이면, 마찬가지로 한국 채권을 사기 위해 올 겁니다. 문제는 한국의 주식, 채권을 사들이려면 원화가 필요하다는 겁니다. 그럼 갖고 온 달러를 팔고 원화를 사야겠죠. 그렇게 사들인 원화로 한국의 주식과 채권을 사들일 겁니다. 그러니까 외국인들이 한국 주식을 살 때 먼저 달러를 팔고 원화를 사들이면서 원화 가치가 상승할 겁니다. 원화 가치의 상승은 뭐죠? 달러/원 환율 하락입니다. 환율은 하락하고요, 그렇게 받은 원화로 외국인들이 한국 주식을 삽니다. 주가가 상승하죠. 그래서 외국인이 한국 주식을 마구 사들이면 달러/원 환율 하락 & 주가 상승이라는 조합이 나오는 겁니다.

　반대로 외국인들이 한국 주식을 마구 팔게 되면 어떨까요? 한국 주식을 팔고, 그렇게 팔아 손에 쥔 원화를 달러로 바꿔 한국을 떠나겠죠. 그럼 한국 주가는 하락하게 되고, 원화를 마구 팔아버리니까 원화 가치가 떨어지겠죠? 네, 달러/원 환율이 상승하게 되는 겁니다. 자, 그럼 관련 기사를 좀 인용해볼까요?

> ### 코스피 상승에 원/달러 환율 9.3원 하락 마감
> (연합뉴스, 2020. 4. 27)

보통 외국인이 주식을 사서 주가를 밀어올리게 되면 이런 기사가 나옵니다. 코스피 상승 & 달러/원 환율 하락의 조합이 나오는 겁니다. 조금 더 있어 보이게 쓰면 이렇게도 나오죠.

> ### 원달러 환율 1.0원 하락 마감.. 증시와 연동 흐름
> (연합뉴스, 2020. 4. 28)

환율이 주식시장과 연동되어 있다는 것, 느낌이 좀 오나요? 그냥 얼핏 생각하기에 주가와 환율이 반대로 움직인다는 느낌, 그 정도로만 기억하면 될 듯합니다. 뒷부분에 달러 투자에 관한 이야기가 나올 텐데요, 거기서 좀 더 자세히 다루어보겠습니다. 여기서 혹시 원화 가치를 기준으로 환율을 설명하고 있는 게 조금 복잡하게 느껴지는 분들은 앞의 손

글씨로 쓴 내용을 다시 한번 보고 오면 좋을 듯합니다.

환율과 채권, 환율과 부동산

환율 이야기를 끝내기 전에 하나만 더 말씀드려보겠습니다. 앞에서 외국인이 한국의 주식과 채권을 산다고 했죠? 주식 얘기는 했는데 채권 얘기는 안 했죠? 똑같습니다. 외국인이 채권을 팔고, 그렇게 받은 원화를 팔아 달러를 사서 나가게 되면 한국 채권 가격은 하락하게 되겠죠. 그리고 원화가 약세를 보이면서 달러/원 환율은 상승하게 될 겁니다. 반대로 외국인들이 우리나라 채권을 마구 사들이면 어떤 일이 벌어지게 될까요? 네, 원화를 사고, 그렇게 받은 원화로 한국 국채를 사들입니다. 그럼 한국 국채 가격이 상승하겠죠.

채권 가격이 오른다는 얘기는요, 채권 금리가 하락한다는 얘기와 동일한 겁니다. 이 부분은 바로 다음에 이어지는 금리 내용에서 자세히 설명을 하겠습니다. 방금 외국인들이 우리나라 국채를 사들이면 국채 가격이 올라가고 국채 금리가 하락한다고 했죠? 국채 금리가 하락하게 되면…… 여기서 또 질문 나갑니다. 금리가 하향 안정화되면 부동산시장은 어떻게 반응하게 될까요? 금리가 낮다는 얘기는 돈을 빌려서 집을 사기 좋은 환경이라는 얘기 아닌가요? 그렇습니다. 환율의 움직임은 부동산시장과 깊은 연관성을 갖기도 합니다. 이렇게 환율이 주식, 채권, 부동산과 관련이 있다는 점만 봐도 환율에 대해서 조금은 알아두어야 하겠다는 생각이 확 들지 않나요? 이 이야기는 조금 더 복잡하니 파트 2 달러 투자 편에서 조금 더 깊이 있게 다루어보도록 하겠습니다.

채권, 금리가 오를수록 가격은 떨어지는 이유

이제 본격적으로 금리 이야기를 해보겠습니다. 앞에서 외국인들이 한국 채권을 마구 팔면 채권 가격이 하락하게 되고, 그로 인해 채권 금리가 상승한다는 말을 했습니다. 이게 무슨 얘기인지 잠시 생각해보겠습니다.

홍길동이 정기예금을 가입하러 은행에 갑니다. 1년짜리 정기예금으로 1000만 원을 들어요. 1년 금리는 단리로 8%를 받는다고 해보죠. 그럼 1년 후에는 이자 포함 1080만 원의 돈을 받게 될 겁니다. 그런데 정기예금에는 문제가 하나 있습니다. 중도해지가 안 된다는 겁니다. 하지만 길동 씨는 '뭐, 1년 놔둘 거니까 괜찮아' 하고 아무 생각 없이 오케이

하고 은행을 나왔습니다. 그런데 다음 날 큰일이 터집니다. 시중금리가 크게 오르면서 정기예금 금리가 20%가 된 겁니다. '아, 하루만 더 늦게 갈 걸' 하는 후회가 팍 들지 않겠습니까? 그래서 은행을 찾아갔습니다. 그런데 말했던 것처럼 중도해지가 안 되는 정기예금이라는 게 문제였습니다. "1년 넣어놓으면 1년 후에는 1080만 원을 받을 겁니다"라는 앵무새 같은 대답만 반복적으로 듣고 왔죠. 어제 가입하지 않고 오늘 가입했다면 길동 씨는 1년 후에 20% 이자를 받기에 1200만 원을 받을 수 있었을 겁니다. 정말 화병이 나지 않을까요?

그래서 길동 씨는 은행 직원에게 부탁합니다. 어떻게든 이 정기예금을 해결해달라고요. 중도해지가 안 되면 다른 사람에게 팔아달라고 요구하는 겁니다. 근데 상식적으로 생각해봅시다. 누가 20%짜리 정기예금이 즐비한데 8%짜리 정기예금을 사주겠어요. 그러자 은행 직원이 이런 얘기를 합니다. "아무도 이 정기예금을 받아주지 않는데…… 다만 원금을 깎은 상태에서 팔면 팔 수 있습니다." 이게 대체 무슨 소리일까요? 자세히 들어봅니다. 홍길동의 입장이 아닌 그 예금을 '사주는 사람'의 입장을 생각해보는 겁니다.

시중금리의 영향을 받는 국채

예금을 사주는 사람 입장에서는 굳이 홍길동의 8%짜리 예금을 사줄 이유가 없습니다. 그래서 은행 직원이 이렇게 설득을 하는 겁니다. "홍길동 씨의 예금은 1년이 지나면 1080만 원을 받는 상품입니다. 그럼 고객님께서는 지금 900만 원만 주고 정기예금을 가입하시고, 20% 이자니까 1년 후에 똑같은 금액 1080만 원을 원리금으로 받으면 되는 것입니다"라고 말이죠. '대체 뭔 소리지?' 하는 느낌이 팍 들 것 같습니다. 조금 더 쉽게 가죠.

홍길동의 예금을 사는 사람 입장에서는 900만 원짜리 새로운 정기예금을 가입해서 1년 후에 20% 이자를 붙여 1080만 원을 받으면 되는 거죠. 그럼 지금 홍길동의 예금, 즉 원금 1000만 원에 8% 이자를 주는 예금을 단돈 900만 원에 사들이게 되면? 네, 1년 후에는 똑같이 1080만 원을 받는 겁니다. 즉, 홍길동 씨의 예금을 사주는 사람은 결국 900만 원을 주고 1년 후 1080만 원을 받으면 됩니다. 그러면 새로 정기예금을 가입하나 홍길동의 정기예금을 사주나 전혀 상관없겠죠. 다만 마음속으로 생각할 겁니다. '아, 뭐가 이렇게 복잡해?'라고요.

이제 은행 직원이 홍길동에게 가서 이 소식을 전합니다. "사주겠다는 사람이 나왔다. 그런데 홍길동 님은 지금 정기예금을 900만 원에 파셔야 한다."라고 말이죠. 홍길동은 기분이 무지 안 좋을 겁니다. 그래도 이 정기예금을 갖고 있으면 볼 때마다 화병이 날 것 같으니 그냥 팔아버리고 900만 원을 받게 됩니다.

여기까지 설명하고 질문 드려보죠. 홍길동은 주식 투자를 한 것일까요? 아닙니다. 정기예금을 든 거죠. 그런데 지금 1000만 원 가입한 예금을 팔아서 900만 원을 받았습니다. '예금은 손실이 안 나잖아요?'라는 생각은 여기선 잠시 버리기로 하죠. 1년을 기다렸다면 1080만 원 정도의 원리금을 받을 수 있었겠지만 지금 당장 팔았기에 900만 원밖에 받지를 못한 겁니다. 정기예금을 만기가 되기 전에 팔았기 때문에 시중금리를 감안해서 가격이 결정된 거죠. 시중금리가 많이 올랐기 때문에 기존 정기예금의 매력이 떨어졌고, 홍길동은 원금이 까이면서 900만 원에 정기예금을 팔았던 거죠.

이런 일이 일어나는 가장 큰 이유는 이렇습니다. 정기예금이 '고정금리' 예금이기 때문입니다. 가입하는 그날 정기예금 금리가 8%로 고정되어 있는 거죠. 그런데 시중금리는 계속 오르고 내려가고 하죠. 제가 8%로 정기예금을 가입했는데 금리가 올라가면 짜증이 날 것이고요, 짜증 나는 이 예금을 팔아버리려고 하면 원금을 손해 보면서 팔아야 합니다. 반대로 시중금리가 내려가면? 네, 홍길동의 정기예금 금리는 그대로 고정이죠? 혹시 과거 IMF 당시에 10%짜리 장기국채를 사들였다는 사람의 이야기 들어본 적 있나요? 요즘 금리 감안하면 10%를 주는 국채는 그야말로 금싸라기 아닌가요? 너도나도 이 국채를 사려고 달려들 겁니다. 그럼 이 채권을 그냥 팔 수는 없죠. 프리미엄, 즉 웃돈을 받고 팔게 될 겁니다.

제가 지금 은근슬쩍 정기예금이라는 단어를 국채로 바꾸어버린 것, 눈치챘나요? 네. 국채를 그냥 중도해지가 안 되는, 즉 중간에 누군가에게 시가에 팔아야만 하는 고정금리 정기예금이라고 생각하면 됩니다. 시중금리가 오르면 중도에 팔 때 손실을 보게 되고, 시중금리가 내려가면 중도에 팔 때 이익을 보게 되는 그런 구조입니다. 말이 길었는데요, 그냥 짧게 이야기하자면 이겁니다. 금리가 오르면 채권 가격은 하락하고, 금리가 내리면 채권 가격은 상승한다. 이해됐나요?

(고정금리) 채권 금리 상승 → (고정금리) 채권 가격 하락

(고정금리) 채권 금리 하락 → (고정금리) 채권 가격 상승

자, 정기예금을 중간에 팔아버릴 때 손실이 나는 원리를 설명했습니다. 이제 정기예금을 국채로 바꿔 생각하겠습니다. 그럼 하나 여쭤보죠. 국채에 투자합니다. 그럼 국가가 파산하지 않는 한 원금 손실은 발생하지 않을까요? 네. 만약 국채의 만기까지 그대로 가져가면 원금 손실이 발생하지 않을 겁니다. 그런데요, 만약 급하게 현금이 필요해서 국채를 중도에 팔아야 한다면? 그럼 그 당시의 시중금리가 적용될 겁니다. 제가 1000만 원에 사들인 국채 금리가 8%였는데 이걸 중도에 팔려고 하니까 시중금리가 20%까지 오른 겁니다. 그럼 이 국채는 900만 원에 팔리게 되겠죠. 어떻게 계산했는지는 앞의 홍길동 정기예금 사례를 통해 되새겨보면 될 듯합니다.

국채 투자의 개념과 전략

여러분이 종종 가입하는 국채 펀드는 국채를 만기까지 보유하는 전략을 쓰기도 하지만 중간에 금리 변동을 예측하면서 국채를 사고파는 전략을 쓰는 경우도 있습니다. 물론 매우 매우 안정적으로 운용을 하지만 중간

에 국채 금리가 크게 뛰면 어떤 일이 벌어질까요? 네, 그닥 높은 수익률을 기대하기는 어려울 겁니다. 일부는 중간에 팔아야 하는데 국채 금리가 뛰어버리면 기존에 갖고 있던 국채를 낮은 가격에 팔아야 할 테니까요. 금리가 너무 많이 뛰는 상황이 발생한다면 원금 손실도 발생할 수 있겠죠. 국채에 투자하는 펀드는 매우 안정적으로 운용하긴 하지만 원금이 깨지는 경우도 생길 수 있다는 점을 기억해두면 좋을 듯합니다.

조금만 더 이어가보죠. 홍길동이 국채를 사들였는데 금리가 크게 뛰어버렸어요. 아, 이런. 그런데 다행히 만기가 3개월만 남은 겁니다. 그럼 짜증은 좀 나지만 3개월만 지나면 원금과 소정의 이자를 받게 되겠죠. 그럼 그 원리금을 갖고 지금 올라버린 더 높은 금리의 새로운 국채에 투자를 하면 됩니다. 이렇게 만기가 짧은 국채를 단기국채라고 부르죠. 금리가 오르더라도 만기가 짧은 국채의 경우에는 타격이 훨씬 덜합니다.

자, 느낌이 팍 오죠? 그럼 반대로 금리가 확 튀어 올랐는데, 홍길동이 사들인 국채가 만기 20년짜리라면? 아…… 정말 망연자실할 겁니다. 20년 동안 저주받는 느낌 아닐까요? 타격이 정말 큰 만큼 이 꼴 보기 싫은 국채를 누군가에게 팔려고 해도 원금을 상당히 크게 손해 보면서 넘겨야 할 겁니다. 이렇게 만기가 긴 국채를 장기국채라고 하죠. 장기국채에 투자하는 펀드의 경우 금리 상승에 매우 주의를 해야 합니다. 까딱하면 20년 동안 저주받은 국채를 보유하게 될 수 있으니까요. 반대로 시중 금리가 크게 하락하면 입장이 바뀝니다. 홍길동은 이 높은 금리를 20년 동안 계속 받을 수 있어요. 와! 이건 정말 대박 아닌가요? 너도나도 홍길동을 찾아옵니다. 그 국채, 자기한테 넘기라고 말이죠. 그런데 그냥 넘기면 안 되겠죠. 엄청난 웃돈을 받고 넘겨야 하지 않을까요? 네, 장기 국채는 시중금리가 하락할 때 상당한 수혜를 받곤 합니다.

자, 이 정도 이해가 됐으면 기사 하나 보면서 진행하죠.

글로벌 채권 금리 급등… '증시 조정' 긴장 고조

(초이스경제, 2018. 1. 30)

파이낸셜타임스(FT)에 따르면 이날 10년 만기 미국 국채 금리는 장 중 2.73% 까지 올랐다. 2014년 4월 이후 최고치다. 또 만기가 같은 독일 국채 금리는 7bp(1bp=0.01%포인트) 오른 0.69%를 기록했고, 통화정책에 민감한 독일 국 채 5년물은 2015년 11월 후 처음으로 0%를 넘어섰다. 5년 만기 영국 국채 금리 역시 1년 고점인 1.45%로 뛰었다. 채권 금리 상승은 채권 가격이 하락 했음을 의미한다. 투매 압력이 컸다는 뜻이다. (후략)

기사를 보면 10년짜리 미국 금리가 올랐다는 얘기가 나오죠. 그리고 독일 금리도 올랐다고 나오고요. 영국 금리도 1.45%로 1년 내 최고 금 리로 뛰어올랐다고 나옵니다. 여기까지 보면 전 세계 금리가 올랐다는 사실은 쉽게 알 수 있는데요. 뒤가 문젭니다. "채권 금리 상승은 채권 가격이 하락했음을 의미한다. 투매 압력이 컸다는 뜻이다." 이게 무슨 뜻인지 이해가 되나요?

자, 이렇게 가정해보죠. 경기가 급속히 나빠져서 대출 연장이 더 이상 안 된다고 칩시다. 그럼 채무자들 입장에서는 얼른 현금을 구해야 하겠죠. 현금을 빌릴 곳은 없으니 갖고 있는 자산을 팔아서 현금을 마련해야 합니다. 보니까 그나마 팔리는 자산은 국채밖에 없는 겁니다. 그 국채를 팔려고 나갑니다.

그런데 헉! 사람이 바글바글합니다. 네, 다들 국채 팔아서 현금 마련하러 나온 사람들인 겁니다. 그럼 앞다투어 국채를 팔게 되죠. 이를 '국채 투매'라고 합니다. 그럼 국채 가격이 크게 하락하게 되지 않을까요? 홍길동이 국채를 살 때는 1000만 원에 8% 국채를 사들였는데, 이게 지금은 너도나도 팔아버리니 가격이 하락해서 900만 원이 된 겁니다. 그럼 이 국채를 사들이는 사람은 900만 원에 사서 1년 후에는 1080만 원을 받는 건가요? 그렇습니다. 이 국채를 사들인 사람의 국채 투자 수익률은 20%가 될 겁니다. 채권을 앞다퉈 팔아버리니 국채 가격이 하락하면서 국채 투자 수익률이 20%로 뛰어올랐죠? 그럼 새롭게 국채를 투자하는 사람들도 적어도 20%의 수익률을 받고자 하겠죠. 네, 시중금리도 자연스럽게 20%로 뛰어오르게 될 겁니다. 이해되나요? 앞의 기사 중 뒷부분만 다시 인용합니다.

> 채권 금리 상승은 채권 가격이 하락했음을 의미한다. 투매 압력이 컸다는 뜻이다.

손해를 감수하면서까지 채권을 팔아버리니 채권 가격이 하락했고,

이것이 동전의 양면처럼 채권 금리의 상승을 부른 거라고 해석하면 되겠죠.

　이제 채권 투자에 대한 개념을 좀 잡았나요? 여러분이 국채를 갖고 있습니다. 그런데 시중금리가 오를 것 같아요. 그럼 어떻게 해야 할까요? 금리가 오르면 국채 가격이 하락하게 되겠죠? 그럼 국채를 지금이라도 얼른 팔아야 할 겁니다. 반대로 금리가 하락할 것 같으면 지금 국채를 팔면 안 되죠. 오히려 더 사들여야 할 겁니다. 그럼 사실 주식하고 똑같죠. 홍길동은 금리가 하락할 것이라 생각하고 채권을 더 사들였는데 반대로 금리가 올라버리면? 그럼 상당한 채권 가격 손실을 경험하게 되겠죠. 채권 투자도 만기까지 그냥 보유하고 가는 전략이 아니라 중간에 사고팔고 하는 전략이라면 금리의 움직임을 예측하는 어려움이 따르는 투자랍니다.

대규모 국채 발행과 금리 인상

금리의 움직임을 예측하다 보면 이런 것도 존재하겠죠. 경험적으로 봤을 때 '이건 무조건 호재인 것 같다 혹은 무조건 악재인 것 같다' 하는 이런 뉴스들이요. 예를 들어 '대기업 부도!' 이런 소식이 들리면 모든 주식 투자자들이 보유하고 있는 주식을 팔려고 하지 않을까요? 네, 채권 투자도 똑같습니다. 저만 시중금리가 오를 것이라 예상하는 게 아니라 모든 사람이 시중금리가 올라갈 것이라 기대하게 만드는 뉴스가 있습니다. 그럼 모두가 보유하고 있는 국채를 투매하는 일이 벌어지게 되죠. 그 뉴스가 무엇일까요? 네, 기준금리 인상/인하라는 뉴스입니다. 기준금리 관련 개념은 다음 장에서 더 자세히 설명할 겁니다. 여기서는 조금만 짚고 넘어가죠.

뭔지는 모르지만 기준금리가 인상되면 시장 참여자 대부분이 시중금리도 오를 것으로 기대한다고 합니다. 기준금리는 각국 중앙은행이 올리거나 내리게 되는데요, 그래서 채권시장 참여자들은 중앙은행이 기준금리를 인상할지 인하할지에 촉각을 곤두세웁니다. 바로 이런 로직이 머릿속에서 돌아가겠죠. '기준금리가 오르니까 시중금리가 오르겠군. 그럼 내 채권 가격이 떨어질 듯하니까 얼른 팔자!'라고요.

국채 발행의 증가 역시 국채 투자자들에게는 좋지 않은 뉴스입니다. 최근처럼 경기가 좋지 않으면 정부는 경기 부양을 위해 대규모 재정 지출을 결정하기도 합니다. 무슨 돈으로 할까요? 바로 국채를 발행해서 그 자금을 빌려와 지출을 하게 됩니다. 국채 발행이 늘어난다는 것은 국채의 공급 증가를 말하죠. 국채를 대규모로 발행해서 시중 자금을 빨아들일 것 같습니다. 그럼 시중 자금이 모자라게 되니 돈 구하기가 어려워지겠죠. 돈을 구하기 위해 더 높은 금리를 불러야 합니다. 네, 국채 발행의 증가는 국채 공급의 증가를 가져오고, 국채 금리의 상승을 불러오게 되죠. 국채 발행이 크게 늘어날 것 같다는 소식이 들리면 채권 투자자들은 보유하고 있는 기존 국채를 얼른 팔아버리려는 움직임을 보이곤 하죠. 최근 코로나19 사태로 인해 한국 정부 역시 적극적인 경기 부양에 나섰는데요, 이 과정에서 그 재원 마련을 위해 국채 발행을 늘리겠음을 시사했던 적이 있습니다. 당연히 채권시장이 화들짝 놀라면서 '채권 가격 하락 & 채권 금리 급등'이라는 반응이 나타났죠. 다음 기사 하나를 보겠습니다.

국채 금리 오름세… '한은, 기간산업안정기금 채권 매입해야'

(연합뉴스, 2020. 4. 27)

정부가 신종 코로나19바이러스 감염증(코로나19) 충격을 줄이는 정책을 내면서 국채 금리가 오르고 있다. 정부의 코로나19 대책 재원을 마련하기 위해서는 대규모 채권 발행이 불가피하기 때문이다. 전문가들은 금리가 올라 재정 지출이 오히려 투자를 위축시키는 구축 효과를 막으려면 한은이 채권 매입에 나서야 한다고 보고 있다. (……) 5년 만기 국고채 금리는 제5차 비상경제회의 결과가 나오기 전날인 21일만 해도 1.23%였으나 3일 만에 0.047%포인트 올랐다. 같은 기간 국고채 10년물 금리도 1.458%에서 1.546%로 0.088%포인트 뛰었다. (후략)

조금만 해설을 해보죠. 정부가 경기를 부양하려고 합니다. 코로나19 사태로 인해 직격탄을 맞은 항공업이나 유통업에 속하는 기업들에 자금 지원을 해주려고 합니다.

그런데 지원금을 어디서 마련해야 할까요? 네, 국채 발행을 대규모로 늘려야겠죠. 국채 발행을 늘리면? 국채 가격이 하락하고 국채 금리는 오르게 되겠죠. 위의 기사를 보면 5년 만기 국채 금리와 10년 국고채 금리가 뛰었다는 얘기를 하고 있습니다. 이렇듯 대규모 채권 발행은 시중금리의 상승으로 이어집니다. 대충 감이 오나요?

채권 얘기를 한참 했습니다. 여전히 어려운가요? 그래도 몇 차례 읽어보면 금세 이해가 되리라 생각합니다. 이제 기준금리에 대한 이야기로 넘어가보겠습니다.

기준금리 변동이
가져오는 나비효과

자, 금리와 관련한 두 번째 질문입니다. 기준금리와 시장금리를 이해해야 하는데요, 기준금리는 정책 금리라고도 합니다. 정책적으로 올리고 내리고 할 수 있는 금리죠. 그럼 '그 정책은 누가 결정하는가?'라고 할 수 있을 텐데, 답이 바로 나옵니다. 각국의 중앙은행이죠. 미국의 경우 연방준비제도Federal Reserve System(이하 Fed)를 말하고, 한국은 한국은행Bank of Korea이 그 주인공이 됩니다. 참고로 유럽의 경우는 유럽중앙은행European Central Bank, ECB, 일본은 일본은행Bank of Japan, BOJ, 영국은 영란은행Bank of England, BOE이 중앙은행입니다. 이들이 기준금리를 올리고 내리고 하는 역할을 하죠.

한국은행의 사례를 얘기해보겠습니다. 한국은행은 7일물 RP금리라는 초단기 금리를 기준금리 유지를 위한 타깃 금리로 정했죠. '7일물 RP가 뭐지?' 하는 궁금증이 생길 텐데요. 그리 중요한 개념이 아닙니다. 그냥 7일 만기 국채를 '7일물 RP'라고 부른다고 생각하면 됩니다. 7일물 RP금리에 한국은행이 맞추고 싶은 기준금리 레벨을 정하는 겁니다. 2020년 5월 초 현재 한국은행이 발표한 기준금리는 0.75%인데요, 한국은행은 7일물 RP금리를 0.75%로 유지하기 위해 이런 저런 수단을 동원합니다.

기준금리의 타깃인 7일물 RP금리가 현재 0.78%라고 해보죠. 기준금리보다 높아졌다는 것은 시중에 자금이 모자라다는 의미일 겁니다. 돈이 모자라니 너도나도 돈을 구하려고 할 것이고, 그러다 보면 더 높은 이자를 불러서라도 돈을 구하려고 할 거잖아요? 7일물 RP금리가 한국은행이 의도하는 기준금리인 0.75%보다 높으면 시중에 자금이 부족하다는 의미입니다. 그럼 한국은행은 시중에 자금을 주입하기 시작합니다. 그럼 어떤 일이 벌어질까요? 자금 공급이 늘어나겠죠? 돈이 풀리면서 돈 구하기가 편해진 사람들은 무리해서 높은 금리를 부르며 자금을 땡기려 하지 않겠죠. 네, 7일물 RP금리가 하락합니다. 어디까지 하락하느냐면요, 기준금리 레벨인 0.75%까지 내려갑니다.

반대로 시중에 자금이 너무 풍부해서 7일물 RP금리가 0.75%보다 낮아졌다고 해봅시다. 돈이 너무 많으면 자금을 어디서나 쉽게 빌릴 수 있죠. 그럼 가장 낮은 이자를 부르는 쪽에서 돈을 빌릴 겁니다. 그러니 금리가 낮아지게 되는데요. 0.7%까지 낮아졌다고 해보죠. 이렇게 되면 한국은행은 0.75%인 기준금리를 맞추기 위해 시중에서 자금을 흡수하기 시작합니다. 시중 자금을 흡수하면 넘치던 자금이 줄어들겠죠. 그럼 돈 구하기가 어려워지니 금리가 올라가게 될 겁니다. 어디까지? 기준금리 레벨인 0.75%까지 금리를 잡아 올리는 겁니다. 이렇게 정책적으로 정한 기준금리인 0.75%에 7일 RP금리를 맞추려는 작업, 이걸 어려운 용어로 공개시장조작Open Market Operation이라고 합니다. 이게 한국은행의 기준금리입니다.

과열과 냉각 사이, 절묘한 균형 잡기

자, 그럼 이제 어떤 식으로 작업을 하는지 구체적으로 살펴보죠. 경기가 과열 양상을 보입니다. 예를 들어 부동산시장이 과열되는 거죠. 돈을 너무 많이 풀다 보니, 금리가 너무 낮다 보니 너도나도 돈을 빌려서 부동산을 사는 겁니다. 집값이 너무 많이 올라 과열이 되면 문제가 될 수 있으니 이런 과열을 식히기 위해 한국은행은 기준금리를 인상합니다. 예를 들어 0.75%였던 기준금리를 2%로 인상한다고 해보죠. 그럼 기준금리가 2%로 올라올 때까지 상당한 시중 자금을 빨아들입니다.

　반대로 경기가 좋지 않습니다. 지금 0.75% 수준도 쉽게 풀리지 않는 거죠. 그럼 추가로 기준금리를 0.5%로 인하합니다. 그럼 0.75% 수준에 머물러 있는 7일짜리 국채 금리를 0.5%로 잡아 내리기 위해 시중에 자금을 마구 풀어주게 되겠죠. 자금 공급이 늘어나면서 자금 구하기가 쉬워지니 기준금리가 0.5%로 하향 안정될 겁니다. 네, 중앙은행은 경기의 과열 혹은 냉각 여부를 판단하면서 기준금리를 인상 혹은 인하하죠. 과열 시에는 경기 과열 방지를 위해, 냉각 시에는 경기 부양을 위해 움직이는 겁니다.

자, 그런데요. 기준금리는 7일짜리 국채 금리라고 말했죠? 국채 금리라는 말보다는 7일이라는 이 기간에 주목해봅시다. 혹시 7일짜리 대출이나 예금 해본 분들 있을까요? 아마 없을 겁니다. 실제 한국은행이나 금융 기관 등의 큰 기관들을 제외하면 이런 초단기 예금이나 대출을 사용하지 않습니다. 우리가 하는 예금은 1년짜리 정기예금, 혹은 1년짜리 신용 대출, 혹은 3개월 변동금리 주택담보 대출 같은 겁니다. 반면 한국은행 기준금리는 7일짜리 금리죠.

일반적으로 한국은행이 7일짜리 기준금리를 낮추면(인하하면) 초단기 금리 하락이 1개월, 3개월, 6개월, 1년, 3년, 10년 금리에 어느 정도 영향을 주면서 이런 중장기 금리들을 잡아 내리곤 합니다. 그런데 가끔씩 그렇게 되지 않는 경우, 즉 초단기 금리인 기준금리를 낮추어도 시장금리가 내려오지 못하는 경우가 있죠. 기사 하나 인용하면서 갑니다.

기준금리 최저인데 시중금리는 상승… "한은, 통화정책 효과 점검해야"

(이데일리, 2020. 1. 23)

한국은행의 기준금리 인하 기조에도 시중금리의 상승세가 나타나며 기준금리와 시중금리 간 디커플링Decoupling 현상이 나타나고 있다. 시중금리의 변동성이 확대하면 투자활성화, 소비 확대 등 한은의 통화정책 목표 달성에 차질이 발생할 수 있다는 지적이 나온다. 23일 국회예산정책처의 '최근 우리나라 기준금리와 시중금리 간 동조성 점검' 보고서에 따르면 올해 1월 기준 우리나라 기준금리는 사상 최저 수준인 1.25%를 나타내고 있다. 한은이 경기둔화, 대외 불확실성 확대 등으로 기준금리를 작년 10월 0.25%포인트 인하해서다. 반면 국고채와 회사채 금리는 기준금리 인하 전후인 작년 8월부터 11월 중순까지 상승세를 보인 이후 하락세로 전환됐으나 올 들어 다시 오름세를 보이고 있다. (후략)

기사를 보면 한국은행이 기준금리를 인하했음에도 장기국채와 회사채 금리는 오히려 올라가는 이른바 '디커플링' 현상이 나타나고 있다고 나오죠. 보통 기준금리를 인하하면 중장기국채나 회사채 금리는 이에 따라 하락하는 커플링coupling(동조화) 현상이 일반적인데요, 이런 독특한 현상이 나타나기도 합니다. 조금 설명이 길기는 하지만 해보겠습니다. 중앙은행은 기준금리를 인상 또는 인하할 수는 있지만 시장금리를 마음대로 올리고 내리고 할 수는 없습니다. 기준금리 조절을 통해 시장금리에 영향을 주면서 중앙은행이 원하는 방향으로 전체 금리를 유도를 하는 것이죠.

이해를 돕기 위해 다음 페이지의 그림을 하나 준비했습니다. 줄넘기줄같이 생겼는데요. 왼쪽 끝을 금리로 따지면 초단기 금리, 즉 7일짜리 기준금리라고 하죠. 그리고 우측으로 가면서 1개월, 3개월, 1년, 2년, 3

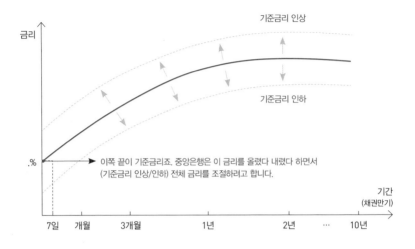

년, 10년…… 이렇게 중장기 금리로 펼쳐져 나가는 겁니다. 중앙은행은 한쪽 끝을 올리고 내리고 하면서 전체 줄이 따라 올라가도록 혹은 따라 내려가도록 조절하려고 하는 거죠. 그냥 줄넘기 줄만 봐도 이게 쉽지 않다는 느낌과 함께 중앙은행이 상당한 기술을 갖고 있어야겠다는 생각이 들지 않나요?

이런 경우가 있습니다. 중앙은행이 초단기 금리인 기준금리를 인하했는데요, 정부에서 10년 장기국채 발행을 늘리는 겁니다. 국채 발행? 네, 정부에서 국채를 발행해서 돈을 10년 동안 빌리고 싶은 겁니다. 그럼 10년 장기국채의 공급이 늘어나니 10년 국채 가격이 하락하게 되겠죠. 국채 가격의 하락은…… 네, 국채 금리의 상승을 만들어내게 되죠? 초단기 금리를 인하하게 되면 장기 금리도 어느 정도 하락해야 하는데, 정부가 10년짜리 장기국채를 발행하면서 10년 장기국채 금리는 오히려 상승하는 그런 그림이 나온 겁니다. 또 다른 기사 하나를 인용합니다.

한은 기준금리 내렸는데도… 시장금리 급등.. 왜?

(한국경제. 2019. 10. 28)

대표적 시장금리 지표인 3년 만기 국고채 금리가 지난 8월부터 오름세를 타면서 채권형 펀드 투자자들이 울상을 짓고 있다. 한국은행이 지난 7월과 10월 두 차례 기준금리를 내렸지만 최근 들어 시장금리가 반대 방향으로 움직이고 있어서다. 금리가 뛰는 원인 가운데 하나로는 외국인 투자자들의 국고채 매도가 꼽힌다. 내년도 확장재정을 예고한 정부 방침에 따라 앞으로 국채 발행이 늘어날 것으로 보고 국고채 가격 하락(국고채 금리 상승)을 예상한 외국인이 미리 채권을 팔고 있다는 평가다. 일각에서는 정부 재정확대가 시장금리 상승을 불러와 민간의 소비와 투자를 위축시키는 '구축 효과'가 벌써부터 나타난 것 아니냐는 분석도 내놓고 있다.(후략)

조금 어렵게 느껴질 듯하여 기사 해설 잠깐 해보겠습니다. 2019년 하반기 한국은행은 기준금리를 두 차례 인하했죠. 기준금리 인하는 통상적으로는 시중금리의 하락을 촉발할 수 있기에, 투자자들은 시중금리 하락으로 인한 채권 가격의 상승을 기대했을 겁니다. 그럼 당연히 채권을 사들이는 게 좋지 않을까요? 네, 그래서 채권 투자를 늘렸는데요. 이런, 갑자기 외국인들이 국채를 마구 팔기 시작한 거예요. 여기에 정부까지 채권 발행을 늘리겠다고 합니다. 기준금리 인하는 국채 가격의 상승

(국채 금리의 하락) 요인이지만 외국인들의 국채 매도와 정부의 국채 발행 증가, 즉 국채 매도로 인한 국채 수요 감소와 국채 발행 증가로 인한 국채 공급 증가는 국채 가격의 하락을 만들어내게 되죠. 네. 이게 이해가 되었으면 다시 한번 기사를 읽어보죠. '구축 효과'라는 단어가 나와 있는 마지막 문장을 제외하면 대부분이 이해가 될 겁니다.

그래서 또 잠시 설명하고 지나갑니다. 여기서 구축은 무언가를 쌓는다는 의미의 그 '구축構築'이 아니고요, 내쫓는다는 의미의 '구축驅逐'을 말합니다. 혹시 '악화가 양화를 구축한다'는 표현을 들어본 적 있나요? '나빠지는 것惡化이 좋아지는 것良化을 만든다'라고 해석해서는 안 됩니다. 여기서의 악화惡貨는 나빠진다는 게 아니고 '나쁜 돈'이라는 의미입니다. 그리고 양화良貨는 '좋은 돈'이라는 의미죠. 즉, 나쁜 돈이 좋은 돈을 내쫓는다는 의미인 거죠.

아주 오랜 옛날에는 금과 은을 녹여서 금화, 은화를 만들었다고 하죠. 그런데 똑똑하고 영악한 사람들이 나쁜 짓을 하기 시작합니다. 금화의 끝을 조금씩 깎아낸 거예요. 깎아서 조금씩 모은 금을 갖고 새로운 금화를 만들어내는 겁니다. 그럼 앉은 자리에서 돈을 벌지 않겠어요? 그런데 한두 사람만 그러는 게 아니라 모두가 앉아서 조금씩 조금씩 금화의 금을 깎아내는 겁니다. 자, 제가 제대로 된 금화를 갖고 있어요. 그런데 시중에는 금의 함량이 많이 줄어든(하도 깎아내서) 금화가 돌고 있습니다. 그럼 제가 제대로 된 금화인 '양화'와 깎여버린 금화 즉, '악화'를 갖고 있다고 가정합니다. 저는 물건을 살 때 어떤 금화를 내놓을까요? 당연히 제대로 된 양화는 집에 꽁꽁 숨겨두죠. 그리고 악화만 사용할 겁니다. 그런데 저만 그런 생각을 하는 게 아니라 모두가 그런 생각을 하면 악화만 유통이 되고 양화는 집으로 숨어버리는 '악화가 양화를 몰아내는 상황'이 벌어지겠죠. '악화惡貨가 양화良貨를 구축驅逐한다'는 의미는 바로 이겁니다. 삼천포를 다녀온 듯한데요…… 그냥 구축한다는 의미를 이렇게 이해하면 됩니다.

자, 이제 다시 구축 효과로 돌아옵니다. 경기가 안 좋습니다. 그래서 정부가 나서서 경기 부양을 하고자 하죠. 경기 부양을 위해서는 돈이 필요합니다. 그럼 세금을 걷거나 아니면 국채 발행을 해서 돈을 빌려오거나 해야겠죠. 경기가 안 좋은데 세금을 더 걷는 건 무리가 되니 국채 발행에 나설 겁니다. 그런데 문제가 있습니다. 가뜩이나 경기가 좋지 않으니 시중에 자금이 씨가 마른 겁니다. 서로가 언제 망할지 모르는 상황이라 돈을 서로 빌려주려고 하지 않습니다. 시중 자금 구하기가 어려운 상황이 이어지는 건데요. 여기서 국가가 국채를 발행해서 돈을 빌립니다. 가뜩이나 민간 기업들은 자금 구하기가 어려워죽겠는데 정부가 나서서 그나마 있는 돈을 돈 먹는 하마처럼 쫘악 빨아들이는 거죠. 그럼 민간은 자금 구하기가 어려워지면서 민간의 투자는 실종될 겁니다. 네, 정부가 재정 지출을 위해 국채 발행을 늘리면 민간의 투자가 쫓겨나는, 즉 구축되는 효과를 '구축 효과'라고 합니다. 코로나19 사태로 인해 각국 정부가 국채 발행을 크게 늘리면서 경기 부양에 적극적으로 나서려는 모습인데요, 향후에는 이 '구축 효과'라는 단어를 종종 듣게 되시지 않을까 생각합니다.

기준금리가 내렸는데 시장금리가 오르는 이유는?

코로나19 사태로 글로벌 금융시장이 큰 충격을 받았던 2020년 3월에는 이런 일도 있었습니다. 한국은행이 경기 부양을 위해서 0.75%로 기준금리를 큰 폭으로 인하합니다. 그럼 당연히 초단기 금리인 기준금리를 인하했으니 다른 중장기 금리도 따라 내려와줘야 할 텐데요. 중장기 금리가 거의 그런 흐름을 보이지 않은 겁니다. 한국 국채에 투자하는 외국인 투자자들의 상황이 심상치 않았던 것이 가장 큰 이유였는데요, 당장 미국의 금융 기관들이 자신들도 코로나19 사태로 자금 부족 상황에 처하다 보니 어떻게든 현금을 구해야 하는 상황이 벌어졌던 겁니다. 극단적으로 현금이 필요해지면 어쩔 수 없이 해외의 자산을 매각해서 현금을 확보해야 합니다. 그 나라 자산이 아무리 매력이 넘쳐도 답이 없습니다. 당장 내일 현금을 갚지 못해 내가 파산할 지경이라면 그 자산이 아무리 좋아도 최대한 빨리 팔아야겠죠.

뒤에서 더 설명드리겠지만 한국 장기국채는 외국인 투자자들에게 인기가 많은 자산입니다. 인기가 많은 만큼 한국 장기국채에 투자한 금액이 컸겠죠. 근데 외국인 투자자들이 코로나19 사태로 자신들도 현금이 급해지니 어쩔 수 없이 한국 국채를 팔고 나가기 시작합니다. 외국인 투자자들이 대량으로 팔아치우면 당연히 가격이 하락하게 되죠. 국채 가격 하락은? 네, 국채 금리 상승이라고 읽으면 됩니다. 한국은행은 기준금리를 사상 최저 수준으로 인하했음에도 시장금리는 오히려 상승하는 불안한 흐름을 이어가게 된 거죠. 마찬가지로 기사 인용해봅니다.

한은, 기준금리 0.5%P 내려 0.75%로… 0% 대 첫 진입

(중앙일보, 2020. 3. 16)

시장 안정화 조치에도 금리 급등… 트리플 약세

(연합인포맥스, 2020. 3. 19)

신종 코로나19바이러스 감염증(코로나19) 공포에 주식과 채권, 원화 가치가 동반 하락하는 '트리플 약세' 속에 국고채 금리가 급등했다. 정책 당국과 통화 당국이 시장 안정화 조치를 연이어 내놓았지만 전반적으로 위축된 심리를 되돌리기엔 역부족이었던 것으로 풀이됐다. 외국인도 국채선물을 대거 순매도하며 강한 약세 압력을 가했다. 19일 채권시장에 따르면 국고채 3년물 금리는 전일보다 14.3bp 오른 1.193%, 10년물은 15.5bp 상승한 1.657%에 거래됐다. (후략)

인용한 기사를 보면 2020년 3월 16일 한국은행은 기준금리를 인하했습니다. 그럼에도 불구하고 코로나19 사태로 인한 경기 침체 등으로 해외 금융 기관들도 현금이 너무나 급해지니까 대규모로 한국 국채를 매도하기 시작했던 거죠. 기준금리 인하에도 불구하고 불과 3일이 지난 3월 19일, 시중금리는 급등하는 모습을 보였습니다. 이걸 다음 페이지의 실제 그래프를 통해서 보죠.

여기까지 정리하고 가죠. 중앙은행은 기준금리를 인상/인하하면서 시중금리를 조절하려고 합니다. 그런데 시중금리가 이런 기준금리 인

2020년 3월, 코로나19 사태로 인한 경기 침체를 막기 위해 한국은행은 기준금리를 0.5%포인 트만큼 전격 인하했습니다. 기준금리를 인하하면 보통 3년, 10년 등의 국채 금리가 하락하는 경향이 있는데 이때는 오히려 금리가 크게 튀어 오르는 일이 벌어졌습니다. 코로나19 사태가 심해지면서 극단적 비관론이 깊어지자 외국인 투자자들도 한국 국채를 팔고 현금 확보에 나선 영향이죠. 이런 상황에서는 기준금리 인하도 통하지 않습니다.

상/인하에 맞춰서 움직이지 않는 경우가 왕왕 생기곤 하죠. 여러 가지 케이스가 있겠지만 10년 장기국채 발행의 증가로 인한 10년 금리의 상 승과 외국인 투자자들의 대규모 매도로 인한 금리 상승의 사례를 이야 기했습니다. 기준금리의 변화에 대한 이야기는 뒤의 달러 투자 편에서 더 자세히 설명하도록 하겠습니다.

불안함이 만든 추가 금리,
회사채 스프레드

기준금리는 초단기 금리라고 했습니다. 그리고 국채에는 만기에 따라 단기국채와 장기국채가 있다고 했고요. 국채는 국가의 신용을 담보로 발행되는 채권이며, 따라서 해당 국가의 부도 위험 외에는 어떤 위험도 존재하지 않습니다. 반면 '회사채'는 어떨까요? ㈜홍길동이라는 회사가 회사채를 발행합니다. 그럼 국채보다는 아무래도 좀 불안하지 않나요? 국채 금리가 2%라고 가정합시다. 그럼 회사채는 국채 금리에다가 ㈜홍길동의 불안함을 반영한 추가 금리를 붙이게 됩니다. 그래서 국채 금리 2%에 5%만큼 금리를 추가로 얹혀서 7%에 회사채를 발행하는 거죠. ㈜홍길동은 금리 7%에 돈을 빌리는 겁니다. 여기서 5%만큼 추가로 얹혀

주는 금리를 국채와 회사채의 금리 차라는 의미에서 '회사채 스프레드 credit spread'라고 합니다. 이번 꼭지에서는 간단하게 회사채를 짚고 넘어 가볼까 합니다.

회사채 스프레드는 경제 위기의 지표?

이런 경우가 있습니다. 경기가 나빠지면 경기 부양을 위해 한국은행이 기준금리를 인하합니다. 그럼 초단기 금리가 인하되겠죠. 그러면서 장 기국채 금리도 따라 내려오게 됩니다. 앞에서는 2% 금리라고 사례를 들 었는데요, 기준금리 인하로 이 금리가 1%로 내려왔다 해봅시다. 그럼 ㈜홍길동 회사채는 금리가 국채 금리 1%에 추가 금리 5%가 붙어서 6% 금리가 될 겁니다. 그러나, But! 세상 일이 그리 단순하지만은 않나 봅 니다. 경기가 나빠지자 ㈜홍길동의 신용 상태가 악화된 거죠. 국가와 달리 경기 악화로 인한 충격을 ㈜홍길동은 쉽게 받는 겁니다. 그리고 이를 귀신같이 알아챈 채권시장 투자자들은 ㈜홍길동에게 '추가 금리 5% 붙이는 것만으로는 불안하다, 더 많이 붙여야 할 것 같다'라고 말합 니다. 그러면서 추가 금리, 즉 회사채 스프레드를 8%로 붙여버립니다.

경기가 나빠지면서 한국은행이 기준금리를 인하하고, 이는 장기 금 리를 낮춰서 ㈜홍길동 회사채의 기본이 되는 국채 금리가 1%로 내려왔 습니다. 그럼에도 불구하고 ㈜홍길동의 신용 상태 악화로 인해 회사채 스프레드가 5%에서 8%로 뛰니까 ㈜홍길동의 금리는 1% + 8%, 즉 9%

가 된 겁니다. 기준금리를 인하했음에도, 그리고 국채 금리가 하락했음에도 회사채 금리는 오히려 올라버린 케이스라고 할 수 있습니다.

기억을 잠시 더듬어 앞에서 금리에 대해 이야기한 내용을 떠올려봅시다. 채권 금리와 채권 가격의 관계에 대해서 말했습니다. 금리가 오르면 채권 가격이 하락하고, 금리가 하락하면 채권 가격이 상승하는 원리를 설명했죠? 그리고 기준금리가 무엇인지 시장금리가 무엇인지를 적어보았습니다. 시장금리에는 중장기국채 금리도 있지만 회사채 금리도 있다는 점, 그리고 회사채의 경우 회사채 스프레드라는 것이 국채와의 차이를 만들어내기도 한다는 점을 다시 한번 강조해봅니다.

기초 지식 편은 이 정도로 마무리할까 합니다. 솔직히 적고 싶은 내용은 많지만 기초 편에 담기엔 어려운 내용일 수 있고요, 이론으로 배우는 것보다는 실제 흐름 속에서 습득하는 것이 훨씬 더 기억에 남곤 하죠. 뒤에서 달러와 금에 대한 이야기를 하면서 기초 편에서 미처 다루지 못한 내용을 담아 설명하도록 하겠습니다. 이제 본격적으로 시작하죠. 달러 얘기부터 시작합니다.

PART 2

THE BIG SHI

'궁극의 안전 자산' 달러로
포트폴리오를 보호하라

T OF MONEY

•••••• 최근 들어 달러를 좀 사두면 어떻겠느냐는 질문을 많이 받습니다. 달러를 왜 사려고 할까요? 답은 간단하죠. 달러 가치가 지금보다 오를 것으로 생각하기 때문입니다. 그럼 왜 달러 가치가 오를 거라고 생각할까요? 지난 수년간 달러가 다른 통화 대비 강세를 보여왔기 때문에 그렇습니다.

투자 세계에는 관성의 법칙이 존재합니다. 예를 들어 금리가 지난 20년 동안 계속 내려왔다면 앞으로도 계속해서 금리는 내려갈 것으로 생각하는 경향이 강해지죠. 여기서 반대 입장, 예를 들어 '지난 20년 동안 금리가 내려왔으니 이제 바닥이다. 이제 금리는 오른다!'라는 주장은 쉽게 받아들여지지 않습니다. 달러 역시 마찬가지죠. 달러가 지난 수년간 강세를 보였기에 사람들의 마음속에는 '역시 미국 돈이 최고다'라는 인식이 점점 더 강해진 겁니다. 그리고 코로나19 사태를 전후해서 튀어 오르는 달러 환율을 보면서 '달러를 사는 게 답'이라는 생각을 굳히게 되는 거죠.

그럼 달러를 사야 하나 말아야 하나를 말씀드리기 전에 이런 질문을 한 '의도'를 먼저 생각해보겠습니다. 결국 여러분이 궁금한 것은 앞으로 달러 가치가 계속 오를지 아니면 떨어질지겠죠. 이에 대한 저의 답을 먼저 이야기해볼 테니 다 들어본 후에 달러를 살지 말지 판단해보기 바랍니다. 기초 지식 편이 가벼운 마음으로 읽을 수 있는 내용이었다면, 이번 장은 조금 긴 이야기가 될 것 같습니다. 그럼 출발해보겠습니다.

달러 강세의 배경에는
금융위기가 있었다

달러가 지난 수년간 강세를 보였던 이유는 무엇일까요? 이 얘기를 하려면 글로벌 금융위기부터 시작해서 최근까지의 상황을 설명해야 합니다. 조금 길더라도 짚어보면서 가도록 하죠.

2000년대 들어오면서 중국을 중심으로 이머징 국가*들의 경제가 본격적으로 팽창하기 시작했답니다. 이머징 국가들은 저가의 노동력을 중심으로 수출 시장에서 우위를 점하기 시작했죠. 선진국인 미국의 경우,

---

* 새로이 급성장하고 있는 국가들을 뜻하는 말로, 이전의 '개발도상국'보다 좀더 긍정적인 의미로 쓰인다. 골드만삭스의 경제학자 짐 오닐이 '(브라질, 러시아, 인도, 중국의 영문 머리글자를 따서 만든 용어로 신흥 경제 개국을 의미한다)'라는 신조어를 만들어낸 이후로 유명해졌다.

인건비가 이머징 국가들에 비해서 확연히 높았기 때문에 제조업 수출 경쟁력에서는 상당한 열세였습니다. 그럼 미국은 수출로 성장하기 힘들었겠죠. 어떤 국가나 수출과 내수, 둘 중 하나로 성장해야 합니다. 미국의 경우 수출 성장이 막히게 되면 내수 성장을 늘리는 게 답이겠죠. 내수가 성장하기 위해서는 소비가 늘어야 합니다. 그런데…… 소비를 늘리려면 사람들의 소득이 늘어야 하거든요. 소득 증가가 생각보다 쉽지 않은 거죠. 기업 경기가 좋아야 임금을 올려주게 되고 그래야 사람들이 소비를 늘리게 될 테니까요.

여기서 답을 찾지 못한 미국 정부는 다른 방법을 생각하게 됩니다. 급여가 오르지 않아도 사람들이 소비를 늘리는 경우가 언제일까요? 네, 자산 가격이 오를 때 사람들은 소비를 늘릴 겁니다. 혹은 미래의 소득을 현재로 끌고 와서 소비를 늘릴 수 있죠. 미래의 소득을 현재로 끌어온다? 괴이하게 들릴지도 모르지만 이게 바로 우리가 잘 아는 대출입니다. 은행에 가서 신용 대출을 받으려고 합니다. 그럼 급여 명세서를 가져오라고 하죠? 지난해 받은 급여를 봅니다. 올해도 그만큼의 급여를 받을 것으로 가정하고 그 급여 수준 정도에서 대출 금액이 결정됩니다. 네, 미래에 벌어들일 소득을 담보로 신용 대출을 받는 거죠. 그럼 지금 현재 대출을 받아서 돈을 쓰고 이후 월급을 받을 때마다 갚아나가게 되겠죠. 쉽게 말해 미래 소득을 현재로 확 '땡겨서' 지금 질러버리고, 뒤에 실제 월급이 들어오면 그 월급을 대출 갚는 데 쓰는 거죠. 미래 소득을 현재로 가져와서 미리 써버리는 것, 이게 바로 대출입니다.

미국 집값이 계속 오를 수 있었던 이유

그렇게 2000년대 미국에서는 가계 대출이 크게 늘기 시작했습니다. 거기엔 단순히 신용 대출도 있었지만 주택담보 대출도 엄청나게 늘었답니다. 주택담보 대출을 받기 쉬워지자 사람들은 너도나도 빚을 내서 집을 사기 시작했죠. 모두가 집을 사게 되면 집값이 오르겠죠? 주택이라는 게 주식과 같은 자산들과는 사뭇 다릅니다. 왜 그러냐면 주택은 사람들의 실생활에 보다 밀접하게 연관되어 있기 때문이죠. 주식은 없어도 살지만 집은 사거나 혹은 전월세를 얻어서라도 반드시 갖고 있어야 합니다. 나는 삼성전자 주식이 없는데 삼성전자 주가가 오른다는 얘기를 들으면 박탈감을 느낄 수는 있습니다. 그렇지만 나는 집이 없는데 집값이 오른다고 하면 그때 느끼는 박탈감은 주식과 비교할 수 없을 만큼 큽니다.

빚을 내기 쉽습니다. 그리고 집값이 들썩거리죠. 그렇게 미국 사람들은 빚을 내서 집을 사기 시작했습니다. 네, 2000년대 초중반 미국의 주택 가격은 버블 징후를 보이면서 상당히 빠르게 상승했답니다. 그리고 여기서 최첨단 금융 기법이 도입되면서 주택시장으로 자금이 보다 많이 흘러들어 가게 되죠.

최첨단 금융 기법이 뭘까요? 자세히 말하는 건 맥락에서 좀 어긋나는 듯해서 간단히 설명드립니다. 은행들이 주택담보 대출을 해줍니다. 그럼 은행 입장에서는 대출을 해주면서 보유한 현금이 사라지게 되죠. 대신에 대출 채권 하나를 손에 쥐게 될 겁니다. 그럼 이 대출 채권 하나 갖고 아무것도 하지 않은 채 이자만 받으면서 살아야 할 겁니다. 그럼 추가 주택담보 대출을 은행들이 해줄 수 없겠죠. 그런데요, 자산유동화 시장이라는 게 생겨납니다. 이게 뭐냐면 은행들이 보유하고 있는 주택담보 대출 증서들을 담보로 해서 하나의 채권을 만드는 겁니다. 이걸 '자산유동화 증권'이라고 불러요.

자자, 쉽게 이렇게 생각해보죠. 동전을 던집니다. 앞이 나올 확률, 뒤가 나올 확률은 각 50%입니다. 맞죠? 수학 시간에는 이렇게 배웠지만 실제 던져보면 다르죠. 10번만 동전을 던져봅니다. 5번은 앞면, 5번은 뒷면이 꼭 나오던가요? 아니죠. 희한하게 어떤 때는 앞면이 8번, 뒷면이 2번 나오기도 합니다. 그냥 그 자체로 예측 불가입니다. 그럼 50%라는 확률은 틀린 얘기가 되는 거 아닌가요? 확률의 개념을 아는 분이라면 지금 제 질문이 얼마나 바보 같은지 알겠죠? '헐…… 확률의 개념을 잘 모르시는구먼. 10번이 아니고 10만 번 던지고 100만 번 던져봐라. 또 1000만 번 던져봐라. 그럼 절반은 앞면, 절반은 뒷면이 나오는 50%의 확률로 수렴하게 될 것이다'라고 답을 할 수 있을 겁니다.

네, 그럼 이걸 앞에서 이야기한 채권시장으로 가져와보죠. 한 명의 주택담보 대출 채권이 연체가 될 확률 즉, 부실 대출이 될 확률이 10%라고 합니다. 말이 10%지 실제 제가 보유하고 있는 이 채권 하나가 바로 부실이 날 수도 있겠죠. 적어도 10번 동전을 던질 때의 50% 얘기처럼 부실화 가능성 10%라는 확률은 여기서는 아무런 의미가 없습니다. 그런데요. 만약 주택담보 대출 100개, 1000개, 1만 개를 모으면 어떤 일이 벌어질까요? 1만 개의 주택담보 대출 채권이라면 부실 확률이

10% 정도 나오게 되겠죠. 1만 번 동전을 던지면 앞이나 뒤가 나올 확률이 50%로 수렴하는 것처럼요.

자산유동화를 하는 이유가 여기에 있습니다. 은행들이 보유한 주택담보 대출 채권을 여러 개 모읍니다. 이걸 풀링Pooling이라고 하는데요, 이렇게 여러 개의 주택담보 대출 채권을 모은 다음에 이 채권들을 담보로 또 새로운 채권을 만들어냅니다. 이 채권을 주택담보 대출, 즉 모기지 채권Mortgage을 담보로 해서Backed 발행한 채권Securities이라고 해서 MBSMortgage Backed Securities라고 부르죠. 그럼 이 MBS의 부도 확률은……? 네, 10%가 될 거고요. 10%라는 숫자가 나름 의미 있는 숫자일 겁니다. 왜냐고요? 앞서 말씀드렸잖아요. 여러 개의 은행 주택담보 대출 채권들이 오글오글 모여 있는 겁니다. 하나하나에 적용하면 10%가 난센스가 될 수 있지만 이렇게 숫자가 늘어나면 그 확률이 의미 있게 바뀌게 되겠죠. 동전에 적용한 확률과 동일한 원리입니다.

'음…… 일단 MBS를 만드는 원리는 이해가 되었는데, 대체 이런 짓을 왜 할까?'라는 생각이 들 겁니다. 답은 간단합니다. 은행은 주택담보 대출을 한 번 해주면 더 이상 대출을 해줄 수 있는 돈이 없죠. 그런데 이렇게 담보 대출 채권들을 모아서 하나의 채권으로 만들어 팔면 현금을 확보할 수 있겠죠? 네, 그럼 은행들이 현금을 다시 확보하게 된 만큼 다시 주택담보 대출을 해줄 수 있게 되는 겁니다. 그럼 대출해주고, 대출채권 받고, 그걸 모아서 팔고, 또 현금 확보하고, 그리고 다시 대출해주고……. 이렇게 되면 주택담보 대출을 계속해줄 수 있죠. 이렇게 주택시장으로 돈이 많이 흘러들어 가게 되죠. 그럼 주택 가격 상승에 상당한 힘을 불어넣어줄 수 있게 되는 겁니다.

'자산유동화'라는 마법이 불러온 후폭풍

자, 확률 얘기가 나왔으니까 조금 더 이어가볼까요? A라는 친구에게 해준 주택 대출이 부실이 될 확률 즉, A가 망가질 확률이 있겠죠. 이렇게 생각해봅시다. 1만 명에게 대출을 해줍니다. 그중 한 명의 대출이 부실 대출이 될 확률은 있겠지만 1만 명 중 9500명의 대출이 동시에 망가질 확률, 이건 상당히 낮을 겁니다. 그러니까 1만 명에게 해준 대출을 바탕으로 채권을 만들어내는데 이 중 9500명이 '동시에' 배를 째야 손실이 나는 그런 상품을 만들어내는 겁니다. 그럼 그 상품이 망가질 확률은 거의 없겠죠.

자, 다시 예를 들어보죠. 대출 받은 사람 1만 명 중에 1000명이 부도를 선언합니다. 그래도 이 상품은 손실이 나지 않습니다. 5000명이 디폴트를 선언합니다. 그래도 손실이 나지 않죠. 그럴 리 없겠지만 9500명이 동시에 디폴트를 선언하면? 네, 그때부터 손실이 발생하는 상품입니다. 가장 상위의 모기지 채권 상품이 되는 거죠. 이 상품에 대해서 S&P나 피치, 무디스 등의 국제 신용평가회사들은 AAA라는 가장 높은 등급의 신용 등급을 부여합니다.

잠시만 생각해보죠. 여러분들 앞에 홍길동이라는 전설적인 금융 전문가가 등장합니다. 그런 다음에 말하죠. "여러분, 이 금융 상품으로 말할 것 같으면 1만 개의 주택담보 대출 중에 9500개가 동시에 망가져야 손실이 나는 그런 금융 상품입니다. 적어도 역사상 이런 일은 없었고요. 하나 더! 이 상품의 신용도를 국제 신용평가회사에서 평가했는데 미국 국채에 맞먹는 AAA 등급을 받았습니다. 적어도 이 금융 상품이 손실 날 확률 즉, 주택담보 대출 받은 1만 명 중에 9500명이 동시에 배를 쨀 확률은 길 가다 벼락 맞을 확률과 같은 수준입니다!"

어떤가요? 와…… 이 금융 상품, 지금 들어도 안전해 보입니다. 그래서 이 상품에 대한 투자가 크게 늘어났던 거죠. 단순히 미국 금융 기관들뿐 아니라 전 세계 금융 기관들이 여기에 적극적으로 투자를 했습니다.

그러다가 2006년 상반기부터 미국 주택시장이 크게 무너지기 시작합니다. 그리고 제대로 된 붕괴로 이어졌죠. 그런데요, 주택시장이라는 게 참 독특한 것이 1만 세대 아파트 단지가 있다고 해보죠. 여기서 한두 개 집의 가격만 하락하는 법은 없습니다. 1만 세대 아파트 가격이 동시에 하락하지 않나요? 수도권 아파트 가격이 동시에 하락하거나 특정 지방의 아파트 가격이 동시에 하락하는 일이 종종 벌어집니다. 이 얘기를 해드리는 이유는요, 미국 전체 주택시장이 큰 폭으로 하락했다는 말씀을 드리려는 거예요. 1만 개의 주택담보 대출 채권 중에 9500개가 동시에 망가지는 일이 현실화되기 시작한 겁니다.

이럴 수가! 벼락 맞을 확률보다 낮다고 해서, 절대 무너질 리 없다고 해서, 신용평가회사들이 AAA 줬다고 해서 투자했는데…… 이게 손실이 난 거죠. 네, 절대 일어날 리 없을 것 같은 일이 발생하면서 미국 금융 기관들의 손실이 걷잡을 수 없이 커지게 됩니다.

금융 기관들은 이런 채권에 어떻게 투자를 했을까요? 네, 다른 곳에서 돈을 빌려서 투자를 했을 겁니다. 예금으로 돈을 모아서 투자를 했을 수도 있고요. 자체적으로 채권을 발행해서 투자자들에게 돈을 빌려 투자를 했을 수도 있죠. 그럼 투자자들은 이 분위기를 보면서 내가 채권을 사준, 즉 돈을 빌려준 금융 기관이 위험할 수도 있다는 생각이 들 테고, 당연히 예금을 인출하려 하거나 빌려준 돈을 갚으라고 하겠죠? 그럼 이 금융 기관들은 돈을 빨리 갚아야 하기 때문에 어디선가 현금을 구해야 하는 일이 벌어집니다. 그럼 투자했던 자산을 팔아야 할 텐데, 해외에 투자한 자산들까지 다 팔고 달러 현금을 확보하려고 난리를 부리는 일이 벌어지게 되죠. 전 세계 자산 가격이 이렇게 앞다퉈 자산을 팔아 현금을 확보하려고 하는 상황에 직면하면서 큰 폭의 하락을 겪게 됩니다.

그리고 단순히 미국 금융 기관뿐 아니라 유럽, 아시아의 금융 기관들도 미국의 모기지 채권에 투자를 했잖아요. 이들도 투자 원금을 날리는 일이 발생했겠죠. 미국 주택시장의 위기가 미국 금융 기관으로, 그리고 전 세계 금융 기관으로 번져나갔던 상황. 이게 바로 2008년 우리가 경험한 글로벌 금융위기였던 겁니다.

자, 여기까지 정리하고 가죠. 미국은 수출 성장이 막히면서 내수 성장에 집중하는데요, 이를 위해서 주택시장의 활성화가 진행되었던 겁니다. 그러다가 주택시장 버블과 주택 관련 금융시장의 과열이 나타났던 것이고요, 이게 꺼지면서 금융위기가 찾아온 거죠.

미국의 독보적 성장 그리고 달러 강세

금융위기 직후 미국 경제는 제대로 위축되기 시작합니다. 소비 성장을 기대하면서 주택시장 활성화가 진행되었지만 주택 가격이 하락하고, 거기에 연계되어 있는 주택 대출들은 모두 부실화되었습니다. 그리고 거기에 연계된 금융 기관들도 힘겨워하고 있는 거죠. 그럼 미국이 소비로 성장하기는 매우 어려운 일이 됩니다. 부채가 이미 너무 많은 데다 금융 기관들마저 무너져 내리는 상황이기에 소비로는 불가능하죠. 미국은 이를 막기 위해 엄청난 규모의 달러 유동성 공급을 실시합니다. 뒤에서 자세히 말씀드리겠지만 이를 양적완화Quantitative Easing 라고 말하죠. 양적완화를 통해서 상당한 달러 유동성이 풀려나옵니다. 달러의 공급이 늘면서 달러 가치가 당연히 하락하게 되겠죠. 글로벌 금융위기 직후인 2010~2012년까지 달러는 약세 기조를 이어갔습니다. 오히려 달러 이외의 통화인 위안화나 엔화가 강세를 보였던 시기였답니다.

그런데요, 참 미국은 저력이 있는 국가입니다. 과감한 양적완화를 통해서 무너져 내리던 소비 경기가 2012년 하반기를 기점으로 바닥을 치기 시작했죠. 그리고 2013년을 넘어서면서 IT 산업을 중심으로 전 세계적으로 경쟁력 있는 기업들이 혁신적인 성장을 일구어내기 시작했답니다. 미국의 성장세가 두드러지기 시작한 거죠. 미국이 회복되는 것도 중요하지만 미국 이외의 국가들의 상황도 중요합니다. 아시다시피 만 2010년부터 2012년은 유럽 국가들이 제대로 신음했던 이른바 유럽 재정위기의 기간이었죠. 잘나가던 유럽 국가들이 휘청거리며 주저앉던 시기였습니다. 일본도 2011년 3월 일어난 동일본 대지진 이후 경기 침체로 상당히 고생했고요. 이는 2013년 아베노믹스의 서막을 알리는 배경이 되었죠. 중국 역시 부채위기로 신음했습니다.

그렇습니다. 미국 자체적으로도 뛰어난 성장을 이루었는데, 이런 성장이 다른 국가들이 힘겨워할 때, 전 세계적으로 저성장 기조가 고착화될 때 미국에서만 독보적으로 나와줬던 겁니다. 그럼 전 세계 자본이 미국으로 쏠릴 수밖에 없지 않나요? 저성장으로 인해 전 세계가 금리를 낮추고 시중에 유동성 공급을 늘려놓은 상황이에요. 그런데 아무리 금리가 낮아도 망할 곳으로는 돈이 가지 않겠죠. 그런데 미국은 그 귀하다는 성장을 제대로 하는 겁니다. 다른 어떤 나라보다 성장이 강하게 이루어지고 있고 전 세계적으로 돈이 많은 만큼 그 자금들이 미국으로 쏠리게 됩니다. 그럼 미국 자산을 사기 위해서 미국으로 몰려간 자금들은 자국 통화를 팔고 미 달러화를 산 후 미국의 주식이나 채권을 사들이겠죠. 이 과정에서 미국 주식시장은 강세를 보일 거고요. 그러니 당연히 달러화도 강세를 보이게 되는 겁니다.

자, 2014년이 됩니다. 미국 주식시장은 상당한 회복세를 보였고 미국의 부채 문제도 어느 정도 끝나는 듯한 분위기가 형성되죠. 경기 개선도 두드러지게 나타나자 미국 중앙은행인 Fed는 혹여나 찾아올 수도 있는 경기의 과열을 두려워하게 됩니다. 경기가 빠르게 돌아서는데 금융위기 이후 길게 이어져온 제로 금리와 양적완화를 끝낼 필요가 있었겠죠. 그렇게 Fed는 2013년 5월, 조금씩 천천히 기준금리 인상 쪽으로 방향을 가져갈 것이라는 선언을 하게 되죠. 그리고 2014년 하반기에는

● 그래프 2 **달러/원 환율 및 달러 인덱스 차트(2013년 이후)**

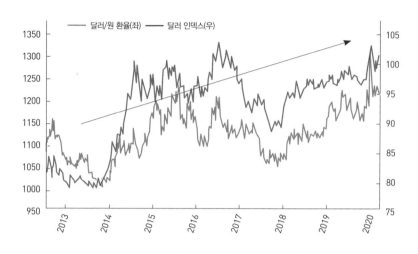

위의 달러 인덱스 그래프는 주요 선진국 통화(유로, 엔, 파운드 등) 대비 달러화 가치를 나타냅니다. 인덱스 수치가 상승할 때 다른 통화 대비 달러가 강세를 보임을 의미합니다. 달러/원 환율은 상승 시 달러 강세 & 원화 약세라고 말씀드렸죠. 2014년 들어 달러화는 주요 선진국 통화 대비, 그리고 한국 원화 대비 뚜렷한 강세를 나타냈습니다. 그리고 2017년 잠시 주춤한 듯했던 달러 강세 추세는 2018년 하반기부터 다시금 뚜렷해지면서 여전히 유지되고 있습니다. 이렇게 수년간 달러 강세가 이어졌기에 달러가 계속해서 강세를 보일 것이라는 인식이 강해지게 됩니다.

금융위기 이후 세 차례에 걸쳐서 진행해왔던 양적완화를 종료하게 됩니다. 그리고 2015년 12월에 전격적으로 금리 인상에 나서게 되죠. 그리고 2018년 12월까지 아홉 차례에 걸쳐 기준금리를 인상합니다. 과거보다는 매우 느리게 기준금리를 인상했지만 다른 선진국들 중에 Fed와 같이 기준금리를 인상한 국가는 없었죠.

일본은 2013년부터 양적완화를 단행하면서 2020년인 지금까지도

078 •

엔화 풀기를 지속하고 있습니다. 유럽중앙은행 역시 2015년 3월부터 양적완화에 돌입했습니다. 유로화 공급을 늘렸던 거죠. 중국도 2014년에 6차례 기준금리를 인하하는 등 위안화 유동성 공급에 나섰고요. 다른 중앙은행들은 금리를 인하하는데 혹은 자국 통화 공급을 늘리는데 미국은 금리를 인상합니다. 시중에 풀려 있는 달러화를 빨아들이기 시작하는 거죠. 달러화 공급을 순차적으로 줄여나갑니다. 그리고 미국 금리가 높은 만큼 달러화를 보유하고 있으면 더 많은 이자를 받을 수 있기에 달러화에 대한 수요도 증가하게 되겠죠. 하나 더. 미국의 독보적인 성장이 있기에 외국인 투자자들은 미국 투자를 위해 달러를 사야 할 필요가 있습니다. 생각해봅시다. Fed의 정책으로 시중 달러 공급은 점차 줄어드는데 달러화에 대한 수요가 증가하니 당연히 달러 가치는 상승할 수밖에 없겠죠.

바로 이게 지난 수년간 달러가 강세를 나타냈던 이유였답니다. 그리고 사람들은 생각하게 되죠. '달러가 답'이라고요. 수년간 달러가 강세를 보였고 앞으로도 그럴 것처럼 보이기 때문에 달러 강세는 계속해서 이어질 것이라는 생각이 강하게 자리잡는 거죠. 그런데 말입니다. 과연 그럴까요?

달러는 강세를
이어갈 수 있을까?

앞서 달러화가 강세를 보였던 이유에 대해 살펴보았습니다. 다소 장황하게 달러 강세에 대해 설명드렸던 이유는요, 달러가 왜 강세를 보였는지 알아야 향후에도 그 흐름이 이어질지 아니면 바뀔지를 추론해볼 수 있기 때문이죠. 강세를 만들어냈던 원인들이 계속 이어진다면 달러 강세는 그냥 하나의 추세처럼 계속 이어져나갈 것이고요, 만약 그 원인들이 하나하나 사라져간다면…… 달러 강세는 한계에 봉착하게 되지 않을까요? 네, 앞의 장이 과거의 이야기를 한 것이었다면 이제부터는 현재의 얘기를 해보겠습니다.

달러가 강세를 보인 이유를 다시 한번 정리해보죠.

첫째, 미국 중앙은행인 Fed의 기준금리 인상 때문이다.

둘째, 미국의 다른 나라 대비 독보적인 성장 때문이다.

그럼 우리가 생각해봐야 할 것은 단순합니다. 이 두 가지 요인이 앞으로도 계속 유효할 것이냐? 이겁니다.

제로 금리와 다시 시작된 양적완화

우선 첫 번째, Fed의 기준금리 인상은 2018년 12월까지 이어졌고요, 당시 미국 기준금리는 2.25~2.50%까지 인상되었죠. 그런데요, 2018년 12월 당시에 가장 큰 이슈가 미국 주식시장이 크게 흔들리고 있다는 얘기였습니다. 그리고 가장 큰 이유로 과도한 Fed의 기준금리 인상이 부각되었죠. 트럼프 대통령도 Fed의 과도한 기준금리 인상이 미국 금융시장 및 미국 경제를 망치고 있다고 금리 인상을 중단하라는 코멘트를 수시로 날릴 정도였으니까요. 다음의 기사 제목을 한 번쯤은 들어봤을 겁니다.

트럼프, 또 연준에 노골적 불만… '파월, 금리 인상 즐기는 듯'

(조선일보, 2018. 10. 24)

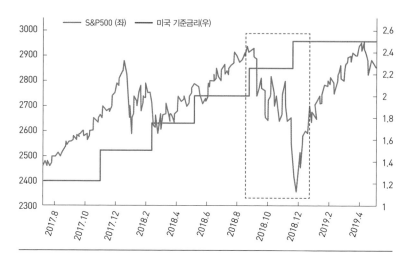

미국 Fed는 2017년 하반기 기준금리 인상의 속도를 점차 높여가죠. 2018년 4분기부터 2.25%를 넘는 기준금리에 부담을 느낀 나머지, 사상 최고치 행진을 이어가던 미국 주식시장도 큰 폭으로 하락하게 됩니다. 당시 주식을 비롯한 대부분 금융시장의 불안이 심화되면서 2018년 12월을 마지막으로 Fed는 기준금리 인상을 멈추게 됩니다.

미국 주식시장이 무너지기 시작하자 2018년 12월 금리 인상을 마지막으로 Fed는 추가 금리 인상을 멈출 수밖에 없었습니다. 게다가 2019년은 미중 무역 전쟁이 치열하게 진행되던 한해였죠. 무역 전쟁은요, 쉽게 이렇게 생각해보죠. 무역은 전 세계의 성장을 배가시키는 역할을 합니다.

예를 들어봅니다. A국가는 자동차를 만드는 데 특화되어 있습니다. 기술이 워낙에 좋기 때문에 생산성이 정말 높죠. 생산성이 높다는 얘기를 어렵게 생각하지 말고요, 비용 투입이 크지 않아도 좋은 제품을 많이 뽑아낼 수 있다는 의미입니다. 그럼 A국가는 낮은 비용에 좋은 자동차를 만들어내니 A국가 자동차는 그야말로 '가성비 갑'인 자동차가 될 겁니다. B국가는 핸드폰을 만드는 데 특화되어 있습니다. 그럼 B국가의 핸드폰은 가성비 갑 핸드폰이 되겠죠. 이 두 국가가 교역을 합니다. 그럼 A국가는 B국가에 자동차를 수출할 것이고요, B국가는 A국가에 핸드폰을 수출할 겁니다.

B국가의 경우 A국가의 가성비 좋은 자동차를 만나게 되죠. 가격이 낮습니다. 가격이 낮으면 수요가 생겨나지 않나요? 자동차가 한 대에 3억 원, 이러면 살 수 없지만 비슷한 성능으로 300만 원이면 사려는 수요가 많이 늘어나지 않을까요? 그럼 B국가 사람들은 A국가의 자동차를 많이 사들이게 될 겁니다. 그럼 A국가는 수요가 늘어나는 만큼 자동차 생산을 더욱 늘리게 될 겁니다. 그럼 A국가의 자동차 회사들은 고용을 늘리고 A국민들의 소득은 늘게 되겠죠. 여기에 가성비 높은 B국가의 핸드폰이 쏟아진다고 생각해보죠. 그럼 A국민들은 B국가의 핸드폰을 사들일 겁니다. 그럼 B국가도 생산을 늘리겠죠? B국가 핸드폰 기업들의 고용도 증가하게 될 겁니다. 네, A와 B국가 모두 기업들이 생산을 늘리고, 소비도 늘어나는 것을 목격했습니다. A와 B가 교역을 하면 이렇게 성장을 늘리는 효과가 생기는 겁니다.

그런데 무역 전쟁이 시작됩니다. 두 국가가 교역을 하지 않거나 A국가가 B국가의 핸드폰을 살 때 관세를 엄청나게 때리는 겁니다. 그럼 B국가 핸드폰을 살 수가 없죠. 교역이 멈추면 A와 B국가는 자동차와 핸드폰을 자급자족해야 할 겁니다. 자동차 잘 만드는 A국가가 핸드폰을 만들려고 합니다. 당연히 가성비 떨어지는 핸드폰이 나오겠죠. 그럼 가격도 비싸고 성능도 별로이기에 A국가 소비자들은 핸드폰을 사려고 하지 않습니다. 반대로 B국가에서도 마찬가지로 B국가 자체 생산 자동차에 대한 수요가 사라지게 되겠죠. A와 B국가의 기업 모두 생산이 줄어들게 될 것이고요, 그 결과 각국의 일자리가 줄어들고 소득이 위축되는 그런 상황이 펼쳐질 겁니다. 이렇듯 무역 전쟁은 즉, 교역의 중단은 글로벌 성장을 좀 먹는 결과를 낳게 되죠.

이런 무역 전쟁이 심각하게 진행되었던 때가 바로 1930년대 대공황 때였죠. 1910년대 제1차 세계대전이 있었죠. 제1차 대전 당시 미국 경제는 전혀 타격을 받지 않았답니다. 제1차 대전 이후 자동차 산업이 발전하게 되면서 자동차 생산이 늘고, 자동차 기업들을 중심으로 고용 증가가 이루어지고, 이는 미국 국민들 소득의 증가로 이어졌죠. 소득이 늘면 소비가 증가하게 되는 겁니다. 그런데 문제는요, 이렇게 너무 경기가 좋다 보면 계속해서 호경기가 이어질 것이라는 기대감에 기업들이 투자와 생산을 더욱 늘리게 된다는 거죠. 수요가 더 이상 늘지 않는데 계속해서 생산을 늘리게 되면서 자동차뿐 아니라 많은 제품에 대한 공급 과잉 현상이 나타나게 됩니다. 공급 과잉으로 인해 기업들의 마진은 줄어들게 되는데, 장밋빛 미래를 기대하면서 하늘 높이 올라간 주식시장은 뒤늦게 이를 깨닫고 무너지기 시작하죠. 그게 1929년 미국 주식시장의 붕괴였던 겁니다.

1929년 당시 미국 금융시장의 붕괴와 함께 미국 경제가 빠르게 위축됩니다. 미국 자체 산업이라도 살리기 위해 미국 정부는 당시 무역 장벽을 높게 쌓기 시작하죠. 다른 국가의 수입품에 관세를 부과한 겁니다. 이게 참, 교역이라는 것이 상호 국가 간에 이루어지는 거잖아요? 한 국가가 관세를 부과하면 다른 국가가 바보가 아닌 이상 가만히 있을 수가 없습니다. 바로 보복 관세가 나오죠. 이게 한두 국가가 아니라 전 세계적으로 나타나게 된 겁니다. 네, 전 세계적으로 교역이 사라지는 거죠. 교역이 사라진다는 얘기는 앞서 말씀드렸던 것처럼 교역으로 인해 나오는 '수요'가 사라진다는 말입니다.

공급은 넘치는데 교역의 중단으로 인해 수요가 더욱 위축됩니다. 그럼 제품의 가격이 크게 하락합니다. 제품 가격 하락은 필연적으로 기업의 마진 감소로 이어지게 됩니다. 기업 마진 감소는 고용의 축소로, 고용 축소는 소득의 감소로, 그리고 소득 감소는 또 수요의 감소로, 수요 감소는 공급의 과잉을, 공급 과잉은 제품 가격 하락과 기업의 마진 축소로, 이는 고용 축소로, 또 소득 감소로……. 감소 → 축소 → 하락 → 감소 → 축소 → 하락 이 얘기가 영원히 반복되는 거죠.

제품 가격의 하락을 우리는 '디플레이션'이라고 합니다. 디플레이션, 즉 물건 가격이 하락하면 좋은 것 아니냐고 할 수 있지만, 오히려 말했던 것처럼 심각한 고용 및 성장의 위축을 야기할 수 있죠. 이렇게 미국에서 발생한 공황이 관세 장벽과 맞물리면서 전 세계적인 성장의 둔화와 공급의 과잉 그리고 금융시장의 붕괴로 이어지는 이른바 '세계 대공황'으로 이어지게 된 겁니다.

아이고, 무역 전쟁 말씀드리다가 1930년대 대공황까지 다녀왔네요. 그만큼 끝도 없는 무역 전쟁이, 특히 이렇게 전 세계적으로 성장이 약한

디플레이션이 가져오는 악순환

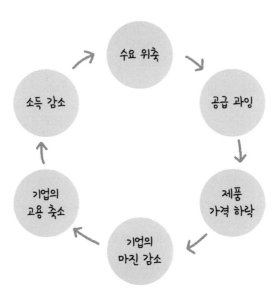

시기에 나타나는 무역 전쟁이 좋지 않다는 점을 강조하고 싶어서 조금
길지만 이야기를 해봤습니다.

다시 2019년 미국 얘기로 돌아오겠습니다. 2019년 미국과 중국은
심각한 무역 전쟁의 파고에 휘말려 있었죠. 무역 전쟁으로 인한 성장의
둔화가 가시화됩니다. Fed는 미국 경기 둔화가 나타날 것을 두려워한
나머지 2019년 7월부터 10월까지 세 차례에 걸쳐 기준금리 인하를 단
행합니다. 2018년 12월 2.25~2.5%였던 기준금리는 2019년 말에
1.5~1.75%까지 낮아졌답니다. 그리고 미국 경기가 본격적으로 무너져
내린 것은 아니지만 무역 전쟁 등으로 인해 경기 위축이 빠르게 나타날

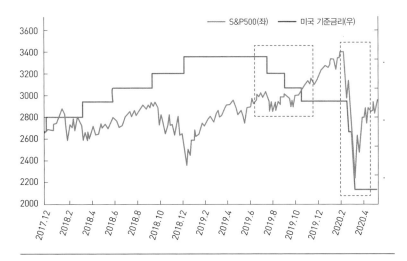

2019년 하반기 미국 기준금리가 세 차례 인하되는 것을 볼 수 있습니다. 이를 보험적 금리 인하라고 했는데요, 그 영향으로 미국 주식시장은 다시금 사상 최고치 행진을 이어가게 되었죠. 그러나 코로나19 사태로 인해 미국 주식시장이 크게 무너지게 되자 Fed는 기준금리를 0%로 인하하고 무제한 양적완화를 다시금 시작하게 됩니다. 2015년 12월, 간신히 제로 금리에서 벗어났던 미국 기준금리가 다시금 바닥으로 내려온 것을 보면 허무하다는 생각도 듭니다.

것을 예상, 선제적으로 금리를 인하했다고 하여 2019년의 세 차례 기준금리 인하를 '보험적 금리 인하 insurance cut'라고 부릅니다.

2019년 10월에 세 번째 금리 인하가 단행되었을 때 Fed의 수장인 파월 의장은 추가적인 금리 인하는 없다면서 선을 그었죠. 그렇지만 여기서 끝나지 않았습니다. 2020년 2월 코로나19 사태가 심각하게 번지고, 3월에는 팬데믹으로 이어졌습니다. Fed는 급격한 경기 둔화를 우려하게 되었고 1.5~1.75%였던 기준금리를 금융위기 당시의 레벨인

0~0.25%까지 빠르게 인하하죠. 그리고 여기서 그치지 않고 다시금 양적완화를 시작합니다. 네, 달러 찍어 뿌리기가 시작된 것입니다.

2020년 3월 Fed가 단행한 양적완화는요, 처음에는 7000억 달러 규모로 진행하려고 했다가 시장이 미동도 하지 않자 무제한 양적완화로 바뀌게 된 것입니다. 그러면서 불과 1개월여 만에 2조 달러 가까운 달러화를 시중에 공급하게 되죠. 제로 금리와 양적완화의 재개…… 불과 몇 달 만에 바뀌어버린 세상의 모습입니다.

자, 이제 다시 달러가 지난 수년간 강세를 보였던 이유를 살펴봅니다. 첫 번째 이유로 미국의 금리 인상을 들었죠. 2.25~2.5%까지요. 다른 국가들은 금리를 인하할 때 미국은 혼자 금리를 인상하고 있었죠. 하지만 지금은? 어느새 제로 금리에 무제한 양적완화까지, 다른 어떤 나라보다 적극적으로 달러 공급을 늘리고 있는 상황으로 바뀌었습니다. 그럼 미국의 금리 인상이라는 달러 강세의 첫 번째 원인은 사라졌다고 보면 될 겁니다.

대규모 감세, 트럼프 행정부의 판단 착오

이제 두 번째 원인을 보죠. 두 번째 원인은 미국의 독보적인 성장인데요, 이 부분을 조금 꼼꼼히 살펴볼 필요가 있습니다. 우선 미국이 다른 나라보다 독보적인 성장을 할 수 있었던 데는 앞에서 간단히 말씀드렸던 IT 산업의 선구적인 발달 외에도 여러 가지 이유가 있습니다.

2017년으로 가보죠. 2017년 하반기 트럼프 대통령은 MAGA_{Make America Great Again}라는 구호를 내세우면서 미국 경제를 뜨겁게 만들 것임을 강조합니다. 그러면서 본격적인 법인세 인하에 나서죠. 네, 그 유명한 트럼프 행정부의 대규모 감세가 시작된 겁니다.

2017년 당시 미국 경제는 다른 어떤 나라보다 양호했죠. 경기가 좋을 때 보통 국가는 증세를 해서 국고를 채워놓습니다. 그리고 그렇게 채워놓은 국고는 향후 경기가 둔화될 때 무너지는 경기를 떠받치는 데 사용이 되곤 하죠. 최근 코로나19 사태로 인해 우리 정부도 대규모 경기 부양에 나선다고 하죠? 경기 부양을 위해서는 돈이 필요합니다. 정부가 돈을 조달하는 방법은 첫째, 세금을 걷거나 둘째, 국채를 발행해서 빌려 오거나 하는 겁니다. 국가가 돈이 없으면 경기가 안 좋을 때 경기 부양을 위해 쓸 재원이 없습니다. 이런 때 국가가 국채를 발행해서 자금을 빌려오면 가뜩이나 경기 둔화로 인해 시중에 자금이 모자란데 국가가 그 돈을 무슨 돈 먹는 하마처럼 '후욱' 하고 가져가버리는 문제가 생기게 됩니다.

그런 이유로 일반적으로는 경기가 좋을 때 국가는 증세를 통해 국고 재원을 확보해두려는 경향을 보이곤 합니다. 그런데 트럼프 행정부에서는 반대로 감세에 나서게 되죠. 호경기에 감세가 나오는 건 다소 독특한 케이스라고 볼 수 있습니다. 그러니 미국에서는 경기가 좋은데도 재정 적자가 증가하는 일이 벌어지게 됩니다.

미국의 독보적인 성장이 바로 여기에 있습니다. 경기가 좋은데도 법인세 감세를 통해 타오르는 화로에 기름을 끼얹어주었기 때문이죠. 그런데 문제가 하나 있습니다. 국가의 재정 적자가 늘어나면요, 그만큼 언젠가는 미국 정부가 이걸 메워야 할 겁니다. 그럼 미래 어느 시기에 적자를 메울 때, 그 당시의 상황은 어떨까요? 그 시기를 사는 사람들은 정부에 세금을 내고 정부는 그 세금으로 적자를 메우게 될 겁니다. 네, 재정 적자를 통한 경기 부양은 결국 미래 세대가 쓸 돈을 현재로 당겨서 쓰는 겁니다. 경기가 나쁘지 않은데도 대규모 법인세 감세를 해서 경기를 부양했기에 이런 문제는 보다 심각하게 인식될 수 있답니다.

그럼 이런 질문이 떠오를 겁니다. '아니, 그럼 왜 감세를 단행한 거야? 문제가 있다는 것을 뻔히 알면서도?'라는 질문이겠죠. 아주 러프하게 답변을 하면 이겁니다. 경기가 좋을 때 감세를 해주면 기업들이 보다 많은 투자 의욕을 느끼고, 그러면 투자를 늘리면서 더 많은 돈을 벌게 된다는 논리죠. 기업이 돈을 더 많이 벌면 법인세율은 낮아졌음에도 법인세를 더 많이 거두어들일 수 있으니까요. 법인세율 인하를 통한 법인세의 감세는 재정 적자보다는 오히려 재정 흑자를 만든다는 논리가 힘을 얻으면서 대규모 법인세 감세가 진행되었던 겁니다. 그럼 결과는? 네, 제가 말씀드리는 것보다는 아래 기사를 하나 인용하는 것으로 답을 대신할까 합니다.

미 기업들, 트럼프가 깎아준 세금 주식으로 탕진
(뉴스핌, 2018. 12. 28)

지난 몇 년간 미국 경제가 좋았던 이유 중 하나로 대규모 재정 적자를 말씀드렸습니다. 하나 더 추가하죠. 먼저 기사 인용하고 시작합니다.

사상 최대 기업부채, 세계 경제 뇌관으로… '매출 감소 땐 금융 위기로 번질 것'

(동아일보, 2020. 3. 16)

WSJ, '미 기업 부채 비율, 과거 침체 직전과 맞먹어'

(연합인포맥스, 2019. 9 .23)

미국 기업 및 가계 부채는 지난 2008년 글로벌 금융위기 레벨보다 훨씬 더 높아졌습니다. 부채가 늘어났다는 것은 무엇을 의미할까요? 부채는 앞서 말씀드렸던 것처럼 미래의 소득을 현재로 땡겨서 지금 쓰는 것을 말합니다. 그럼 아주 러프하게는 지난 수년간의 성장 과정에서 미국 경제 주체인 기업과 가계의 부채가 크게 늘었다는 것은 미래의 소득을 현재로 끌어와서 썼다는 것으로 해석할 수 있겠죠.

재정 적자와 부채의 증가를 합치면 이런 결론에 도달하게 됩니다. 미래의 소득을 가져와서, 그리고 미래 세대의 '세금'을 미리 가져와서 썼다라고요. 네, 지난 수년간 미국 경제의 독보적인 성장에 이런 요소들도 어느 정도는 포함되어 있겠죠. 문제는 2020년 상반기 코로나19 사태로 인해 미국 정부는 대규모 경기 부양을 위해 거대한 재정 적자를 감수할 수밖에 없습니다. 재정 적자의 증가폭이 큰 만큼 이후에 더 많은 재정 적자를 늘리기에는 상당히 부담스러울 수밖에 없죠. 거기에 하나 더. 코로나19 사태로 인해 강한 충격을 받은 기업들은 Fed와 미국 행정부를 통해 직간접적으로 각종 대출 자금을 지원받게 되었죠. 대출 지원을 받았다는 얘기는 기업 부채가 더 늘어났다는 의미로 해석해도 될까요? 네, 과도한 재정 적자와 기업 및 가계 부채가 코로나19 사태로 인해 더 늘어난 만큼 향후에도 재정 및 기업·가계 부채 추가 증가를 통한 성장 부양은 쉽지 않을 것으로 보입니다. 그렇습니다. 지난 수년 동안과 다르게 미국의 상황이 완전히 바뀌어버렸다고 할 수 있겠죠.

'세계 1위 산유국'에 닥친 악재

자, 다음은 미국의 셰일오일 산업에 대한 얘기를 좀 해보겠습니다. 미국은 대표적인 원유 수입국이었죠. 원유를 수입하는 과정에서 상당한 무역 적자를 기록해왔습니다. 그러던 미국이 세계 제1의 산유국이 되는 기회가 찾아오게 되는데요, 그게 바로 셰일오일 기술의 발달이었죠. 2005년 이후 미국 셰일 산업은 크게 발전했고요, 2010년대 들어 미국의 원유 채굴량은 급격히 증가하게 됩니다. 원유 생산이 늘어나고 세계 제1의 산유국이 되면서 굳이 해외에서 대량의 원유를 수입할 필요가 없어집니다.

미국이 원유를 많이 수입하지 않는다는 얘기는 원유를 사들이면서 다른 나라에 달러 지출을 크게 하지 않아도 된다는 의미가 되죠. 네, 원유를 사들이지 않으니 다른 나라와 교역을 할 때 달러 지출이 더 많은 이른바 무역 적자국의 상황에서 벗어나게 됩니다. 오히려 다른 국가에 원유를 수출하면서 달러 벌이를 하는 구조가 형성되는 겁니다.

뒤에서 더 자세히 다루겠지만 미국 셰일 산업이 부흥하면서 그리고 미국의 원유 생산이 늘면서 전 세계적인 원유 공급 확대가 나타나게 됩니다. 문제는 금융위기 이후 전 세계적인 저성장 기조로 인해 제조업 경기도 좋지 않다 보니 원유 수요가 많지 않다는 데 있었죠. 원유 공급은 늘어나는데 원유 수요는 줄어드니 원유 가격은 큰 폭으로 하락할 수밖에 없는 겁니다.

원유 가격의 하락은 산유국들에게 있어서는 치명적인 이슈죠. 사우디아라비아를 중심으로 한 중동 국가들과 러시아를 비롯한 대표적인 산유국들은 국제유가 하락을 방어하기 위해 함께 2016년 원유 감산에 나서게 됩니다. 이들이 감산에 나설 때, 계속해서 원유시장에 원유 공급을 늘리면서 시장 점유율을 크게 늘린 기업들이 있었는데, 이들이 바로 미국 셰일오일 생산 기업들이라고 할 수 있죠. 실제 2017년이 넘어가면서 미국은 사우디와 러시아를 모두 제치고 세계 1위 산유국으로 발돋움하게 됩니다.

[글로벌 리포트] 미, 러시아/사우디 추월… 세계 최대 산유국으로

(한국경제, 2018. 9 .16)

셰일오일 생산을 늘리려면 원유 관련 시설을 구축해야 할 테고, 이와 함께 상당한 인력을 고용해야 하겠죠. 그럼 원유 설비 투자가 늘고, 건축 수요 등도 함께 증가할 겁니다. 그리고 인력 고용이 늘면서 미국의 실업률이 하락하고 이들의 임금이 늘게 되죠. 임금 상승으로 인해 미국 국민들은 더욱 많은 소비를 할 수 있는 여건을 마련하게 될 겁니다. 네, 셰일오일 산업의 빠른 성장, 이는 미국의 독보적인 성장에 상당한 기여를 했죠.

문제는 코로나19 사태 이후 불거지게 됩니다. 코로나19 사태로 인한 경기 둔화 우려로 글로벌 원유 수요가 보다 크게 위축되었죠. 원유 수요의 감소로 인해 국제유가는 더욱 크게 하락합니다. 기존 산유국들도 버티기 어려운 상황이 되었고, 미국 셰일 기업들 역시 원유 생산 원가에도 못 미치는 참담한 수준의 국제유가를 보게 된 거죠. 다음의 기사들을 보면 실제 향후에도 미국 셰일오일 기업들이 과거와 같은 전성 시대를 누리기는 쉽지 않다는 점을 알 수 있을 겁니다. 네, 미국의 독보적 성장을 만들어낸 또 하나의 요인, 미국 셰일 산업의 위축에도 주목할 필요가 있을 겁니다.

> ### 셰일업계 1위마저도… 파산 공포에 떠는 미 셰일 기업
> (파이낸셜뉴스, 2020. 5. 13)

네, 지난 수년간 미국의 차별적인 성장이 압도적인 달러 강세를 만들

어왔다고 했죠. 지금은 그 차별적 성장이 계속 이어질 수 있는지에 대해 살펴보고 있습니다. 적어도 지난 수년간 미국의 독보적 성장을 만들어 왔던 재정 지출의 과감한 확대, 기업 및 가계의 빠른 부채 증가, 셰일 산업의 부흥 등의 성장 요인들이 향후에도 미국의 성장을 추동하기에는 어려워 보입니다.

차별적 성장 기조는 계속될 것인가?

물론 미국의 아마존, 페이스북, 알파벳, 애플, 마이크로소프트, 넷플릭스 등의 기업들이 차별적인 플랫폼 성장 잠재력을 보유하고 있다는 점은 주지의 사실일 겁니다. 그리고 이들의 성장성과 시장점유율이 시간이 갈수록 더욱더 커질 가능성도 높죠.

다만 지난 수년간 이들의 차별적 성장에 대한 기대감은 주식시장에 상당 수준 반영되었다는 점도 염두에 두어야 할 겁니다. 실제 미국 나스닥 주식시장의 경우 다른 어떤 국가의 주식시장과 비교해도 상당한 수준의 상승세를 보여주었죠. '나스닥의 좋은 IT 기업들이 흔들릴 것이다'라는 말보다는 이들의 성장성을 상당 부분 '투자자'들이 반영하고 있다는 점이 핵심입니다.

그리고 이를 반영하기 위해 글로벌 투자자들은 기존에 나스닥 주식을 미리 샀을 테고요. 이미 그때 달러를 매입해서 나스닥 주식을 샀겠죠. 네, 그동안의 달러 강세에는 이러한 요인들이 어느 정도는 반영되어 있다고 봅니다. 다음 기사를 보죠.

美 IT 10년래 최대 '상승 질주' 나스닥 1만 넘본다

(뉴스핌, 2019. 12. 28)

미국의 성장성이 약한 것이 아니라 이미 상당 부분 달러 가치나 주가에 반영되어 왔다는 것입니다. 그리고 기존 대비 재정이나 금융 그리고 에너지 산업 부분이 약해지고 있다는 점은 지난 수년간 보여주었던 강한 성장과 대비해서 그 강도가 다소 약해질 수도 있다는 생각을 하게 합니다.

잠시 과거 얘기를 해보면요, 미국 경제가 독보적인 성장세를 보였던 것이 지난 1990년대였죠. 미국 다우존스 지수는 1998년 사상 최초로 1만 포인트를 넘어서면서 '팍스 아메리카나Pax Americana'라는 찬사를 만들어냈습니다. 1994년 멕시코를 시작으로 1997년 동아시아 국가들, 1998년 러시아, 1999년 브라질과 아르헨티나 등의 국가들이 외환위기를 겪었던 것과 비교해보면 미국의 독보적 성장은 당시에도 상당히 중요한 이슈였죠. 미국의 차별적인 성장과 함께 미국 주식시장뿐 아니라 미 달러화 역시 초강세를 이어가고 있었답니다. 그리고 당시 산업의 중심에도 IT 기업들이 있었죠. 당시 이들 주가가 과도하게 상승했던 것을 우리는 'IT 버블'이라는 단어로 기억합니다.

2000년 IT 버블이 붕괴되고 2001년 9.11 테러로 인해 미국 경기가 한차례 휘청거리면서 미국 달러화는 급격한 약세로 전환되었답니다. 그

● 그래프 5 **달러 인덱스 추이(1990년 이후)**

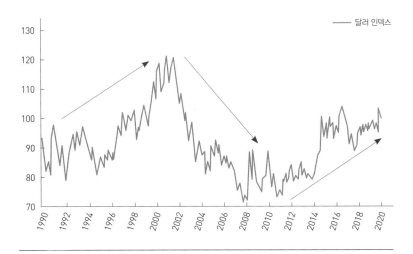

1990년대 미국 달러화는 엄청난 강세를 나타냈죠. 당시 달러 인덱스의 상승을 보면 느낌이
올 겁니다. 그러나 2000년대 초반부터 달러는 빠른 약세로 접어들었죠. 당시에는 유로화, 위
안화를 비롯한 이머징 통화 대비 달러화는 상당한 약세를 보였답니다. 그러나 2012년 하반기
부터 달러는 다시금 초강세 기조로 전환하게 됩니다. 이 차트에서 말씀드리고 싶은 것은 영원
한 달러 강세도, 영원한 달러 약세도 없다는 것입니다.

리고 2004년을 거치면서 2008년 글로벌 금융위기를 전후한 기간까지
달러화는 거의 10년간의 약세를 나타냈죠. 특히 금융위기 직전 중국 경
제의 팽창이 두드러지던 2007년에는 '달러의 시대는 이제 저물었다'는,
'이제는 위안화의 시대'라는 얘기까지 나왔습니다. 당시 달러 가치는 크
게 하락했고, 달러/원 환율은 달러당 900원 수준을 기록했답니다. 잠시
2007년 당시의 기사 하나 인용해보면서 당시 분위기를 느껴보죠.

美 달러 약세로 기축 통화 위상까지 흔들려

(아시아경제. 2007. 11. 15)

1990년대 달러 강세에서 2000년대 이머징 국가, 특히 중국을 중심으로 한 달러 약세, 그리고 미국 경기가 살아나면서 재차 나타난 달러 강세 기조. 이 기조가 과연 계속 이어지게 될까요? 이어진다면 어느 정도까지 이어지게 될까요? 앞의 〈그래프 5〉를 통해 과거 달러 가치를 나타내는 달러 인덱스 흐름을 보실 수 있는데요, 영원한 강세 혹은 영원한 약세라는 것은 존재하지 않습니다. 적어도 앞서 말했던 요인들, 즉 제로 금리로의 복귀와 기존과 같은 독보적 성장의 지속 가능성이 낮아졌다는 점으로 미루어볼 때, 지난 수년간 나타났던 달러 강세를 계속 기대하기는 어렵지 않을까, 그렇게 생각합니다.

위안화의 인기는
왜 시들해졌나

지금까지 미국 경제와 달러에 대한 이야기를 했습니다. 당연히 달러 투자라는 주제를 다룰 때 미국 경제에 대한 심층적인 분석을 하는 것은 필수입니다. 그런데 너무 달러 얘기만 한 것 같아서…… 잠시 중국 위안화 얘기를 해보죠. 지난 2010~2014년 사이에 개인적으로 가장 많이 받았던 질문에 대한 말씀을 드리고 갈까 합니다. 당시 질문은 바로 이거였죠.

"위안화를 사두면 어떨까요?"

위안화라는 단어를 달러로 바꾸면 최근의 분위기와 사뭇 비슷하다는 느낌이 들지 않나요? 앞에 '달러를 사두면 어떨 것 같냐'는 질문을 한 분들처럼 위안화 투자에 대한 질문을 한 분들의 의도도 비슷했을 겁니다. 위안화 가치가 상승할 것이라 예상했기 때문이죠. 잠시 과거로 돌아가서 그때의 상황을 살펴보며 이를 달러와 한번 비교해보겠습니다.

왜 모두가 '위안화 투자'를 외쳤을까?

지금은 이런 얘기가 쏘옥 들어갔지만 5~10여 년 전은 위안화가 달러를 대체할 수도 있다는 중국 낙관론이 힘을 얻고 있던 시기였습니다. 특히 금융위기 이후 위안화 가치는 지속적인 절상(위안화 가치 상승) 기조를 이어갔기에 이런 낙관론에 힘을 실어주었답니다. 대표적으로 당시 기사를 잠깐 인용하고 갈까요?

중국 위안화, 달러 대비 사상 최고치 경신

(이투데이, 2010. 12. 30)

中 환율 개혁 5년간 위안화 23.97% 절상

(연합뉴스, 2010. 12. 29)

2010년 말 기사인데요, 당시에 위안화 가치가 사상 최고치를 나타냈다고 하죠? 잠시 위안화 얘기를 해보면 중국 위안화는 2005년 7월 22일부터 2015년 8월 11일까지 쉴 새 없이 웬만하면 절상되었던 그런 통화였답니다. 2005년부터 2015년까지 10년 동안 슬금슬금 절상되었다면 10년의 관성이 있겠죠? 사람들은 지난 10년간 이어져왔던 패턴이 미래에도 이어질 것이라고 기대하곤 합니다. 그러니 위안화를 사면 어떨 것 같냐는 질문을 했겠죠.

질문에 대한 배경 설명이 길었는데요, 중요한 건 답변이겠죠. 저의 답변은 'No'였답니다. 미래 위안화 가치를 예상해서 그런 건 아니고요, 위안화를 사는 이유가 단순히 '위안화 절상' 때문이라고 한다면 충분히 조금 더 고민을 해보면 좋겠다는 답변을 했습니다. '이게 뭔 소리인가' 하는 생각이 들 수 있을 텐데요. 환율이라는 게, 이게 참 어려운 부분입니다. 하나 물어보겠습니다. '위안화 절상'이라고 하면 위안화 가치가 오른다는 의미일 겁니다. 그런데 무슨 통화 대비 위안화 가치가 오른다는 뜻일까요? 너무나 쉽게 생각할 수 있는 타이틀이 이런 거죠.

"위안화 절상 테마에 투자하라."

좋은데요, 환율은 '상대 가치'일진데 무슨 통화 대비 위안화 가치가 오르는지가 보다 더 중요한 것 아닐까요? 그럼 위에서 말하는 위안화 절상은 무슨 통화 대비 위안화 절상을 말하는 것이었을까요? 네, 정확하게 달러화 대비 절상되었다는 의미입니다. 미 달러화 대비 중장기적으로 위안화가 절상되고 있다는 의미였고요. 제가 앞서 말했던 위안화가 10년의 절상이라는 관성을 갖는다는 것, 그건 위안화가 달러화 대비 절상되었다는 의미입니다.

그럼 이렇게 질문해보죠. 우리는 달러화를 쓰나요? 원화를 쓰나요? 아니, 보다 직접적인 질문으로 들어갑니다. 우리는 달러를 주고 위안화를 살까요, 원화를 주고 위안화를 살까요? 네, 한국 투자자들은 대부분 원화를 주고 위안화를 사겠죠. 그럼 달러 대비 위안화 가치가 오르고 내리는 것이 중요할까요, 원화 대비 위안화 가치가 오르고 내리는 것이 중요할까요? 네, 후자일 겁니다. 이제 〈그래프 6〉을 보면서 실제 데이터를 확인해보죠.

글쎄요, 달러 대비로는 당시 위안화 환율이 절상되는 모습, 즉 달러 대비 위안화 환율이 하락하는 것을(위안화가 달러 대비 절상) 확인할 수 있는데요, 원화 대비로는 글쎄요, 느낌이 사뭇 다르지 않나요? 네, 만약 한국 원화 대비 위안화가 절상을 생각하고 투자한다면 적어도 위의 기사에 나와 있는 논리들에 바탕해서 투자를 할 것이 아니라 원화 대비 위안화에 대한 로직을 이해하고 투자하는 것이 좋겠죠. 환율을 보다 보면 지금처럼 타깃이 모호해지는 경우가 종종 생기곤 합니다. 이런 점을 유의해야겠습니다.

한국과 중국 간의 특수성을 고려해야

이왕 위안화 얘기가 나왔으니 조금 더 부연 설명을 해볼까요. 한국은 대중對中 경제 의존도가 상당히 높은 국가입니다. 경제 의존도가 높다는 얘기는 결국 한국이 중국에 수출을 많이 한다는 의미겠죠. 중국에 수출

● 그래프 6 달러/위안 환율과 위안/원 환율(2004년~최근)

달러/위안 환율은 달러 대비 위안화의 가치를 나타낸 거죠. 위안/원 환율은 중국 1위안을 사기 위해 필요한 원화를 의미합니다. 보면 2010년대 초중반 달러/위안 환율은 꾸준히 하락하면서 달러 대비 위안화 강세 기조가 나타남을 알 수 있습니다. 달러 보유보다는 위안화 보유가 매력적이었던 것이죠. 반면 위안화 대비 원화 환율을 보면 같은 시기 큰 변동이 없음을 느낄 수 있을 겁니다. 원화 보유자들이 위안화에 굳이 투자할 필요가 없음을 보여주는 차트죠.

을 한다는 것은 중국에 물건을 판다는 겁니다. 중국 사람들은 한국 물건을 살 때 무엇을 고려해서 살까요? 품질도 고려하겠지만 가격이 가장 중요하지 않을까요? 중국 사람들 입장에서 원화가 위안화 대비 강세라면 이런 일이 벌어질 겁니다.

예를 들어보죠. 위안/원 환율이 1위안당 200원이라고 가정합니다. 그럼 한국의 1000원짜리 물건을 사는 데 5위안이면 충분하겠죠. 그런데 한국 원화가 중국 위안화 대비 절상이 되면서 1위안에 100원이 되었다고 해보죠. 그럼 1000원짜리 물건을 사는 데 10위안이 필요하겠죠. 중국 소비자들 입장에서는 위안화 대비 원화의 절상으로 인해 더 비싼 가격에 한국 물건을 사야 하는 상황에 처하게 됩니다. 그럼 비싼 가격의 한국 물건 말고 다른 나라의 수출품도 쳐다보게 되지 않을까요?

네, 한 국가의 통화 절상은 그 나라의 수출 경쟁력을 낮추는 요인이 되곤 합니다. 한국 원화가 위안화 대비 일방적으로 절상되면 당연히 한국 수출은 어려워지지 않을까요? 특히 한국 수출의 상당 부분을 차지하는 중국인데, 위안화 대비 절상된다면 한국 수출 성장에는 상당한 타격을 주게 될 겁니다. 그래서요, 한국 원화 가치는 중국 위안화 가치와 비슷하게 움직이는 경향을 보입니다. 위안화 가치가 미 달러화 대비 하락하면 한국 원화도 달러화 대비 하락하고요, 위안화 가치가 달러 대비 상승하면 한국 원화도 달러 대비 상승하곤 하죠. 최근 이런 움직임이 보다 강화되는 느낌입니다. 앞의 달러/위안 환율과 위안/원 환율을 비교하는 차트를 다시 한번 보며 복잡한 설명을 대신할까 합니다.

한국 원화가 위안화랑 비슷하게 움직인다고 하면, 원화를 팔고 위안화를 사는 게 의미가 있을까요? 우리가 달러를 쓰는 사람들이라면 진중하게 위안화 절상의 매력을 고려해보겠지만 적어도 위안화와 닮은꼴로 움직이는 원화 투자자 입장에서는 그리 매력적인 제안은 아닐 듯합니다. 네, 그래서 '위안화를 좀 사두면 어떨까요?'라는 질문에 대해서는 조금 더 고려해보라고 완곡한 부정의 답을 했던 겁니다.

자, 지금까지 '위안화를 사두면 어떨까요'라는 질문에 답을 해봤는데요, 왜 달러 얘기를 하다가 뜬금없이 위안화 얘기를 했을까요? 이미 느껐을 수도 있는데요, '달러를 사둘까요?'라는 질문을 한 분들은 달러 가치의 상승을 기대하고 있었을 겁니다. 다만 무슨 통화 대비 달러 가치의 상승인지가 중요한 거죠.

'당연히 한국 원화 대비 달러 가치지 뭔 소리냐?'라는 반문이 바로 나올 겁니다. 제가 앞에서 달러 강세가 계속해서 이어질까에 대해 설명할 때는 달러 자체에 대한 이야기를 하는 데 집중했죠. 한국 원화에 대한 얘기는 거의 없었답니다. 글로벌 통화와 대비했을 때의 전반적인 달러 가치에 초점을 맞춘 거였죠. 그런데 글로벌리 달러가 평균 이상의 강세를 보여도, 한국 원화가 그런 달러보다도 더 강세를 보일 수 있지 않을까요? 즉, '일반 이머징 통화 대비 달러는 강세를, 그리고 그런 달러 대비 한국 원화는 더더욱 강세를'이라는 그림이 그려질 수도 있다는 겁니다. 그럼 글로벌리 달러 강세 기조가 나타난다고 해도 한국 원화가 그런 달러보다도 강할 수 있다면 달러를 사두는 것은 어리석은 투자가 되지 않을까요? 네, 그래서 달러뿐 아니라 한국 원화에 대한 분석 역시 당연히 필요합니다. 이제부터 한국 원화에 대한 이야기를 하겠습니다.

펀더멘털이 강한
한국 원화의 매력

2020년 상반기 코로나19 사태를 거치면서 달러 강세가 두드러지게 나타나고 있죠. 달러의 강세는 뒤집어 말하면 '달러 이외의 통화들의 약세'를 말합니다. 이머징 국가 통화들의 두드러진 약세가 나타나는 이유는 간단히 말씀드리면 이런 겁니다.

이머징 국가들은 미국처럼 재정 여건이 좋지가 않습니다. 미국도 적자가 심하다면서? 네, 맞아요. 근데 적자가 심해도 워낙에 미국이라는 나라의 경제력 자체가 강하기 때문에, 그리고 미래에도 그럴 것이라는 투자자들의 신뢰가 강하게 자리하고 있기 때문에 미국 정부가 경기 부양을 위해 국채를 발행해서 돈을 빌려도 그 국채를 투자자들이 편안한 마음으로 사들입니다. 미국 국채 수요가 워낙에 탄탄한 거죠. 그래서 웬만큼 국채 발행이 이어지더라도 미 국채 가격이 폭락하는 일은 없습니다. 미국이 국채를 발행해서 돈을 빌리려고 하는데, 국채를 사들이는 사람이 없다면, 즉 미국 정부에 돈을 빌려주는 사람들이 없다면 어쩔 수 없이 더 높은 금리에 돈을 빌려야 하겠죠. 네, 국채 공급이 쏟아지면 국채 가격의 하락, 즉 국채 금리의 상승이라는 악재에 직면을 하게 됩니다. 그렇지만 말씀드렸던 것처럼 적어도 미국 국채 시장에서 이런 일이 벌어질 가능성은 매우 낮습니다.

이머징 국가들의 힘겨운 경기 부양

그렇지만 이머징 국가들은 상황이 전혀 다릅니다. 미국처럼 마구잡이로 국채를 발행하면 어떤 일이 벌어지게 될까요? 투자자들의 신뢰가 형성되어 있지 않은 이머징 국가들이 코로나19 사태로 인해 둔화된 경기를 살리고자 국채 발행을 늘리면 투자자들이 불안한 마음에 해당 국가 국채를 외면하게 되겠죠. 이머징 국가 국채 가격이 하락하고, 국채 금리가 급등하는 일이 벌어지게 될 겁니다. 해당 국가의 국채 금리가 급등합니다. 적어도 그 국가에서 가장 신뢰도가 높은 국채 금리가 튀어 오르면 그 국가의 기업이나 개인들이 자금을 빌릴 때 적용되는 금리는? 네, 당연히 더 높게 튀어 오르겠죠. 예를 들어 한국 국채 금리가 불안한 현실을 반영해서 1%에서 5%까지 튀어 올랐다고 해보죠. 그럼 한국 기업들

중에서 5% 이하로 돈을 빌릴 수 있는 곳은 없겠죠. 개인들은 더더욱 높은 금리를 지불해야 할 겁니다. 그럼 가뜩이나 경기도 안 좋은데 금리까지 뛰어 오르게 되는 어려운 상황에 직면하는 거죠. 이머징 국가들이 국채를 발행해서 경기 부양에 나서기는 어렵습니다.

정부가 국채 발행을 통해 경기 부양을 하는 게 어렵다면 다음 카드로 중앙은행이 나서는 방법이 있습니다. 중앙은행이 금리를 인하하는 거죠. 금리를 인하하고 시중에 자금을 공급하는 겁니다. 하지만 이것도 쉽지가 않은 것이 보통 이머징 국가들은 자체적인 자본이 별로 없어요. 그래서 해외 투자자들이 이머징 국가에 들어와서 설비 투자를 하거나 혹은 지분 투자를 하거나 하죠.

미국 투자자들이 동남아 국가에 가서 공장 설비를 세운다고 가정해 보죠. 그럼 달러를 갖고 가서 달러를 팔고, 동남아 국가의 통화를 살 겁니다. 그리고 그 돈으로 현지에 공장을 세우고 조업을 시작하겠죠. 이를 해외 직접 투자Foreign Direct Investment라고 합니다. 이런 경우도 있습니다. 직접 공장을 세우거나 하지는 않지만 이머징 국가들의 기업들이 자금 조달을 하고자 하는 거죠. 기업이 자금을 조달할 때 '저한테 돈 좀 빌려주세요'라고 하면서 채권을 발행할 수 있고요, '저한테 투자하세요'라고 하면서 주식을 발행할 수 있습니다. 투자자들이 돈을 빌려주는 경우는 채권을 사들이는 거죠. 정해진 만기에 원금과 이자를 받으면 됩니다. 해당 기업에 투자하는 경우는 주식을 사들이겠죠. 네, 해당 기업이 벌어들인 돈을 투자자가 보유한 해당 기업의 지분율만큼 배당으로 받게 될 겁니다. 이렇게 다른 국가의 주식이나 채권과 같은 금융 자산에 투자하는 것을 포트폴리오 투자Portfolio Investment라고 하죠.

해외 직접 투자건 포트폴리오 투자건 해외 투자자들이 이머징으로 들어갈 때는 달러를 팔고 이머징 통화를 사서 해당 국가에 투자를 한 겁니다. 그런데 해당 국가가 경기 부양을 위해 금리를 마구 낮추려고 한다는 소식이 들려옵니다. 그리고 시중에 자금을 더 많이 풀어주려고 한다는 소식도 들려오는 거죠. 시중에 돈이 많이 풀린다는 것은 해당 이머징 국가의 통화 공급이 늘어난다는 의미가 됩니다. 헉, 그럼 그 나라 통화 가치가 하락하게 된다는 것? 네, 가뜩이나 달러가 더 강해지는 것 아니냐는, 달러가 귀하다는 인식이 높아지고 있는데 이머징 국가들이 경기 부양을 위해서 더 많은 자국 통화를 풀면 달러 대비 해당 국가 통화 가치는 더욱더 크게 하락하게 되겠죠. 해외 투자자들은 결국 나중에는 달러를 사서 본국으로 돌아가야 할 겁니다. 달러 가치는 계속 오르고, 투자한 이머징 국가 통화 가치는 보다 크게 하락할 것 같습니다. 그럼 계속 남아 있어야 할까요, 아니면 이머징 국가에 투자한 자산들을 정리해서 하루라도 빨리 달러를 사서 돌아가야 할까요? 아마도 후자를 진지하게 고민하게 되지 않을까 생각합니다.

이머징 국가는 경기 부양을 위해서 금리를 낮추고 돈을 풀어주게 됩니다. 그런데 와…… 해외 투자자들이 썰물처럼 빠져나가기 시작하는 거죠. 이머징 국가에 투자한 공장을 정리하고, 주식을 팔고, 채권을 팔고……. 그렇게 받은 이머징 국가 통화까지 팔고 달러를 사서 돌아가려고 하는 겁니다. 이른바 어려운 말로 '자본 유출'이라는 게 나타나게 됩니다. 그럼 주식시장은 무너지게 될 것이고요, 채권 가격이 큰 폭으로 하락합니다. 나가는 외국인 투자자들을 잡기 위해서는 더 높은 금리를 적용해줘야 하고요. 네, 국채 금리가 크게 뛰어 오르게 되겠죠.

　중간 과정 다 생략하고 맨 앞과 뒤만 연결해봅시다. 이머징 국가가 경기를 부양하려고 기준금리를 인하하고 돈을 풀게 되면 자본 유출로 인해 주가 하락, 시장금리 급등이라는 의도하지 않은 결과에 직면하게 될 수 있는 겁니다. 와…… 이머징은 어떤 국채 발행을 통한 경기 부양도, 금리 인하를 통한 통화 부양도 하기 어렵네요. 그럼 가만히 있어야 할까요? 아무것도 안 하면 해당 국가의 성장세가 크게 꺾이게 되겠죠. 성장세가 꺾이면 해당 국가에 더 투자를 할 필요가 있나요? 외국인 투자자들이 그 나라를 떠나게 됩니다. 이래저래 자본 유출이네요. 그래서 이머징 국가, 특히 경제력이 약한 이머징 국가에 투자할 때에는 정말 주의를 해야 하는 겁니다. 그리고 어떤 글로벌 악재가 터졌을 때 이머징 국가들이 받는 충격이 선진국 대비 훨씬 큰 거죠. 재정이나 통화 쪽에서 경기 부양을 할 수 있는 여력이 훨씬 적기 때문에 그렇습니다.

'<u>IMF 사태</u>'의 아픈 기억

제가 지금까지 이머징 국가들에 대한 얘기를 왜 했나 궁금하죠? 최근 '코로나19 사태로 인한 글로벌 경기 둔화 우려' 같은 기사들을 많이 들어봤을 겁니다. 여기서 이머징 국가들이 크게 흔들렸죠. 그러면서 다음과 같은 뉴스들이 나오기 시작합니다.

브라질 헤알화 가치 연일 사상 최저… 달러당 5.5헤알 첫 돌파

(연합뉴스, 2020. 4. 24)

'달러 사재기'에 아시아 신흥국 통화 약세 가속화… 세계 경제 뇌관으로

(이투데이, 2020. 4. 14)

한국은 선진국인가요, 아니면 이머징 국가인가요? 공식적인 분류로 이머징 국가라고 할 수 있습니다. '헉, 그러면 우리나라도 어려운 상황에 직면하는 것 아닌가?' 이런 생각이 바로 들 겁니다. 그리고 적어도 우리나라 국민들의 마음속에 큰 상흔으로 남아 있는 기억…… 네, 바로 IMF 외환위기가 있죠. 당시 달러/원 환율이 2000원을 넘어섰으니까요. IMF 사태라는 트라우마 때문에 최근의 다른 이머징 국가들의 뉴스를 보면서 원화 가치 역시 크게 무너지는 것 아니냐, 달러/원 환율이 크게 튀는 것 아니냐는 불안감이 나타나게 되죠. 결론부터 말씀드리면 저는 그럴 가능성이 높지 않다고 봅니다. 이유는요, 과거 IMF 당시의 한국이나 최근의 다른 이머징 국가들보다 한국 경제의 '펀더멘털'□ 자체가 양호하기 때문입니다.

'한국 경제의 펀더멘털이 IMF 당시보다 좋아졌다'라는 말이 무슨 뜻

---

* 한 나라의 경제가 얼마나 건강하고 튼튼한지를 나타내는 용어로, 가장 기초적인 거시 경제 지표, 즉 성장률, 물가상승률, 실업률 등을 뜻한다.

인지 바로 와닿지 않을 수도 있는데요, 자세한 설명을 위해 잠시 IMF 외환위기 당시 상황을 말씀드릴 필요가 있을 것 같네요.

'외환위기'라는 단어를 썼는데요, 글로벌 금융위기, 유럽 재정위기와는 약간 다른 맥락입니다. 글로벌 금융위기는 전 세계 금융 기관들이 과도한 빚으로 인해 무너져가는 위기를 의미하죠. 금융 기관들의 위기 즉, '금융위기'가 됩니다. 재정위기는 국가 재정이 파탄나면서 국가가 도산 위험에 처하는 것을 의미하죠. 그래서 '재정위기'라고 하고요. 지난 2010년 초중반 그리스, 이탈리아, 스페인 등이 이런 재정위기의 파고에 휩쓸렸던 바 있습니다.

외환위기는요, 국제통화를 쓰지 않는 이머징 국가들이 겪는 대표적인 위기입니다. '국제통화'라는 단어, 무언가 알아들을 듯하면서도 쉽게 와닿지 않죠. 국제통화는 말 그대로 여러 국가들이 두루 사용하는 통화를 의미합니다. 미국 달러화가 대표적인 국제통화고요, 유로화, 엔화, 영국 파운드화, 캐나다 달러화, 호주 달러화 정도가 국제통화의 범주에 들어가곤 하죠.

국제통화는 전 세계적으로 통용이 되는 만큼 글로벌 전체에서 탄탄한 수요를 갖고 있습니다. 달러화의 경우를 보면, 미국 내에서만 달러가 쓰이는 게 아니죠. 해외의 여러 국가들이 교역을 할 때에도 달러화는 두루 쓰이고 있습니다. 해외에서 달러가 두루 쓰인다는 것, 미국 이외의 지역에서도 달러에 대한 수요가 존재한다는 거죠.

달러가 왜 해외에서 쓰일까요? 예를 들어봅니다. 한국과 인도가 교역을 할 때 한국 원화나 인도 루피화로 교역이 되는 경우도 있겠지만 미 달러화로 무역 거래가 일어나는 경우가 대부분이겠죠. 이 두 나라의 교역에 미 달러화가 쓰이는 이유는 글로벌 무역 거래를 하는 경제 주체들 사이에서 달러화에 대한 신뢰가 매우 강하기 때문입니다. 아울러 달러화는 필요한 다른 통화로 언제나 자유롭게 환전해서 쓸 수 있다는 점도 이유 중 하나가 되겠죠. 한국은 원유 전량을 수입하는 국가입니다. 원유의 결제 통화는 미 달러화라는 것, 알고 있죠? 원유를 구입할 때에는 무조건 미 달러화를 지불해야 합니다. 그럼 한국은 원유를 구입하기 위해서라도 달러화를 보유해두어야 할 필요가 있겠죠. 그럼 원유가 필요할 때마다 달러를 사들일까요? 그게 아니죠. 예비로 일정 수준 달러화를 비축해두는 게 필요합니다. 당장 필요할 때 달러 구하기가 어려워지면 원유 거래 등은 사실상 어려워지기 때문입니다.

자, 정리합니다. '국제통화 = 전 세계적으로 통용이 되는 통화'입니다. 전 세계적으로 쓰이는 만큼 탄탄한 신뢰를 받고 있죠. 그리고 그만큼 통화를 발행하는 국가 이외의 지역에서도 두루 사용이 되기에 수요도 탄탄합니다. 마지막으로 원유의 결제, 혹은 다른 나라와의 교역에서 쓰일 수 있기 때문에 일정 수준 쌓아둘 필요도 있죠. 당장 쓰지는 않지만 미래 상황을 위해서 저축해두는 통화라고 하기 때문에 '기축 통화 Reserve Currency'라고도 불립니다.

외환위기를 설명하다가 국제통화 설명을 한참 했네요. 국제통화를 사용하지 않는 국가들은 만약의 상황을 위해서, 그리고 원유 수입 혹은 교역 등을 위해서 달러화와 같은 국제통화를 쌓아두게 됩니다. 이걸 외환 보유고라고 하죠. 외환 보유고에는 국제통화가 아닌 통화를 넣어둘 필요가 없습니다. 신뢰도가 높아 향후 어느 때건 사용할 수 있는 달러, 유로, 엔 등의 통화를 쌓아두는 거죠. 외환위기는 이 외환 보유고가 거덜나는 상황을 말합니다.

이머징 국가들은 태생적으로 자본력이 약하기 때문에 해외에서 돈을 빌리곤 하죠. 해외에서 돈을 빌릴 때 달러로 돈을 빌렸을 겁니다. 그럼 나중에 갚을 때에도 달러로 갚아야 하겠죠? 그런데 국가 전체에 달러가 씨가 마른 겁니다. 그럼 달러 빚을 갚을 방법이 없으니 '나 달러 빚 못 갚아' 하면서 디폴트를 선언하는 거죠. 이런 게 바로 외환위기입니다.

외환위기가 터지고 해당 국가가 더 이상 달러 지급이 불가능하다는 게 알려지면 당장 원유 수입도 불가능해지죠. 산유국들 입장에서는 달러가 없는 국가에 원유를 줄 수는 없으니까요. 네, 한국 내 외환 보유고가 모두 털려나가서 대외 달러 부채 등의 지급이 불가능하다고 선언하는 상황. 바로 이게 우리가 기억하는 '외환위기'입니다.

그럼 앞에 IMF는 왜 붙었을까요? IMF는 국제통화기금International Monetary Fund의 약자인데요, 그냥 글로벌 국가들의 은행이라고 보면 됩니다. 달러가 부족해서 더 이상 무역 결제 등이 안 되면 그냥 나라가 망하도록 내버려두는 게 아니라 해당 국가에 달러를 빌려주는 거죠. 이렇게 빌려주는 자금을 구제금융이라고 합니다. 대신에 구제금융을 해주는 만큼 IMF는 해당 국가에 구조조정 등 여러 가지 정책 간섭을 하곤 하죠. IMF에 대해 우리가 부정적인 이미지를 갖고 있는 이유가 여기에 있는 겁니다.

외환위기의 발생 원인과 과정

IMF 외환위기가 뭔지 알았다면, 그 과정에 대한 얘기를 해야겠죠. 1994~1995년으로 갑니다. 당시 일본은 엔고로 인해 크게 신음하고 있었죠. 엔화가 초강세를 보이면 한국의 수출 경쟁력은 일본 대비 높아지겠죠. 네, 한국의 수출이 크게 늘게 됩니다. 특히 당시 PC 붐까지 겹치면서 전 세계적으로 개인 PC 수요가 늘어났죠. 개인 PC에 들어가는 반도체 수요도 덩달아 뛰게 됩니다. 한국의 IT 관련 수출 역시 크게 증가했습니다.

수출 산업의 전망도 좋고 엔화도 초강세이니 1995년 당시 한국 기업들은 더 많은 제품을 생산해서 해외의 더 많은 지역에 물건을 팔고자 투자를 늘리기 시작했습니다. 투자를 늘리기 위해서는 돈이 필요합니다. 그런데요, 당시 국내에서 돈을 빌릴 때 적용되는 이자는 연 8~10% 정도 수준으로 높았습니다. 반면 미국을 비롯한 해외 금융시장에서 돈을 빌릴 때 적용되는 이자는 국내 이자 수준보다는 상당히 낮았죠. 투자를 많이 늘려야 하는데, 돈을 많이 빌려야 하는데, 아무래도 이자가 싼 그러니까 금리가 낮은 곳에서 돈을 빌리는 게 맞지 않겠습니까? 한 가지 찝찝한 부분이 있다면 이게 전부 그 무섭다는 '달러 빚'인 겁니다. 그래도 뭐⋯⋯ 1995년 당시 수출도 잘되고 달러 벌이도 잘되고 하니 한국의 금융 회사들은 크게 부담 갖지 않고 해외에서 돈을 빌려와서 원화로 환전, 국내 기업들에 대출을 해주기 시작합니다.

아, 그런데⋯⋯ 분위기가 이렇게 급반전되는 겁니다. 일본은 1995년

4월 '역플라자 합의'*라는 것을 통해 엔화 약세를 국제 사회로부터 용인을 받죠. 일본 엔화가 본격적인 약세 기조를 보이면서 1995년 당시 달러당 80엔을 하회하던 달러/엔 환율이 1996~1997년을 지나면서 달러당 100엔을 넘는 수준까지 상승합니다. 달러/엔 환율이 오른다는 것은 80엔만 줘도 1달러를 살 수 있었는데 이제는 100엔이나 줘야 1달러를 살 수 있다는 뜻, 즉 달러 대비 엔화 가치가 크게 하락했음을 말하죠. 한국의 수출에 큰 힘을 실어줬던 엔 강세라는 우군이 사라진 겁니다.

여기에 반도체 가격 역시 큰 폭으로 하락하게 됩니다. PC 붐으로 인해 PC와 PC 관련 부품, 즉 반도체 등의 생산이 크게 늘어났는데 늘어난 만큼 수요가 이를 받쳐주지 못하는 거죠. PC 붐의 지속을 기대하면서 쏟아져나온 반도체 공급으로 인해 반도체 가격이 약세를 보이게 됩니다. 네, 한국 수출의 주력 산업 역시 타격을 받기 시작하는 거죠.

이게 생각보다 심각한 것이 한국은 엄청난 달러 빚을 가져와서 설비 투자를 늘렸죠. 투자를 왕창 늘렸는데 엔화 약세, 반도체 가격 약세라는 겹악재가 쏟아지는 겁니다. 그럼 수출이 어려워지면서 돈벌이가 안 되겠죠. 돈벌이가 안 되면 당연히 빚을 갚기가 어려워지는 것 아닐까요? 여기에 주변 동남아 국가들이 1997년 3월 태국부터 시작해서, 1997년 7월 인도네시아가 무너지기 시작했죠. 아시아 국가들 분위기가 좋지 않

---

* '플라자 합의'는 뉴욕의 플라자 호텔에서 프랑스, 독일, 일본, 미국, 영국으로 구성된 G5의 재무장관들이 모여 달러화 강세를 시정하기로 결의한 조치이다. 이때 엔화의 평가절상을 유도하여 엔고가 시작됐고 일본은 이로 인해 버블 붕괴 등의 타격을 받았다. 1995년 4월에 G7 경제장관 회의에서 엔저 유도를 위한 합의가 있었는데 플라자 합의에 반대되는 내용이라고 하여 '역플라자 합의'라고 한다.

은 데다가 한국 수출도 꺾여나간다는 느낌을 받은 외국인 투자자들은 한국에 해준 대출을 연장해주지 않고 당장 갚으라고 말합니다. 대출을 갚으려면 달러가 필요하죠. 너도나도 달러 대출 갚기 위해 달러를 구하려고 혈안이 됩니다.

여기서 조금 복잡한 얘기지만 한 가지 부연 설명을 하고 가겠습니다. 당시 한국은 고정 환율제와 비슷한 이른바 '관리변동 환율제'를 쓰고 있었습니다. 달러당 800원 정도 수준에 달러/원 환율을 고정해둔 겁니다. 정확히 말하면 고정했다기보다는 정부가 '이 환율을 유지하겠다'고 대외적으로 약속을 했다고 보는 게 맞는 표현일 듯합니다. 만약 달러 공급이 늘면 달러 가치가 하락하게 될 겁니다. 그럼 달러/원 환율이 달러당 800원보다 내려가겠죠(달러 약세). 이땐 정부나 중앙은행이 외환시장에 들어와서 원화를 주면서 달러를 사들이는 겁니다. 그럼 원화를 공급하면서 달러를 사들이게 되니 '원화 가치 하락 & 달러 가치 상승'이라는 조합이 나오는 거죠. 네, 달러 가치 상승으로 달러/원 환율이 다시금 800원 수준으로 올라가게 될 겁니다. 이렇게 사들인 달러는 외환 보유고라는 금고에다가 쌓아두면 되겠죠.

반대로 달러 수요가 넘쳐서 달러 가치가 올라갑니다. 그럼 달러/원 환율이 달러당 800원보다 오를 수 있습니다(달러 강세). 그럼 당국에서는 외환 보유고 속에 있던 달러를 갖고 나와서 시중에 풀어버립니다. 달러 공급이 늘어나는 만큼 달러 가치가 하락하면서 달러/원 환율이 다시금 800원 수준으로 하락하겠죠. 이렇게 고정 환율제를 유지했던 겁니다. 혹시 느낌이 팍 오나요? 달러가 부족해서 달러가 강세를 보일 때 환율

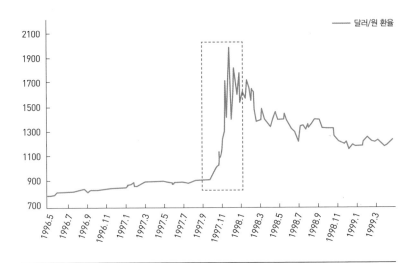

1996년 하반기 달러/원 환율이 달러당 800원 수준에 머물러 있는 것을 볼 수 있습니다. 이후 달러 부족이 심화된 1997년 12월 달러/원 환율은 달러당 2,000원에 육박하는 수준으로 크게 튀어 올랐답니다. 달러 대비 원화 가치의 큰 폭 하락이었죠.

을 달러당 800원으로 유지해야 한다면 계속해서 외환 보유고에서 쌈짓 돈 달러를 꺼내서 시중에 팔아야 할 거 잖아요? 네, 그럼 환율 방어를 하는 과정에서 외환 보유고가 계속해서 줄어들게 되겠죠. 계속 줄어들 면 언젠가는 텅 비어버리는 상황이 벌어지지 않을까요? 그렇게 외환 보 유고가 텅 비게 되면 외환위기가 찾아오는 겁니다.

1997년 한국 경제는 어려움에 봉착했죠. 엔 약세와 수출 급감, 투자 과잉으로 인한 달러 부채 증가, 여기에 아시아 국가들의 위기 상황까지 겹치면서요. 외국인 투자자들이 이탈을 하는데 앞서 이야기한 고정 환율, 즉 달러당 800원의 환율을 지켜줘야 하겠죠? 외국인들이 이탈하는 과정에서 달러 수요가 크게 증가할 겁니다. 그럼 달러 강세와 함께 달러/원 환율이 달러당 800원 위로 계속 올라올 텐데…… 이걸 눌러주려면 계속해서 정부가 외환 보유고에 갖고 있던 달러를 꺼내와서 시중에 팔아야 했겠죠. 네, 나중에는 이렇게 환율 방어를 하는 과정에서 외환 보유고가 바닥을 드러냅니다. IMF 외환위기는 이렇게 발생했던 겁니다. 환율 방어를 더 이상 할 수 없게 되자 달러/원 환율은 하늘로 튀어 올라갔고요. 달러당 2000원이라는, 지금은 보기 어려운 환율을 만나게 되었던 겁니다.

한국 경제, 그때와 무엇이 어떻게 다른가?

지금까지 IMF 외환위기가 전개되었던 과정을 간단하게나마 살펴보았습니다. 우리 마음속에 이런 트라우마가 남아 있는 만큼 지금의 어려운 경제 현실을 바라보면서 여러분은 달러를 사야겠다는 생각을 보다 많이 하게 될 겁니다. 그런데요, 앞서 말씀드렸던 것처럼 지금은 IMF 당시의 한국의 상황과는 사뭇 다릅니다. 왜 다른지를 말씀드려보겠습니다.

가장 큰 차이점은 한국 국채가 '글로벌 안전 자산' 대접을 받는다는 거죠. 글로벌 안전 자산이라는 건 상당한 의미를 갖고 있습니다. 일반적으로 위기가 찾아오게 되면 투자 자산의 가격이 폭락할 것을 우려한 나머지 외국인 투자자들이 이런 투자 자산들을 투매하게 될 겁니다. 이머징 국가의 경우 주식과 국채 모두 투자 자산, 이른바 위험 자산의 범주에 들어갑니다.

터키의 사례를 들어보죠. 터키의 경기가 좋지 않으면 외국인 투자자들은 터키의 주식과 국채를 모두 팔고, 그렇게 팔고 받은 터키 리라화를 팔아 달러를 사서 본국으로 돌아갑니다. 이 과정에서 터키의 주가는 무너지고, 채권 가격은 하락(채권 금리 급등)하는 일이 벌어지게 됩니다. 금리가 상승했으니 당연히 내수 경기는 더욱더 위축될 수밖에 없겠죠. 내수 경기 위축으로 국가 성장세가 더욱 무너지게 되니 외국인 투자자들의 자본 유출은 훨씬 더 강해지게 될 겁니다. 그럼 터키 리라화 가치는 더 빠른 속도로 무너지게 되겠죠.

잠시 정리합니다. 터키 리라화 가치가 하락하는 가장 큰 이유는 외국인 투자자들이 터키의 주식과 채권을 모두 팔기 때문이라고 말했죠? 터키 주식 채권을 모두 팔아버리는 과정에서 튀어 오른 금리가 성장을 억누르기 때문에 리라화 가치가 더욱더 하락폭을 키우게 되는 겁니다. 그럼 만약에 터키의 국채가 안전 자산이라면 어떤 일이 벌어지게 될까요? 네, 주식은 팔고 나간다 해도 터키의 국채를 사들이기 위해 달러를 팔고 리라화를 사서 터키 국채를 매입하게 될 겁니다. 그럼 주식을 팔아서 그렇게 받은 터키 리라화를 팔고 나가는 투자자들이 있는 반면, 리라화를 사서 터키 국채를 사는 투자자들도 존재할 겁니다. 그럼 리라화를 파는 세력도 있지만 사는 세력도 존재하는 거네요. 그럼 리라화 가치가 크게 무너져 내리지는 않겠죠.

하나 더. 터키 국채를 사들이게 되면 터키 국채 가격이 뛰면서 터키

3년짜리 터키 국채 금리와 달러화 대비 리라화 가치를 나타낸 차트입니다. 2018년도 상반기 터키 금리가 큰 폭으로 오르는 것과 함께 달러 대비 리라화 가치도 함께 무너지고 있음을 알 수 있습니다. 달러 대비 리라화 환율이 달러당 4리라 수준에서 불과 수개월 만에 달러당 7리라까지 치솟았죠. 우리나라 IMF 당시에 달러당 800원이었던 환율이 달러당 2000원 수준까지 치솟았던 것과 비슷한 양상입니다.

국채 금리가 하락하게 될 겁니다. 터키 국채 금리의 하락은 터키 내수 경기 위축을 제한해주는 역할을 하게 되겠죠. 적어도 금리 급등보다는 훨씬 더 큰 도움을 주지 않을까요? 네, 그럼 터키의 성장세가 급격히 위축되는 것이 금리 하락으로 인해 어느 정도 완화되면서 터키에서의 무분별한 자금 유출이 나타나지는 않을 겁니다.

　터키 국채가 지금 그렇다는 게 아닙니다. 가정을 해서 설명한 것이고요. 네, 한국의 국채는 지금 글로벌 안전 자산으로 대접받고 있습니다.

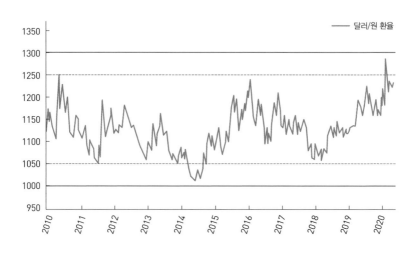

2010년 이후 달러/원 환율 추이입니다. 일반적인 경우 달러 당 1050원~1250원 수준에서 등락을 거듭한다는 것을 알 수 있습니다. 이외에 과도한 원화 강세(환율 하락), 원화 약세(환율 상승) 감안 시에도 달러 당 1000~1300원 수준에서 머무른다는 것을 알 수 있습니다

위의 터키 사례에 한국 국채를 집어넣고, 리라화를 한국 원화로 바꾸면 답은 간단하게 나옵니다. 그래서 달러/원 환율이 금융위기 이후에는 1000~1300원 수준에서 안정적인 흐름을 이어갈 수 있었던 거죠.

'뭐? 1300원이면 원화가 엄청나게 약세인데 무슨 소리야?'라고 반문할 수 있을 거라고 봅니다. 그런데요, 다른 이머징 국가 통화와 비교해보면 정말 차이가 큽니다. 브라질 헤알화는 2010년 달러당 1.5헤알 수준이었는데, 2020년 상반기에는 달러당 5.5헤알이 되어 있습니다. 한국 원화 수준으로 계산하면 달러당 1500원이던 환율이 5500원이 되

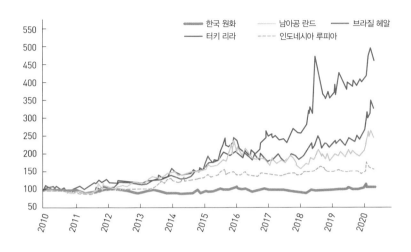

2010년 1월 1일 달러 대비 각 국가 통화 환율을 100으로 환산한 이후 기록한 환율입니다. 바닥에 붙어 있는 차트가 달러/원 환율이죠. 가장 낮은 변동폭을 보입니다. 반면 리라화나 브라질 헤알화, 남아공 란드 및 인도네시아 환율은 상당한 상승(달러 대비 가치 하락)을 보였죠.

었다는 얘기죠. 이 외에도 인도, 러시아, 남아공, 터키, 멕시코 등의 환율과 원화 환율을 비교해보면 이 말이 상당 부분 공감이 갈 거라고 생각됩니다.

'음…… 한국 국채가 귀하신 몸이 되었다는 얘기는 좋은데, 무엇이 달라졌기에 그게 가능해졌던 거지?'라는 궁금증이 들 수 있을 겁니다. 간단하게만 말하면요, 우선 한국의 재정 상황입니다. 물론 재정 적자가 상당한 수준이죠. GDP의 40%를 넘어서는 레벨입니다. 그리고 코로나19 위기를 전후해서 상당 수준 재정 적자가 늘어났죠. 그렇지만 투자라는 것은요, 전 세계 투자자들이 어느 곳이 더 좋을까를 고르는 일종의 상대 평가 개념이라고 할 수 있습니다. 한국의 절대적 수준 재정 적자가 크더라도 다른 나라와 비교했을 때 그리 높지 않은 수준이라면 투자자들의 관심을 끌기에 충분하겠죠. 잠시 기사를 보고 오죠.

[팩트체크] 40% 육박한 국가채무비율, 위험한 수준일까요

(국민일보, 2019. 9 .3)

(……) 국가채무비율을 쉽게 설명하면 연봉에 비해 대출이 얼마나 되느냐로 풀이할 수 있다. 올해 기준 한국의 국가채무비율은 37.1%다. 연봉이 1억 원이라면 3710만 원 정도가 빚이라고 볼 수 있다.

이를 국가별로 비교하면 한국은 아직 '걱정할 수준'은 아닌 게 맞다. 같은 해 기준으로 경제협력개발기구(OECD) 35개 회원국과 견주면 하위권에 속한다. 한국의 국가채무비율은 1위인 일본(214.6%)의 5분의 1 수준도 안 된다. 프랑스(110.0%) 영국(108.6%) 미국(99.2%) 등 주요 선진국과 대비해도 마찬가지다. 한국보다 국가채무비율이 낮은 OECD 회원국은 멕시코(35.3%)나 스위스(31.9%) 터키(29.0%) 정도다. 내년에 국가채무비율이 39.8%로 오른다고 해도 '낮은 수준'이라는 데 변함이 없다. (후략)

다른 국가 대비 한국의 재정 적자가 상대적으로 낮은 편이라는 기사입니다. 재정 적자 이야기를 조금 더 하면요, 한국의 국채가 귀하신 몸 대접을 받은 시기가 글로벌 금융위기 이후입니다. 무슨 일이 있었을까요? 한국의 재정이 크게 좋아진 것일까요? 글쎄요, 한국 펀더멘털이 크

게 좋아진 것까지는 모르겠지만 다른 나라의 펀더멘털이 무너진 것만은 확실합니다. 그 다른 나라에는 이탈리아, 스페인, 그리스 등의 유럽 선진국들이 대거 포함되어 있죠. 이들이 과도한 국가 부채로 인해 크게 흔들리게 되는데 이게 바로 유럽 재정위기였던 겁니다. 유럽 재정위기를 겪은 이후에도 이탈리아의 부채는 크게 줄어들 기미를 보이지 않고 있죠. 코로나19 위기의 직격탄을 맞은 가장 큰 이유 중 하나도 워낙에 기존 부채가 많다 보니 적극적인 재정 대응책이나 부양책을 쓰지 못했던 겁니다. 현재도 GDP 대비 150%에 육박하는 국가 부채가 상당히 부담이 된다는 소식이 들려오네요.

> **이탈리아, 올해 국가 부채 GDP의 155% 전망… '2차 대전 이래 최악'**
>
> (매일경제, 2020. 4. 24)

국채는 말 그대로 국가가 빌리는 채무입니다. 돈을 빌려주는 사람들 입장에서 당연히 해당 국가가 얼마나 빚이 많은지를 보는 건 당연하겠죠. 만약 기존의 빚이 많다면? 그리고 그 빚이 감당이 안 될 것 같다면? 혹은 빚으로 빚을 갚는 상황이 이어진다면? 네, 이런 경우 해당 국가의 국채를 사들이는 일은 정말 위험할 겁니다. 그럼 다른 나라, 보다 안전하고 부채 비율이 낮은 국가의 국채를 찾게 되겠죠.

한국 국채의 매력: 구조적 무역 흑자

한국의 상대적인 재정 상황에 대해서 말씀드렸는데요, 꾸준하게 이어지는 무역 흑자에도 관심을 기울일 필요가 있습니다. 글로벌 금융위기 이후 한국은 지속적인 무역 흑자를 이어오고 있습니다. 코로나19 사태로 인해 휘청거리기는 했지만 '99개월 무역 흑자'라는 대기록은 다른 국가에서는 찾아보기 힘들죠. 그래서 웬만하면 흑자 나는 나라라고 한국을 '구조적 무역 흑자국'이라고 하죠. 구조적으로 흑자가 나게 되어 있다, 그런 정도 의미로 해석하면 됩니다. 흑자가 계속해서 발생한다는 것은 해외에서 달러 유입이 계속해서 이어지고 있음을 의미하죠. 잠깐 기사 보고 오겠습니다.

> ### 3월 수출 코로나19 불구, 496.1억 달러로 선방… 무역수지 50.4억 달러 98개월 연속 흑자
>
> (파이낸셜신문, 2020. 4. 1)

달러 유입이 이어지면 달러 가치가 하락하면서 달러/원 환율이 떨어져야 할 겁니다. 그런데요, 98개월 연속 무역 흑자라는 말이 무색하게 한국의 환율은 금융위기 이후 큰 폭 하락을 하거나 하는 극단적인 움직임을 보이지 않았습니다. 뒤에서 설명하겠지만 금융위기 이후 이어진 저성장 상황에서 살아남기 위해 각국은 자국 통화 가치를 극단적으로

절하하는 환율 전쟁을 이어오고 있습니다. 다른 나라 통화 가치가 크게 낮아지는데 한국의 통화 가치만 오르게 된다면, 한국의 수출 경쟁력은 크게 낮아지는 결과를 낳게 되겠죠.

환율의 극단적인 쏠림, 즉 환율의 강세 쏠림이 과도해지면 한국 경제에도 치명적인 영향을 줄 수 있습니다. 그래서 달러 공급이 많아서 달러 약세 압력이 증가할 때는 외환 당국이 외환시장에서 달러를 사들이는 달러 매수 개입을 하게 되죠. 달러를 사들이고 원화를 풀어주는 겁니다. 그럼 시중 달러 공급이 감소하는 만큼 달러 가치가 크게 하락하는 상황이 발생하지는 않죠. 이렇게 달러를 사들이는 과정에서 당국의 달러 금고에는 달러가 쌓이게 될 겁니다. 이걸 외환 보유고라고 설명했죠. 네, 한국은 구조적 무역 흑자가 이어지는 과정에서 외환 보유고 역시 높게 쌓아올릴 수 있었습니다. 한국 외환 보유고는 현재 4000억 달러가 넘고요, 세계 9위 수준입니다.

> **1월 외환 보유액 4096억 5000만 달러… 4개월 연속 사상 최대**
> (글로벌이코노믹, 2020. 2. 5)

자, 그럼 여기까지 내용을 정리해볼게요. 재정이 양호합니다. 정부 부채가 다른 나라보다는 양호하다는 거죠. 그리고 매월 꾸준하게 달러 벌이를 하고 있고요, 벌어서 쌓아둔 달러도 많습니다. 개인으로 따지면 홍길동이라는 친구는 기존에 빌린 빚도 많지 않고, 계속 월급 따박따박 잘 받고 있고, 저축도 조금 해놓은 겁니다. 그럼 채권자들 입장에서 보면 홍길동의 상황에 불안해 보일까요? 적어도 다른 사람들보다는 안정적으로 보일 겁니다. 네, 한국의 국채를 외국인 투자자들이 선호하는 이유를 여기서 찾을 수 있겠죠.

여기서 이런 의문을 가지는 분들이 있을 겁니다. "이상하다. 한국도 저성장의 늪에서 빠져나오지 못한다고 하는데, 불안하지 않을까?"라는 의문 말이죠. 여기서 하나 기억해둘 것은 주식을 투자하는 사람과 채권을 투자하는 사람은 보는 관점이 다르다는 겁니다. 주식을 투자하는 사람은 투자 대상 기업이 얼마나 빠른 '성장'을 하는가가 관심사항일 겁니다. 그래야 그 성장에 투자한 내 지분만큼 배당을 더 많이 받을 수 있으니까요. 저성장 국가나 기업의 경우 주식 투자의 매력은 상당히 낮은 편이죠. 반면 채권에 투자하는 사람들은 투자 대상 기업의 성장보다는 '안정성'에 주목하게 됩니다. 부채는 많지 않은지, 이자는 꼬박꼬박 잘 내고 있는지, 쌓아둔 저축은 있는지, 얼마나 더 많이 버는지보다는 예전처럼 꾸준히 현금을 벌어들여서 부채 상환 부담은 없는지 등 이런 것들에 주목하게 됩니다. 네, 한국의 주식은 잘 모르겠습니다만, 적어도 채권은 채권 투자자들의 관점에서는 크게 어긋남이 없어 보입니다.

네, 지금 무슨 얘기를 하고 있는지 현주소를 잠시 짚어보고 지나가죠. 한국 경제가 과거 대비 어떤 점이 개선되었는지를 말하고 있습니다. 한국 경제의 타 국가 대비 상대적 안정성이 높아지면서 외국인 투자자들이 한국 국채를 선호하게 되었다는 게 핵심이죠. 한국 국채가 귀하신 몸 대접을 받는 만큼 다른 이머징 국가들처럼 통화 가치 역시 크게 흔들릴 가능성은 크지 않다는 겁니다. 그 이유로 상대적으로 양호한 재정, 구조적 무역 흑자 그리고 안정적 외환 보유고를 말씀드렸죠. 한국 국채 매력이 높은 이유를 아래에서 한 가지 더 짚어보고 가겠습니다.

한국 국채의 매력: 환율의 안정성

미국 국채 금리와 터키 국채 금리 중에 어느 국가 금리가 더 높을까요? 현재 미국 금리는 0% 가까이 내려와 있죠. 반면 터키 국채 금리는 10%를 넘고 있습니다. '그럼 10%가 넘는 터키에 투자를 해야 하는 것 아니냐'라는 생각이 들 수 있겠지만 워워, 진정하고요. 금리를 더 많이 주는 데는 이유가 있겠죠? 터키 경제의 불안정성 때문에 그럴 겁니다. 터키와 같은 이머징 국가들의 채권에 투자를 할 때 꼭 봐야 할 것은 높은 금리와 크게 변동하는 환율입니다.

예를 들어보죠. 미국 투자자들이 한국 국채에 투자하려고 합니다. 한국 국채는 5%의 이자를 준다고 칩시다. 달러를 팔고 원화를 사서 한국 국채에 투자합니다. 달러/원 환율이 달러당 1000원이고요. 100달러를 10만 원으로 환전해서 그만큼 한국 국채를 샀습니다. 1년 후에는 5% 이자가 붙어서 10만 5000원의 원리금을 받아서 나올 수 있겠죠. 그런데 갑자기 외환위기가 터져버렸습니다. 그러면서 달러/원 환율이 2000원이 된 거죠. 그럼 이자는 5%가 붙어서 10만 5000원을 받았지만 달러/원 환율이 2000원이 되어버려 10만 5000원으로 살 수 있는 달러가 반토막, 52달러 정도밖에 안 되는 겁니다. 이자 수익은 발생했지만 환차손*이 크게 발생하면서 원래 투자했던 원금인 100달러에 크게 못 미치는 52달러만 건진 겁니다.

꿈 같은 얘기라고 할 수 있지만 이머징 국가들의 환율 변동성은 상당한 수준입니다. 앞서 멕시코 페소화, 남아공 란드화, 터키 리라화, 브라질 헤알화, 아르헨티나 페소화 등을 얘기했는데요, 터키 리라화는 금융위기 직후 달러당 2리라가 조금 넘는 수준이었지만 지금은 달러당 7리라 근처에 와 있죠. 1달러를 사는 데 과거에는 2리라면 충분했지만 이제는 7개의 리라를 줘야 1달러를 살 수 있는 겁니다. 환율이 3.5배 올랐는데요, 한국으로 따지면 1000원이던 달러/원 환율이 3500원이 된 거나 다름없죠. 그러면 터키 국채가 주는 고금리를 감안해도 터키 리라화 가치 하락으로 인한 손실이 상당하지 않을까요? 그렇습니다. 외국인 투자자들은 이머징 국채에 투자할 때 환율 변동이 얼마나 큰지에 상당한 주의를 기울이지 않을 수 없을 겁니다.

카자흐스탄이라는 국가를 알고 있겠죠? 텡게화라는 통화를 사용하는데요, 2014~2015년에 있었던 카자흐스탄의 사례를 잠시 얘기해보겠습니다.

> ## 카자흐 중앙銀, 통화가치 약 20% 평가절하
> (뉴스1, 2014. 2. 12)

---

* 환율의 변동으로 인하여 발생하는 손해

느낌이 어떤가요? 2014년 2월 카자흐스탄은 자국 통화인 텡게화 가치를 20% 가까이 낮췄다고 나오죠. 달러당 150텡게였던 것이 달러당 185텡게로 바뀐 겁니다. 카자흐스탄은 외환위기 이전의 한국처럼 관리변동 환율제를 사용하고 있죠. '달러당 150텡게로 안정적으로 유지하겠음'이었는데 2013년 하반기부터 미국 Fed가 금리 인상 가능성을 내비치면서 달러 자금 긴축에 들어가게 되죠. 시중 달러가 모자라니 당연히 달러 가치가 상승했겠죠. 달러 가치는 오르는데, 달러를 너도나도 사려고 하는데, 카자흐스탄은 달러 환율을 달러당 150텡게로 고정해둔 겁니다. 그럼 여기 저기서 150텡게를 가져와서 앞으로도 가치가 계속 오를 것 같은 미 달러화를 사들이겠죠. 그럼 달러 수요가 늘어나니 달러 가치가 추가로 오르고, 달러/텡게 환율은 추가로 더 올라야 하는데 달러당 150텡게로 버티려고 합니다.

어떻게 하면 버틸 수 있을까요? 답은 간단합니다. 달러 수요가 늘어나는 만큼 달러 공급, 즉 외환시장에 달러 매도도 늘어나면 됩니다. 그럼 누가 달러를 팔까요? 네, 카자흐스탄이 보유하고 있는 외환 보유고에서 달러를 꺼내서 외환시장에서 매도를 하면 됩니다. 그런데 그 과정에서 자연스럽게 외환 보유고가 줄어드는 문제가 발생하지 않을까요? 네, 텡게화 환율을 달러당 150텡게에 고정하려면 외환 보유고를 계속 써야 합니다. 이걸 다 쓰게 되면? 그렇죠, 외환위기가 터지는 겁니다. 카자흐스탄에서는 '이래서는 결말이 뻔하다'는 생각에 텡게화 가치를 하루아침에 20% 가까이 낮추게 되는 거죠. '오늘부터 달러당 185텡게로 정합니다'라고요. 텡게화 가치가 하루아침에 큰 폭으로 낮아지면 충분히 달러 가치가 상승한 만큼, 달러를 더 비싸게 살 이유가 없어집니다. 네, 텡게화를 팔면서 달러를 사려는 움직임이 사그라들게 되겠죠. 당분간은요. 그러다가 1년 반 정도가 지난 2015년 8월 다시금 문제가 발생하면서 이런 기사가 나옵니다.

'변동 환율제' 도입 카자흐, 텡게화 폭락

(서울경제TV, 2015. 8. 20)

카자흐스탄이 20일(현지시간) 변동환율제 도입을 전격 단행하면서 카자흐스탄 텡게화 가치가 사상 최대폭인 30% 가까이 폭락했다. 최근 저유가와 중국 위안화 평가절하 충격 등으로 인해 중앙아시아 최대 산유국인 카자흐스탄도 '환율전쟁'에 뛰어든 모습이다. 블룸버그통신에 따르면 카림 마시모프 카자흐스탄 총리는 이날 사전 통보 없이 변동 환율제를 도입한다고 밝히며 "세계 경제환경이 급변하는 상황에 안정적인 성장과 물가안정 등을 고려한 조치"라고 설명했다. 이날 1달러당 텡게화 환율은 장중 257.14텡게로 치솟으며 전날 카자흐스탄 중앙은행이 제시한 기준환율 188.35텡게보다 가치가 30% 이상 폭락했다.(후략)

2015년에 들어서면서 미국은 금리 인상이 임박했음을 시사하죠. 그리고 전 세계 돈이 미국의 차별적인 성장을 기대하면서 미국 달러화로 쏠리기 시작했죠. 미국 달러화 가치가 계속해서 상승하자 달러/텡게 환율이 달러당 185텡게로는 답이 나오지 않는 겁니다. 환율이 더 올라가야 하는데 달러당 185텡게에서 방어를 해보려고 부단히 노력하고 있었던 거죠. 그럼…… 이젠 알겠죠? 위의 과정이 그대로 반복됩니다. 달러를 계속 사려는 수요가 늘어나니까 카자흐스탄의 외환 보유고는 계속해서 줄게 됩니다. 계속 놓아두면 외환위기로 가니 또 방안을 강구해야겠죠. 그래서 이번에는 '몇 퍼센트 절하한다' 이게 아니라 아예 관리변동 환율제를 풀면서 변동 환율제를 허용합니다. 그럼 환율이 시장 원리에 맞춰서 움직이게 되겠죠. 카자흐스탄 당국이 건드리지 않겠다는 것이니까요. 변동 환율제로 바꾸겠다는 발표 직후 텡게화 가치가 30% 추가 폭락했다고 하죠. 네, 달러/텡게 환율이 달러당 257텡게로 튀어 올라간 겁니다.

만약 2014년 이전에 카자흐스탄 국채에 투자한 외국인이 있었다면 기분이 어떨까요? 네, 달러당 150텡게의 환율로 텡게화를 사서 투자했는데, 텡게화 가치가 거의 70% 가까이 폭락한 거죠. 투자했던 카자흐 국채에서 10~20%의 이자를 주더라도 통화 가치가 저렇게 무너져 내리면 처참한 손실을 맞이할 수밖에 없었을 겁니다. 자, 그럼 외국인 투자자들은 앞으로 카자흐스탄 국채를 사게 될까요? 언제 환율을 크게 바꿀지 알 수 없는, 자국 통화 가치를 마구 절하하는 국가의 국채를 사들이기에는 부담이 크겠죠. 네, 중장기적으로 카자흐스탄 국채에 대한 외국인 투자자들의 수요를 줄이는 사건이었다고 보면 되겠습니다.

이처럼 특정 국가의 국채에 투자할 때 그 나라의 환율 변동이 큰 영향을 주고 있음을 봤습니다. 그렇다면 환율의 변동이 크지 않은 국가의 국채라면 어떨까요? 외국인 투자자들이 선호를 하지 않을까요? 달러/원 환율은 금융위기 이후 지난 10여 년간 달러당 1000~1200원 사이에

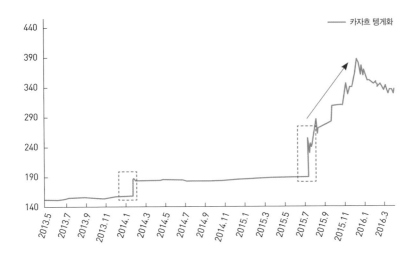

2014년도부터의 카자흐스탄 텡게화 환율 추이를 볼 수 있습니다. 2014년 2월에 큰 폭의 상승(텡게화 가치 절하)을 확인할 수 있고, 2015년 8월 정도부터 시작된 본격적인 텡게화 절하 추이를 볼 수 있습니다.

서 큰 변동을 보이지 않고 안정적으로 움직여왔습니다. 〈그래프 12〉는 다른 이머징 국가 통화와 한국 통화를 비교한 차트입니다. 딱 봐도 한국 원화와 중국 위안화의 상대적 안정성이 눈에 보일 겁니다.

그럼 외국인 투자자들은 환율 변동이 크지 않은 국가의 국채를 보다 선호하게 되지 않을까요? 네, 한국은 환율 전쟁 국면에서도 환율의 큰 폭 절하를 단행하지 않았죠. 달러 초강세 국면에서도 마구잡이 원화 약세를 보이지 않았습니다. 금융위기 이후 10여 년 동안 이런 흐름이 이어지면 투자자들에게 한국 원화는 안정적이라는 인식이, 아니 더 정확히

앞서 〈그래프 10〉에서와는 다른 이머징 국가와 비교를 해보았습니다. 〈그래프 11〉에서 봤던 텡게화 추이도 함께 나타나 있죠. 다른 국가 통화 대비 안정적 흐름을 보이는 한국 원화를 볼 수 있습니다. 그리고 비슷한 수준의 안정성을 보이는 위안화도 확인할 수 있죠. 원화와 위안화의 안정은 외국인 투자자들이 한국 및 중국 국채에 투자할 때 환율 변동으로 인한 손실(통화 가치 하락으로 발생하는 손실) 우려를 상당 수준 완화시켜줄 수 있겠죠.

는 그런 '믿음'이 생겨나게 되지 않을까요? 네, 신뢰는 한순간에 얻어지는 게 아니라 쌓아가는 거겠죠. 한국 국채에 대한 안정적인 수요가 생겨난 이후, 한국 원화는 지속적인 안정성을 보여왔습니다. 이는 한국 국채에 대한 외국인 투자자들의 수요 증가에 한 몫을 하게 되는 겁니다.

그리고 중국 위안화 역시 안정적이라는 얘기를 했는데요, 중국은 향후 빠른 속도로 금융시장을 개방할 것으로 보입니다. 금융시장을 개방할 때 당연히 중국 채권시장으로도 자금이 흘러들 텐데요, 중국 위안화가 안정적인 흐름을 보인다는 건 외국인들 입장에서 중국 채권에 투자할 때 상당한 매력으로 작용하게 되지 않을까요? 네, 관련 기사 몇 개를 인용해보겠습니다.

2019년 외국투자가 중국채권 184조 원 순매수

(뉴시스, 2020. 1. 13)

(……) 작년 12월 말까지 한해 동안 외국투자자 2608곳이 중국 은행 간 채권시장에 진입했으며 중국채권 보유액이 전년보다 4578억 위안 늘어난 2조 1877억 위안(366조 5400억 원)을 기록했다. 2018년 12월 이래 외국투자가는 13개월 연속 중국채권 보유고를 증가시켰다고 한다.

중국채권 가운데 외국투자자에 가장 인기를 끄는 것은 중국채로 작년 말 시점에 보유액이 1조 3100억 위안으로 전체의 69.74%를 차지했다. 국개채國開債, 농발채農發債, 수출입행채進出口行債 등은 줄었으며 지방채와 기업채, 통화안정채中票 등 경우 증감이 거의 없었다. 시장에서는 국제 투자자들이 세계적으로 마이너스 금리 채권이 확대하는 속에서 일정한 금리를 보장하는 중국 채권시장에 투자하는 것을 선호하고 있다고 지적했다. 여기에 중국 당국이 채권시장 개방을 계속 확대하면서 외국인 투자 유입 경로가 다양하고 원활해졌다. 전문가들은 중국 채권이 상대적으로 높은 수익률을 가져 시장 매력이 강화하면서 2020년에도 글로벌 대중 채권 투자 열기 추세가 이어질 것으로 전망했다. (후략)

코로나19 사태 속 중국 국채 뜬다… 중 채권 글로벌 지수 잇단 편입

(아주경제, 2020. 3. 2)

중국 역내 위안화 채권이 잇달아 글로벌 채권 벤치마크 지수에 편입되며 글로벌 자금이 중국 채권시장에 몰리고 있는 모습이다. 특히 신종 코로나19바이러스 감염증(코로나19)이 전 세계로 확산되는 가운데 중국 국채가 안전자산으로 인기를 얻는 모습이다.(후략)

중국 국채 투자의 매력이 높아진다는 기사죠. 그럼 이번에는 한국 국채 관련 기사를 한번 읽어보죠. 중국 국채와 마찬가지로 한국 국채도 귀하신 몸 대접을 받는다는 걸 확인할 수 있습니다.

신흥국 자금 빠져나가는데 한국 채권은 인기

(파이낸셜뉴스, 2020. 5. 5)

140조 쓸어담은 외인들… 안전 자산된 '한국 채권' 안 살 이유 없다

(머니투데이, 2020. 5. 14)

네, 마지막으로 하나만 더 얘기해보죠. 2000년대 들어 전 세계적인 저금리 기조가 정착하기 시작했죠. Fed도 제로 금리까지 금리를 인하했고 양적완화도 시행되었습니다. 그리고 전 세계적으로 노령화와 함께 저성장 기조까지 고착화되는 분위기였죠. 노령화 사회인데 저성장으로 인해 돈을 벌기 어려워집니다. 그럼 그만큼 연금의 중요성이 부각되겠죠. 전 세계적으로 연금의 규모가 크게 증가했고요, 해당 연금은 전 세계의 안전 자산에 투자하기 시작했답니다. 금융위기 이후 이런 안전한 국채에 대한 수요는 보다 크게 늘어났는데요, 문제는 금융위기 때 신용평가회사들이 엄청 안전하다고 했던 모기지 채권이 무너지는 사태를 목격하게 된 겁니다. 그리고 유럽 재정위기로 인해 과거에는 거의 레전드급의 안전 자산이었던 이탈리아, 스페인, 그리스 등의 국채가 흔들리기 시작한 거죠. 연금이 커지면서 안전한 국채에 대한 수요는 넘치는데, 그 수요를 충족시켜줄 만큼의 안전한 국채 공급은 제한되는 겁니다. 그럼 한국 국채로 더 많은 돈이 흘러 들어오지 않을까요? 네, 한국 국채는 한국 경제 자체 및 원화 가치의 안정성 그리고 글로벌 연기금 증가에 따른 수요 증가에 힘입어 과거와는 비교가 되지 않는 인기를 누리고 있죠.

한국 국채가 귀하신 몸, 이른바 안전 자산 취급을 받게 되면 시장이 흔들릴 때 한국 주식을 팔고 나가는 세력과 함께, 한국 채권을 사려고 원화를 사면서 들어오는 세력이 함께 충돌하게 됩니다. 원화를 사려는 수요가 함께 존재하기에 과거처럼 달러/원 환율이 하늘로 튀어 오르는, 즉 앞서 이야기한 카자흐스탄의 사례나 우리가 겪었던 IMF 외환위기 당시처럼 원화 가치가 폭락하는 그런 일이 나타날 가능성은 적어도 향후 수년간은 매우 낮아 보입니다.

자, 이제 앞의 세 챕터를 연결해서 이야기해봅시다. 글로벌 달러 가치가 지난 수년간 일방적인 강세를 보였지만, 향후에도 이런 흐름이 이어지기는 어려울 것이라는 이야기를 했습니다. 달러 자체가 김이 빠지는 느낌이라고요. 반대로 원화는 과거보다 훨씬 안정적이 된 거죠. 그럼 환율이 하늘로 치솟는 일, 달러를 사서 엄청난 환차익을 얻는 그런 가능성이 매우 낮아진다고 보면 되겠죠. 네, 달러 가치 상승, 즉 달러/원 환율 급등 가능성만 보면서 달러를 사려는 전략은 성공하기 쉽지 않아 보입니다. 그럼 달러를 사는 건 좀 아니겠네요. '지금 달러를 좀 사둘까요'라는 질문에 대한 저의 답은 사실상 "아니오"가 되는 것 같습니다.

그런데요, 끝까지 들어보세요. 저는 수년간 달러 환율이 크게 튀어오를 확률이 높지 않음에도 불구, 달러를 투자 자산에 포함하는 게 맞다고 생각합니다. '뭐야. 한참 읽고 결론 내렸는데 이건 또 무슨 뒤집는 소리야?'라는 비난이 선명히 들리는 듯합니다. 네, 앞의 파트에서는 달러의 미래에 대한 이야기를 했다면, 이제는 포트폴리오 투자 관점에서 달러의 특징을 이야기하면서 달러에 투자해야 하는 이유를 설명해보겠습니다.

'달러 스마일'로 보는
달러의 미래

달러의 초강세가 제한될 것이라는 주장을 하면서 앞뒤가 안 맞게 달러 사라는 얘기를 왜 했을까요? 아마 직감적으로 '달러 환율을 정확하게 예측할 수 없으니까 그런 것 아니냐'라는 생각이 들 겁니다. 빙고입니다. 네, 환율은 귀신도 모른다는 얘기, 들어봤을 겁니다. 정말 수많은 변수들이 달러 환율이 결정되는 데 영향을 줍니다. 하물며 최근 있었던 가장 큰 이슈 중 하나인 코로나19 사태도 영향을 주게 되고요, 한국의 경우는 북한에서 미사일 실험을 했다는 이야기만 나와도 달러 환율이 급변동을 하기도 합니다.

이런 일련의 사건들을 다 고려해서 정확하게 환율을 전망해드린다?

적어도 제 생각에 이는 신의 영역이 아닌가 합니다. 그럼 무슨 생각으로 애매모호하긴 하지만 저런 답을 한 것인가 하는 반문이 바로 나올 겁니다. 저는 달러가 갖고 있는 독특한 특성 때문에 저런 답변을 한 겁니다. 달러는요, 다른 어떤 자산도 갖지 못하는 '달러 스마일'이라는 독특한 특성을 갖고 있죠. 이제부터 그게 뭔지 얘기해보겠습니다.

9.11 테러 이후 늘어난 달러 유동성

'달러 스마일'이라고 하면 일단 기분이 좋아 보입니다. 스마일smile이라는 단어 자체가 주는 어감이 긍정적이기 때문이죠. 그렇지만 여기서의 스마일은 그 예쁜 미소가 아닙니다. 굳이 말씀드리면 비속어로 '썩소' 혹은 '쪼갠다' 정도의 표현이 보다 정확할 듯합니다. 그럼 이제 말을 바꾸어볼까요? 달러 스마일은 '달러가 미소를 짓는다'가 아니라 '달러가 실실 쪼갠다'와 같은 표현이 됩니다. 일단 느낌이 확 바뀌었죠? 약간 달러라는 주체의 비열한 모습이 상상이 됩니다. 네, 적어도 글로벌 금융시장은 그렇습니다. 달러가 쪼개기 시작하면 정말 어려운 상황을 맞이하게 되죠. 무슨 얘기인지 보다 구체적으로 설명해보겠습니다.

2001년 9월 11일로 돌아갑니다. 많은 분들이 기억할 겁니다. 네, 9.11 테러가 있었던 날이죠. 저도 당시 군대에서 그 장면을 봤는데 진짜 영화를 보는 줄 알았습니다. 수많은 희생자들을 추모하는 슬픈 모습들도 기억나지만 뉴욕 증시가 폭락하고 며칠 동안 거래가 정지되는 사상 초유의 사태를 지켜볼 수 있었죠. 그럼 당시 미국 경기는 어땠을까요? 네, 당연히 빠른 속도로 경기가 위축되고 있었습니다.

그럼 미국 정부에서는 어떤 고민을 해야 할까요? 우리가 알고 있듯이 당시 부시 행정부는 해당 테러를 일으킨 주범으로 오사마 빈 라덴을 지목했고 아프가니스탄 전쟁을 일으키게 되죠. 테러에 대한 대응도 중요하지만 경기를 살리기 위한 각종 대책도 마련되어야 했겠죠. 감세 정책 등을 포함해서 정부는 그동안 거둬들였던 세금을 풀면서 경기 부양에 나서게 됩니다.

한 국가는 경기 부양을 할 때 두 가지 정책을 쓸 수 있습니다. 바로 재정 정책과 통화 정책이 그것인데요. 방금 이야기한 부시 행정부의 감세 정책 등 미국 정부에서 진행하는 경기 부양책을 재정 정책fiscal policy 이라고 합니다. 그리고 미국 정부가 아니라 미국의 중앙은행, 즉 Fed에서 금리를 인하하면서 시중에 돈을 풀면서 경기를 부양하는 정책을 통화 정책monetary policy이라고 하죠. 네, 주체에 따라서 정부가 진행하는 것을 재정 정책, 중앙은행이 진행하는 정책을 통화 정책이라고 말합니다. 재정 정책은 얘기했으니 이제 당시 Fed는 어떤 통화 정책을 폈는지를 얘기해보겠습니다.

당시 Fed의 의장은 통화 정책의 거장이라 불리는 앨런 그린스펀Allen Greenspan이었죠. 그린스펀 의장은 당시 6%에 달하던 기준금리를 빠르게 낮추었답니다. 기준금리가 빠르게 인하되면서 2003년 미국의 기준금리는 1%까지 낮아졌죠. 제로 금리에 마이너스 금리를 일상적으로 만나는 지금의 우리에게 이 정도 금리는 그닥 놀라운 수준은 아니겠지만 당시만 해도 사상 최저 금리, 정말 이례적인 저금리였답니다.

기준금리를 6%에서 1%로, 5%p 가까이 확 잡아 내린다는 의미는 시중에 달러 유동성을 많이 풀어주겠다는 의미가 됩니다. 음, 일단 무언가 말은 되는 것 같은데 정확한 로직이 와닿지 않는다는 말을 할 듯하여 간단하게 설명을 하고 지나가죠.

기준금리는 각국 중앙은행이 결정하는 금리입니다. Fed가 기준금리를 낮추고 싶다면 어떻게 해야 할까요? 금리는 돈의 값이죠. 가격은 수요와 공급으로 결정이 되는데 금리가 돈의 값이라면 금리는 돈의 수요와 공급에 의해 결정이 되겠죠. 자, 시중에 돈이 넘칩니다. 여기저기서 돈을 구하기가 쉽죠. 돈의 공급이 많은 겁니다. 그럼 어디서 돈을 빌릴까요? 당연히 가장 낮은 대출 이자를 주는 사람에게서 돈을 빌리면 되죠. 네, 돈의 공급이 넘치면 돈의 가격, 즉 금리가 내려가게 됩니다. 반대로 시중에 자금이 모자라요. 돈 공급은 부족한데 너도나도 돈을 구하려고 아우성을 칩니다. 그럼 돈 구하기 위해 더 높은 이자를 주고서라도 빌려야 하겠죠. 돈의 공급은 모자란데 수요가 넘치니 돈 값인 금리가 하늘로 치솟게 되는 거죠. 여기서 하나만 기억하고 가죠. 금리는 돈의 가격이라는 것을요.

앞서 Fed가 금리를 낮춘다고 했죠? Fed가 그냥 '저희 금리 1%로 낮추었어요'라고 말하고 끝을 내는 게 아닙니다. Fed는 이렇게 말하죠. '저희 Fed는 기준금리를 1%로 정했습니다. 지금부터 그 정도 금리가 되도록 만들어가겠습니다'라고요. 그럼 현재 6%인 금리, 즉 돈의 가격을 1%까지 낮추려면 어떻게 해야 할까요? 네, 돈의 공급을 확 늘리면 되겠

2000년 IT 버블 붕괴 및 2001년 9.11 테러로 인한 급격한 미국 경기 둔화를 방어하고자 Fed는 기준금리를 빠르게 인하했죠. 2000년 하반기 6.5%에 달했던 미국 기준금리가 1%까지 인하되는 모습을 확인할 수 있습니다. 금리가 인하되면서 달러 가치를 나타내는 달러 인덱스가 큰 폭으로 하락하는 모습, 즉 달러 약세 추세가 나타나는 것을 볼 수 있습니다.

죠. 돈이 넘쳐나게 되면 누가 6%에 돈을 빌리려고 하겠어요. Fed는 1%에 돈을 빌릴 수 있도록 하기 위해 시중에 달러 유동성 공급을 크게 늘리게 됩니다.

이제 본론으로 돌아옵니다. 9.11 테러 이후 Fed는 통화 정책 차원의 경기 부양을 위해 기준금리를 1%까지 인하하게 됩니다. 이 과정에서 상당히 많은 달러 유동성을 뿌리게 되겠죠. 달러 공급이 늘어납니다. 그럼 금리도 내려가겠지만 달러 가치 역시 하락하게 되겠죠. 느낌이 오나요?

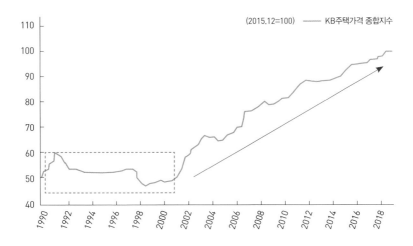

1990년대 한국은 강한 성장세를 보였던 신흥공업국이었죠. 당시에는 투자가 크게 늘었기에 자금이 거의 다 기업 투자로 흘러갔습니다. 그러나 외환위기 이후 투자가 실종된 상황에서 글로벌 금리가 크게 내려오며 상당한 자금이 부동산시장으로 흘러가게 되죠. 한국의 성장세는 크게 둔화되었지만 부동산 가격은 크게 오르는 현상이 나타나게 됩니다.

네, 이때부터 달러화는 본격적인 약세 구도를 형성하게 됩니다.

시중에 달러 유동성이 풀려나오고 달러가 약세를 보입니다. 그럼 자산시장은 어떤 모습을 보일까요? 당연히 시중에 돈이 넘치고 금리도 낮은데, 돈을 구하기도 편하니 돈을 빌려서 무언가 자산을 사들이게 되겠죠. 자산시장이 들썩들썩하게 됩니다. 한국의 부동산시장도 이때부터 본격적인 상승 가도를 준비하게 됩니다.

달러 공급이 늘어서 달러 구하기가 편하고 금리도 낮습니다. 그럼 한국에서는 이런 일이 벌어지게 될 겁니다. 홍길동은 한국에서 공장을 하나 지어서 자동차를 생산해보고 싶어요. 문제는 그 정도의 공장을 지으려면, 그리고 기계 설비를 들여오려면 돈이 있어야 하죠. 상당히 큰돈이 필요하기에 빚을 내지 않으면 안 될 겁니다.

한국에서 돈을 빌리려고 하니까 '헉!' 대출 금리가 연 10% 수준이에요. 연 10%나 되는 이자를 내면서 어떻게 공장 운영을 하겠어요? 그래서 포기할까 하던 찰나에 신문 기사에서 미국의 금리가 1%라는 얘기를 보게 됩니다. 그리고 대출받기가 정말 쉽다는 얘기도 들려와요. 그럼 1%에 미국에서 돈을 빌리는 게 좋을까요, 10%에 한국에서 대출을 받는 게 좋을까요? 당연히 이자만 보면 1%로 미국에서 돈을 빌리는 게 답일 겁니다.

그런데…… 아까 앞에서도 이 얘기가 나왔죠? 뭔가 좀 찜찜합니다. 미국에서 빌리는 것과 한국에서 빌리는 것의 가장 큰 차이. 말 그대로, 그 무섭다는 '달러 빚'이라는 겁니다. 홍길동 씨는 '달러 빚은 절대 내면 안 된다'는 얘기를 들은 적이 있는 거죠. 마치 '주식하면 패가망신한다' 라는 얘기처럼 무슨 금기와 같이 전해져 왔던 얘기입니다. 10%나 이자를 주고 빌릴 수는 없고, 그렇다고 달러 빚을 내자니 꺼림칙하고…… 우물쭈물하고 있는데 이때 이런 얘기가 들립니다. '미국 Fed가 기준금리를 인하하면서 달러 가치가 크게 하락하고 있다'는 얘기죠. 달러 가치가 하락한다? 잘 생각해보는 겁니다.

홍길동이 미국에서 1%의 금리로 100달러를 대출받습니다. 당시 환율이 달러당 1000원이라고 가정해봅시다. 그럼 100달러 대출을 받고 달러당 1000원씩 환전을 하니 10만 원이 될 겁니다. 이 10만 원으로 공장을 세우고 각종 기계 설비를 사들인 거죠. 이걸로 영업을 하는 겁니다. 그런데 대출을 갚을 때에는? 일단 공장이나 설비를 팔고 원화를 받을 겁니다. 그렇게 받은 원화로 달러를 사서 달러 대출을 갚으면 되는 거죠.

그런데 여기서 대박 로직이 나옵니다. 달러 가치가 하락한다는 거예요! 그럼 달러당 1000원 하던 것이 달러당 500원이 된다는 얘기죠. 예전에는 1000원이 있어야 1달러를 살 수 있었는데 이제는 500원만 있어도 1달러를 살 수 있다는 거잖아요? 그럼 100달러 대출을 갚는 데 달러당 500원, 즉 5만 원만 있어도 갚을 수 있다는 얘깁니다. 네, 이렇게 달러가 계속 약세를 보인다면 달러로 대출을 받는 게 최고 아닐까요? 금리도 낮고 달러 가치 하락으로 인해 대출 원금이 줄어드는 아주 환상적인 상황이 펼쳐지게 될 테니까요.

여기에 그치지 않습니다. 그 대출의 이자는 무엇으로 낼까요? 네, 당연히 달러로 낼 겁니다. 100달러 대출이라고 했으니까 연 1% 적용하면 연간 1달러의 대출 이자를 내야 하는데 이자를 내기 위해서 또 달러를 사야 하죠. 재미있는 것은 달러가 약세를 보이게 되면 그 이자 비용 역시 줄어들게 되는, 즉 1달러를 1000원에 사서 이자를 주는 게 아니라 500원에 사서 이자를 주는 그런 짜릿함을 경험할 수 있죠. 와우, 이거 정말 퍼펙트한 대출 아닌가요? 그럼 너도나도 달러 대출을 받게 될 겁니다. 이걸 큰 그림에서 보면 미국에서 뿌리는 돈이 한국을 비롯한 이머징 국가로 흘러들어간다는 것을 의미하게 되죠.

자, 여기서 이런 질문이 가능할 겁니다. "달러보다 더 금리가 낮은 대출을 받을 수도 있지 않나요?"라는 질문이죠. 그런데 여러분, 주변의 은행 지점에 가서 환전을 한번 해보세요. 달러, 유로, 엔, 파운드화 정도는 환전이 간단하죠? 그런데 그 이외의 국가들의 통화, 특히 이머징 국가들, 예를 들어 멕시코 페소화나 터키 리라화 등의 통화를 환전하기는 쉽지 않습니다.

네, 알다시피 달러는 국제통화죠. 전 세계 모두가 쓰는 통화입니다. 전 세계 금융 거래의 90% 정도가 달러로 이루어져요. '금융 거래'라고 하면 좀 어렵고 추상적으로 생각할 수 있는데요. 간단합니다. 금융을 영어로 'finance'라고 하죠. 'finance'라는 단어는 동사로 '대출하다'라는 뜻입니다. 그럼 위에서 얘기한 문장은 전 세계 금융 거래, 즉 전 세계 대출의 90%가 달러 대출이라는 의미겠죠. 달러는 국제 금융시장에서 구하기가 쉽고 환전이 가능합니다. 그렇지만 그 이외의 국가들의 통화는 접근하기가 쉽지 않다는 단점이 있죠. 이른바 그림의 떡이 됩니다.

길게 이야기를 했는데요, 지금까지 나온 얘기를 정리해봅시다. 미국 Fed가 기준금리를 인하하면서 달러 유동성 공급이 늘어납니다. 그러면서 달러 약세가 나오죠. 달러 약세로 인해 달러 자금이 미국에서 전 세계 국가들로 흘러가게 되고, 달러 대출이 크게 늘어나게 됩니다. 홍길동도 그 대출을 받는 수혜자(?) 중의 하나라고 할 수 있죠. 수혜자에 물음표를 친 이유…… 뭔가 좀 느낌이 오지 않나요? 네, 이제부터 어떤 문제가 생기는지 보도록 하죠.

'달러 스마일'의 진짜 의미

낮은 금리에 너무 많은 돈이 풀리게 되면서 전 세계적으로 자산시장이 뜨겁게 달아오르게 됩니다. 미국은 부동산 버블이 심해지고요, 이를 우리는 '서브프라임 모기지 버블'이라고 기억하죠. 당시에 엄청난 달러 자금이 신흥국으로 흘러가면서 신흥국 자산시장도 뜨겁게 달아올랐답니다. 한국 역시 코스피 지수가 사상 최초로 2000포인트를 넘었고, 한국 수도권 부동산시장도 과열 징후를 보였죠. 이런 버블을 제어하기 위해 Fed는 기준금리를 인상하기 시작합니다. 2004년부터 1%까지 낮추었던 기준금리를 2006년 6월 5.25%까지 인상했죠.

자, 이제 반대 로직입니다. 기준금리를 인상한다는 얘기는 기준금리가 5.25% 레벨로 올라올 때까지 시장 유동성을 빨아들이겠다는 의미죠. 네, 시중에서 달러 자금이 사라져갑니다. 그럼 넘치던 돈이 사라지고 이자가 높아지니 자산을 사들일 수 있는 투자자들이 줄어들게 되겠죠.

투자라는 것은 결국 내가 산 것을 뒤에서 누군가 더 높은 가격으로 사줘야 성공합니다. 그런데 미국 금리 인상으로 인해 그 수요가 사라져버리게 되면, 아…… 좀 심상치 않은 기운을 느끼게 되죠. 여기에 자산 가격은 그동안의 저금리로 인해 버블 징후까지 보이는데, 그럼 빨리 팔아야 하지 않을까요? 뒤에서 자산을 사줄 수 있는 수요가 사라진 상태에서 가격 부담을 느끼며 기존에 사들인 자산을 팔려는 투자자들이 늘어납니다. 그럼 자산 가격이 하락하게 되겠죠. 아니, 더 정확히는 워낙 자산 가격이 높았기에 큰 폭의 하락을 경험하게 될 겁니다.

● 그래프 15 미국 S&P500 지수와 미국 기준금리 차트(2003~2009년)

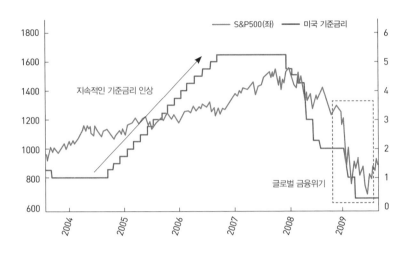

2004년 6월부터 시작된 미국 금리 인상으로 인해 기준금리는 2006년 하반기 5.25%까지 인상됩니다. 이후 금리 인상을 멈추었어도 5.25% 수준의 높은 금리가 1년 이상 이어지자 부동산시장을 비롯한 금융시장 전체가 위축되게 됩니다. 그리고 이런 과정에서 나타난 리먼 브라더스와 같은 대형 투자은행의 파산은 글로벌 금융위기의 트리거가 되죠.

자산 버블 붕괴는 한 경제 체제에 정말 위험한 환경입니다. 완만하게 경기가 오르고, 내리고 하는 수준이면 마일드한 경기 하강 국면과 마일드한 경기 상승 국면이 반복이 되죠. 경기 하강 국면에서도 느끼는 고통이 그리 크지 않을 겁니다. 그런데 자산 버블은 그런 형태가 아닙니다. 경기가 아주, 매우, 엄청 뜨겁게 달아오르고요, 자산 버블 붕괴 시에는 하늘에 떠 있던 자산 가격이 땅끝으로 패대기쳐지는 거죠. 자산 버블 국면에서는 사람들이 과도한 빚을 내서 자산을 사들이게 됩니다. 빚을 많이 지면서 과도하게 비싼 자산을 사들이는 겁니다. 그런데 자산 버블이 붕괴되면 아…… 자산 가격은 폭락하는데 많이 진 빚은 그대로 남아 있겠죠. 부채는 엄청나게 많은데 자산은 가격 폭락으로 망연자실한 상황. 경제에 장기적으로 심각한 충격을 줄 수 있습니다. 부동산 버블 붕괴로 인해 20년 이상 장기 침체를 겪었던 일본의 이른바 '잃어버린 4반세기(25년)'가 대표적인 사례라고 할 수 있겠죠.

자, 자산 버블이 '빵!' 하고 터집니다. 그럼 글로벌 금융시장이 큰 충격을 받고 경기도 빠르게 위축되겠죠. 기존에 달러 대출을 해준 채권자들, 즉 돈을 빌려준 사람들은 불안함을 느끼게 되지 않을까요? 불안함을 느끼면 달러 대출을 더 연장해주기보다는 이제 그만 갚으라는 얘기를 하게 될 겁니다. 특히 경제 안정성이 낮은 신흥 국가에 달러 대출을 해준 채권자들은 그런 불안함을 보다 크게 느끼게 되겠죠. 자산 버블이 터지고, 경기가 둔화되기 시작하자 빌려준 달러 대출을 상환하라고 채무자들을 압박합니다.

그 채무자들에는 홍길동도 있죠. 홍길동은 이제 달러 대출을 갚기 위해 투자했던 공장과 설비를 모두 팔아야 합니다. 문제는 경기가 좋지 않은데 공장과 설비가 제대로 팔릴 리가 없죠. 이른바 헐값 매도fire sale를 해야 합니다. 엄청 손해 보고 팔았는데 그 원화를 가지고 또 달러 대출을 갚아야 하는 상황입니다. 외환시장에 달러를 사러 가야겠죠. 그런데 외환시장에 가보니까 사람들이 걱정스러운 표정으로 줄을 쫙 서 있는 겁니다. 느낌이 싸합니다. 앞에 줄 서 있는 사람에게 물어보죠, 어떻게 오셨느냐고요. 그 분의 답은 간단합니다. 달러 사러 왔다고 하겠죠. 달

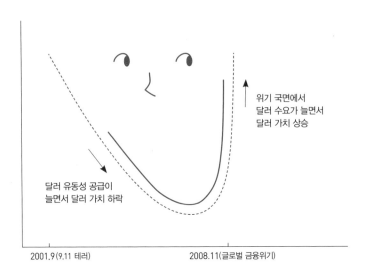

위기 국면에서
달러 수요가 늘면서
달러 가치 상승

달러 유동성 공급이
늘면서 달러 가치 하락

2001.9 (9.11 테러)   2008.11(글로벌 금융위기)

러 대출을 갚기 위한 달러를 사기 위해서 말이죠.

자, 자산 버블이 붕괴되면서 경기가 위축됩니다. 그럼 달러 채권자들이 대출을 갚으라고 압박합니다. 모두들 달러를 갚으려고 외환시장으로 가니 외환시장에서는 달러에 대한 수요가 폭발하면서 달러 가치가 하늘로 튀어 올라가게 되겠죠. 네, 그래서 한국도 1997년 외환위기 당시에 달러당 2000원이 넘는 환율을, 그리고 2008년 금융위기 당시에는 달러당 1600원이 넘는 환율을 겪었던 겁니다.

이런 일련의 과정을 그림으로 설명해보겠습니다. 9.11 테러 이후 달러 공급이 늘면서 달러가 약세를 보이죠. 달러/원 환율이 하락(원화 대비 달러 가치 하락)하게 될 겁니다. 그렇지만 자산 버블이 터지고 위기가 찾아오게 되면 너도나도 달러를 구하고자 하고, 이로 인해 달러 품귀 현상

위기 국면에서 큰 폭으로 튀어오르는 달러/원 환율 차트를 확인하실 수 있죠. 2008년 금융위기, 2011년 유럽 재정위기, 2015년 중국 위안화 위기, 2020년 코로나19 사태 등을 만났을 때 어김없이 달러/원 환율의 상승(달러 강세 & 원화 약세) 기조가 뚜렷이 나타남을 알 수 있습니다.

이 빚어지게 되죠. 그러면서 달러/원 환율이 하늘로 튀어 오르게 되는, 즉 달러가 초강세를 보이는 그런 그래프가 그려집니다. 그리고 이렇게 환율이 하늘로 날아가던 때, 이 당시를 우리는 '글로벌 금융위기'라고 기억하고 있죠. 이 그래프의 모양에다가 장난스럽게 눈, 코를 그려보면 앞 페이지의 그림과 같이 나오겠죠. 입술이 이상하게 한쪽만 치켜 올라간, 왠지 기분 나쁘게 씨익 쪼개는 모습이 보이지 않나요? 네, 이걸 바로 '달러 스마일'이라고 합니다. 아름답고 기분 좋은 그런 미소가 아니라 자산시장 붕괴와 경기의 급격한 위축을 상징하는, 이른바 '썩소'라고 할 수 있는 기분 나쁜 미소죠.

길게 설명을 했는데, 이렇게 달러는 '달러 스마일'이라는 특성을 갖고 있죠. 간단히 말하면 달러 스마일은 자산시장이 붕괴될 때 혹은 불황이 찾아올 때 달러 가치가 크게 튀어 오르는 특성을 의미합니다. 자, 이제 지난 수년간 달러/원 환율의 흐름을 차트로 보도록 하죠.

〈그래프 16〉을 보면 2008년 금융위기 때, 2011년 유럽 재정위기 당시에, 2015년 중국 부채위기 때, 그리고 이번 코로나19 사태 때 달러 환율이 크게 튀어 오르는, 즉 달러 가치가 크게 오르는 것을 확인할 수 있을 겁니다.

하방을 방어해주는 자산, 달러

지금까지의 설명을 듣고 '음…… 달러 스마일이 무엇인지는 알 것 같은데 그게 달러를 사라는 말인지, 사지 말라는 말인지 잘 모르겠는데'라는 생각이 들 겁니다. 달러는요, 글로벌 안전 자산 중 하나입니다. 안전 자산은 다른 자산들이 다 무너져 내릴 때 혼자 가치가 튀어 오르는 자산을 말하죠. 이른바 불황을 대비하는 자산이라고 생각하면 됩니다.

조금만 부연 설명을 하죠. 위기 시에 달러 가치가 20% 뛰어오른다고 가정해보죠. 가치가 20% 뛴다면 상당한 수익일 수 있지만, 다른 자산들도 똑같이 그 정도 오르거나 혹은 더 많이 오른다면 상대적인 관점에서 보면 실망스러울 수 있죠. 그런데 달러의 경우는 20% 오를 때 다른 자

● 그래프 17 **2006년 이후 코스피 지수와 달러/원 환율 차트**

— 코스피(좌) — 달러/원 환율(우)

사상 최초로 2,000포인트를 넘은
코스피 지수(07년 10월)

달러/원 환율의 저점(07년 9월)

달러/원 환율 차트인데요, 코스피 지수가 큰 폭으로 하락하는 국면에서는 어김없이 환율이 상승한다는 것을 알 수 있죠. 반대로 환율이 하락할 때, 즉 원화가 강세 기조를 보일 때 코스피 지수는 상승세를 나타낸다는 것을 알 수 있습니다. 2007년 9~10월 달러/원 환율이 달러당 900원 수준까지 하락했을 당시(달러 약세) 코스피 지수는 사상 최초로 2000포인트 고지를 넘어섰죠.

산들이 20% 하락한다고 보면 됩니다. 네, 절대 수익도 중요하지만 상대 수익도 중요할 수 있습니다.

오케이, 그럼 달러는 불황을 대비하는 자산이니까 한번 사볼까요? 〈그래프 17〉을 보면서 따라와보세요. 이 그래프는 2001년 이후 달러/원 환율과 코스피 지수 장기 차트입니다.

잠시 부연 설명하고 지나가죠. 혹시 중고등학교 미술 시간에 '데칼코마니'라는 미술 기법을 배웠던 게 기억나나요? 나비 같은 거 그릴 때 한

쪽에만 물감을 칠한 다음 반으로 접어 반대쪽에도 똑같이 찍혀 나오게 하는 그거 말입니다. 정확하게 좌우 혹은 상하 대칭을 활용하는 그런 기법이었습니다. 보면 달러/원 환율과 코스피 지수도 데칼코마니처럼 정확하게 반대의 움직임을 보인다는 느낌이 들지 않나요?

네, 잠깐 생각해봅시다. 우리나라 주식시장에 가장 큰 영향을 미치는 매수 세력이 바로 외국인 투자자들입니다. 이들은 한국 주식에 투자할 때 달러를 가져와서 그 달러를 팔고, 원화를 산 다음에 한국 주식을 사들이게 되죠. 그럼 외국인들이 한국 주식을 엄청 사들이면서 주가를 밀어올린다고 가정을 하면, 외국인들이 원화를 매수하면서 주식을 사들이니까 '원화 가치 강세(달러/원 환율 하락) & 코스피 지수 상승'의 그림이 나올 겁니다.

반대로 외국인들이 우리나라 주식을 팔 때에는 어떤 일이 벌어지게 될까요? 네, 한국 주식을 팔고, 그렇게 주식 매도의 대가로 받은 원화를 팔고 달러를 사서 한국을 떠나게 되겠죠. 그럼 '코스피 지수는 하락하고 원화 가치도 하락하는, 즉 달러/원 환율은 상승'하는 그림이 나오게 될 겁니다. 그러다 보니 다음과 같은 기사가 우리에게 일상적으로 다가오는 겁니다.

주가 폭락, 환율 급등… 금융위, 긴급점검회의

(헤럴드경제, 2020. 3. 9)

일견 이런 생각이 들 수 있습니다. 달러/원 환율이 상승하면, 즉 원화 가치가 하락하면 한국 수출 대기업들에게 유리해지니까 원화의 약세, 즉 환율의 상승이 코스피 지수 상승을 촉발하는 것 아니냐는 생각입니다. 그러나 한국 주식시장이 대외적으로 완전 개방된 이후 외국인 투자자들의 매수 및 매도가 미치는 영향이 매우 강해지게 되었죠. 그러면서 오히려 환율과 주식시장이 반대 방향을 가리키는 현상이 두드러지게 나타나곤 합니다. 이 점을 감안하면서 다시 앞의 〈그래프 17〉 코스피 지수와 달러/원 환율의 장기 시계열 차트를 자세히 보죠.

앞에서 달러 스마일도 배웠고, 달러가 글로벌 대표 안전 자산이라는 것도 알았습니다. 그리고 주변 사람들이 달러가 좋다는 얘기를 계속해서 하는 거죠. 그래서 홍길동은 달러를 2001년 1월 1일에 1억 원 만큼 사들이게 됩니다. 그런데 달러/원 환율 차트를 보면 계속해서 하락하는 것을 볼 수 있죠. 달러 가치가 계속 하락하고 있는 겁니다.

문제는 이게 하루 이틀이 아니라 2007년 9월의 어느 날까지 약 7년 가까이 하락하고 있는 겁니다. 그런데 반대로 코스피 지수는 바닥에서 하늘 끝까지 치솟는 것을 볼 수 있죠. 말했던 2007년 9월의 어느 날 코스피 지수는 2000포인트를 넘으면서 사상 최고점을 찍게 됩니다. 당시 국내 주식에 투자하는 펀드 열풍이 불었죠. 적어도 저 시점에 펀드 투자자들은 환호성을 질렀을 겁니다. 그렇지만 달러를 잔뜩 사놓은 투자자는 어떨까요? 아마도 상대적인 박탈감을 견디기 어렵지 않았을까요?

하나 더. 2007년 9월 달러 가치가 달러당 900원까지 내려가며 가치가 바닥 수준으로 하락했을 때 언론에서는 어떤 얘기가 나왔을까요?

'이제 달러가 바닥을 쳤으니 튀어 올라갈 겁니다'라는 얘기가 나왔을까요, 아니면 '달러는 지금 계속해서 하락하고 있고 이제 달러의 시대는 저무는 것 같다. 달러는 가고 이제는 위안화의 시대다'라는 식의 얘기가 나왔을까요? 네, 책의 앞부분에서 인용했던 당시의 기사를 다시 인용해봅니다.

美 달러 약세로 기축 통화 위상까지 흔들려

(아시아경제, 2007. 11. 15)

느낌이 오나요? 코스피 지수가 크게 뛰면서 환호하는 사람들 속에서, 그리고 달러의 시대가 저물고 있다는 기사를 보고 있으면서 달러에 큰 금액을 베팅한 투자자는 어떤 느낌을 받게 될까요? 아마도 상당한 심적 부담을 느끼게 될 겁니다. 그리고 최악의 선택을 하게 될 수 있죠. 네, 달러를 팔고 '지금이라도 들어가자!' 하며 코스피에 투자하는 우를 범할 수 있습니다. 글쎄요, 그래프만 봐도 정말 안타깝다는 생각이 들지 않나요?

안전 자산의 특성을 보면서 달러를 사는 경우에는 이렇게 큰 금액을 한 번에 넣어서는 안 됩니다. 이건 비단 달러에만 국한된 얘기는 아닌데요. 잠시 주식시장 장기 차트를 하나 놓고서 얘기를 해보겠습니다.

〈그래프 18〉은 미국의 대표 주가 지수인 S&P500 지수입니다. 주식시장을 보면 일단 상승이나 안정기는 상당히 길고 완만하게 나타나는

2009년 이후 S&P500의 장기 차트입니다. 중장기 우상향의 그림을 보이는 것도 중요하지만 전반적으로 상승장은 완만하면서도 길고, 하락장은 매우 짧으면서도 예리하게 나타나는 것을 볼 수 있습니다.

것을 알 수 있습니다. 반면 하락장은 그리 자주 나타나지 않죠. 드라마틱한 하락장은요, 정말 짧고 굵게 찾아오는 경향이 있습니다. 그래서 '기다리는 하락은 오지 않는다'라는 말이 있답니다. 한 번 찾아오면 임팩트 있게 시장을 흔들어놓지만, 어쩌다 한 번씩 찾아오는 그런 위기의 하락장을 기다리면서 안전 자산 베팅을 크게 하는 건 바람직하지 않다고 생각합니다. 그럼 어떤 식으로 투자를 하면 될까요?

달러는 다른 자산 가치가 하락할 때 가치를 발하는 자산이라고 이야기를 했습니다. 포트폴리오의 다른 자산들이 무너질 때, 포트폴리오의 하방을 방어해주는 자산이라고, 이른바 포트폴리오 보험 자산이라고 생각할 수 있습니다. 보험 얘기가 나왔으니까 그대로 이어가보죠. 쉽게 보험하고 비교해볼까요? 보험은 언제 가입을 할까요? 가장 효율적인 보험 가입은 다치기 직전에 가입하는 것 아닐까요? 그렇지만 이런 얘기 자체가 난센스죠. 왜냐? 언제 다칠지 알 수가 없기 때문입니다. 그래서 유사시를 대비해서 보험에 가입하고 달마다 일정 금액을 내고 있는 것이죠.

그렇습니다. 언제 위기가 찾아올지, 언제 내 자산 가격이 크게 하락할지, 언제 달러 환율이 다른 자산 대비 크게 튀어 오르게 될지 예측할 수 없다면 우리는 달러를 포트폴리오 보험이라고 생각하고 달마다 조금씩 조금씩 적립해나가는 방법이 가장 좋지 않을까요? 언제까지 사들이느냐고요? 위기가 찾아오는 그날까지 사들이는 겁니다. 매우 단순한 얘기 같지만, 최근에 겪었던 코로나19 사태처럼 예기치 못한 위기가 찾아올 때 차곡차곡 모아왔던 달러 가치가 크게 튀어 오르면서 포트폴리오 내의 다른 자산들 가격 하락을 일정 수준 만회해줄 겁니다. 여기에 하나 더. 앞서 얘기했던 것처럼 한 번에 잔뜩 달러를 사들이면서 느끼는 심적 부담이 있을 텐데, 여유 금액으로 조금씩 달러를 사들이는 경우 이런 부담에서는 상대적으로 자유로울 수 있겠죠.

네, 이제 간단히 정리합니다. '달러를 사야 하나요'라는 질문에 대해 이렇게 답변을 해봅니다. 저는 사는 게 맞다고 봅니다. 단, 포트폴리오 수익률 방어용이라고, 위기를 대비하는 자산이라고 생각하면서 장기로, 적립식으로 조금씩 사들이는 것을 추천합니다. 앞에서 지난 수년간 이어졌던 달러 강세가 제한될 것 같다는 말과 변해버린 원화의 위상, 그리고 귀신도 모른다는 환율의 움직임을 감안했을 때 달러/원 환율의 변동을 예측하면서 개인이 달러를 사고파는 투자를 하는 것은 성공 가능성이 매우 낮다고, 그렇게 생각합니다.

위기는
다시 찾아올까?

앞서 포트폴리오 보험 차원에서 달러를 적립식으로 매입하는 것이 좋겠다는 의견을 말씀드렸죠. 그리고 특정 만기까지 모으는 것이 아니라 위기가 찾아오는 그 순간까지 달러를 조금씩 사 모을 것을 권했습니다. 그럼 '진짜 위기가 찾아올까?'라는 생각이 어렴풋이 들 텐데요. 직관적으로 이렇게 질문을 해봅니다. 향후 10년 후, 향후 20년 후 한 번 정도는 위기를 맞게 되지 않을까요?

한국경제는 1997년 12월 IMF 외환위기를, 2008년 10월 글로벌 금융위기를, 그리고 2020년 상반기 코로나19 사태로 인한 경기 둔화 위기를 겪은 바 있습니다. 시계열을 조금 더 늘리면, 그리고 대상 국가를 미국과 중국 등 글로벌 국가로 확대하게 되면 1987년 미국의 블랙 먼데이[Black Monday]*, 1970년대 석유 파동으로 인한 인플레이션 위기, 1960년대 베트남전 불황 등의 위기를 떠올릴 수 있습니다. 예상되는 위기이건 예상되지 않는 위기이건 긴 시계열에서 바라보면 돌발 위기가 발생할 가능성은 항상 열어두는 자세가 필요합니다.

위기는 늘 반복된다

잠시 이번 코로나19 사태를 생각해보죠. 바이러스로 인한 팬데믹, 엄청난 경기 불황을 만들어낸 요인이었을까요? 물론 코로나19 바이러스가 과거 사스나 신종 플루, 메르스 등의 전염병에 비해 독특하고 빠른 전염성을 갖고 있다는 것은 주지의 사실일 겁니다. 그렇지만 이것만으로 2020년 3월의 급격한 금융시장 붕괴를 설명할 수 있나 생각을 해보는 겁니다.

링 위에 권투 선수들이 경기를 하고 있다고 가정해보죠. 1라운드에서는 두 선수 모두 쌩쌩합니다. 이때는 잽 한 방, 어퍼컷 한 방 맞아도 조금 얼얼한 표정을 지으면서 계속해서 경기를 해나갈 겁니다. 그런데요, 마지막 라운드까지 피 튀기는 접전을 벌였고 이제는 서 있기조차 힘

---

* 미국 뉴욕에서 주가의 대폭락이 있었던 1987년 10월 19일을 가리키는 말. 이날 뉴욕 증권시장에서 다우존스 공업주 평균이 전일 대비 22.61%가 폭락하면서 미 증시 역사상 전무후무한 기록을 남겼다. 이날의 하락폭은 대공황이 초래됐던 1929년과 비교해도 두 배가 넘는 수치였다.

든, 눈도 제대로 뜨기 힘들 정도로 지친 상황이라고 가정을 해보는 겁니다. 이런 상황에서는 잽을 한 방 맞으면 어쩌면 앞으로 푹 쓰러져서 정신을 잃어버릴 수도 있겠죠. 잽의 위력이 1라운드에서 맞았던 그 잽에 비해 절대 강한 게 아닙니다. 똑같은 잽이라도 마지막 라운드에서 맞을 때는 쓰러지게 되는 거죠. 왜 그럴까요? 네, 지쳐 있기 때문이죠. 서 있기조차 힘들 정도로 체력이 저하됐기 때문에 외부의 작은 충격에도 크게 흔들리게 된 겁니다.

글로벌 금융위기 이후 전 세계는 저성장을 극복하기 위해 상당 기간 저금리를 유지했죠. 제로 금리에 마이너스 금리, 무제한 양적완화 등 과거에는 보지 못했던 유동성 공급 프로그램을 통해 돈을 쏟아부었습니다. 이렇게 되면 시중에 돈이 넘치면서 돈의 값인 금리가 내려가게 됩니다. 금리가 내려갈 뿐 아니라 저금리가 영원히 이어질 것이라는 기대감도 커지게 되죠. 돈의 값이 바닥에 붙어 있습니다. 가격이 싸면 수요가 늘어나게 되지 않나요? 네, 돈 값이 워낙에 싸니 기업이나 가계가 저렴한 금리에 돈을 빌려서 부동산이나 주식 등의 자산을 사게 됩니다. 앞에서 얘기했던 것처럼 미국의 기업 및 가계 부채는 금융위기 당시 수준보다 더 크게 증가했죠. 아울러 전 세계의 부채는 사상 최대 수준으로 늘어난 상황입니다. 전 세계적으로 빚이 많다…… 어떤 느낌을 받게 되나요?

불황이 찾아와도 조금만 덜 쓰고 버티면 얼마든지 불황을 이겨낼 수 있습니다. 다만 빚이 많으면 조금 덜 쓰는 게 문제가 아니라 대출을 갚아야 하기에 빚쟁이들에게 제대로 혼이 나게 되죠. 빚이 많으면 살아남을 수가 없습니다. 경제 주체 전체에 빚이 엄청나게 많은 상황에서, 그리고 전 세계 자산 가격이 워낙에 많이 올라 있던 상황에서 코로나19 바이러스라는 제법 강한 경제 충격이 찾아온 겁니다. 네, 마지막 라운드에서 어퍼컷을 한 대 제대로 맞은 거죠. 2020년 3월 20일경 글로벌 금융시장이 보여주었던 격렬한 떨림은 코로나19 사태로 인한 경기 침체 우려뿐 아니라 부채위기로 인한 상당수 경제 주체의 디폴트 리스크까지 반영했던 겁니다.

자, 그럼 경제 주체에 빚이 상당히 많다는 점을 생각해봅시다. 빚이 많다면 외부의 충격에 기존보다 민감하게, 그리고 보다 취약하게 반응한다고 생각하면 되겠죠. 그냥 면역력이 매우 약해졌다고 생각하죠. 다시 질문해봅니다. 향후 10년이나 20년 이내에 위기가 다시 찾아올까요? 아니, 예전보다 더 큰 위기가 찾아올 수도 있지 않나요? 경제 전반에 부채 리스크가 이 정도로 강하다면 위기의 가능성을 열어두고 접근하는 게 필요할 겁니다. 그 순간을 알 수 없기에 그 순간이 찾아왔을 때 달러의 스마일을 우리가 최대한 활용할 수 있도록 달러를 조금씩 사들이면서 준비하는 건 합리적인 생각이 될 겁니다.

한국, 최악의 시나리오에 대비하라

글로벌 금융시장 전반의 부채에 대한 얘기를 해봤습니다. 그런데 앞에서 설명한 한국 경제의 안정성을 감안한다면 위기가 찾아와도 그렇게 큰 문제가 생기지 않는 것 아닐까 하는 반론을 제기할 수도 있을 겁니다. 네, 위기가 찾아와도 한국 국채가 귀하신 몸이기에 한국으로 돈이 몰려들게 되면 과거보다 훨씬 약한 수준의 위기가 되는 것 아닐까 하는 생각이 들 수 있죠. 그런데요, 조금 긴 호흡에서 생각해보면 한국 국채 시장의 안정성이라는 지금의 상황도 언제든 바뀔 수 있습니다.

이탈리아나 그리스, 스페인, 포르투갈 등의 국가를 생각해보죠. 유럽 재정위기가 수면 위로 올라오기 전만 해도 이들 유로존 국가들은 상당한 선진국 반열에 놓여 있었죠. 특히 이탈리아는 1990년대 G8에 포함될 정도의 초강국이었습니다. 1990년대 한국과 비교할 대상이 아니었죠. 선진국에 속해 있던 이탈리아는 과도한 재정 지출로 인해 지난 2010~2012년의 유럽 재정위기 그리고 최근 코로나19 사태의 최대 희생양이 되었죠. 전 세계에서 가장 자주 국가 부도를 선언하는 아르헨티나의 경우도 1950년대에는 세계 10대 강국의 반열에 올랐던 국가입니다. 1950~1960년대 포퓰리즘에 따른 방만한 재정 운영으로 인해 지금은 당시와 같은 강국의 이미지를 전혀 찾아볼 수 없죠. 네, 한국 경제도 지금은 상대적으로 높은 안정성을 보이고 있지만 이런 상황이 미래에는 바뀔 수도 있겠죠.

여기서부터 적는 내용은 음…… 최악의 상황을 가정한 소설 같은 얘기라고 생각하고 읽어주기 바랍니다. 미래 디스토피아 시나리오는 이렇게도 열릴 수 있다는 생각 정도로 받아들여주었으면 합니다. 한국 경제가 상대적 안정성을 보이는 요인으로 상대적으로 양호한 재정, 구조적인 무역 흑자, 세계 9위 수준의 외환 보유고, 마지막으로 안정적인 환율 흐름을 제시했습니다. 그런데 10년 후, 혹은 20년 후에도 이런 장점들이 계속 유지되고 있을까요? 지난 2011~2012년 수도권 부동산 가격이 본격적인 하락세를 보이고 있을 때 한국의 인구론이 크게 회자된 적이 있습니다. 인구가 줄어들게 되면 부동산 가격이 하락하게 되고 이로 인해 한국 가계 부채라는 뇌관이 터지게 되면서 한국 경제는 위기에 빠지게 될 것이라는 주장이었죠. 2013년 하반기 이후 부동산 가격이 바닥을 형성하면서, 그리고 이후 급등세를 보이면서 인구 감소로 인한 위기론이 이제는 힘을 잃은 듯한 모습입니다.

인구 감소가 부동산에 어떤 영향을 줄지는 잘 모르겠습니다만 한국이 겪고 있는 급속한 노령화가 한국의 재정에 어떤 영향을 줄지는 상상해볼 수 있을 듯합니다. 한국은 전 세계에서 가장 빠른 속도로 노령화 사회로 접어들고 있다고 하죠. 노령화 사회는 노령 인구는 크게 늘어나는데 생산 가능 인구, 즉 젊은 층의 숫자는 계속 줄어들게 되는 인구 구조를 의미합니다. 그럼 숫자가 적은 젊은 층(생산 가능 인구)이 숫자가 많은 노령층을 부양해야 하는 거죠. 이걸 감당하지 못한다면 국가가 나서서 상당 수준의 케어를 해줘야 할 겁니다. 그 대표적인 케이스가 바로 공적 연금인 국민연금이라고 할 수 있고, 건강보험 등도 이런 범주에서 생각해볼 수 있죠. 국민연금이나 건강보험이나 미래 재원에 대한 이슈가 계속해서 나오고 있습니다. 본격적인 노령화 사회로 접어들게 되면 정부의 재정 지출이 지금보다 급속히 빠른 속도로 증가하게 되지 않을까요? 그럼 다른 국가 대비 상대적으로 건전한 현재의 재정 역시 생각보다 빠르게 악화될 수도 있지 않을까요?

하나 더 얘기해봅니다. 한국은 구조적 무역 흑자국이죠. 지금은 반도체, 자동차 등에서 강한 수출 경쟁력을 보여주고 있지만 이런 제조업 수출 경쟁력이 영원히 이어질 수 있을까요? 인구 노령화로 인한 생산 가능 인구수의 감소가 제조업 경쟁력에 타격을 줄 수도 있습니다. 또한 중국을 비롯한 이머징 국가들은 기술 경쟁력 개선 등을 이루는 데 반해 우리 제조업 기업들은 유연한 상황 대처에 실패해서 기존의 마켓 쉐어를 잃어버릴 수도 있습니다. 하나 더 말해보자면 글로벌 저성장 기조가 장기화되면 제조업 수출 역시 줄어들 수 있죠. 10년 전만 해도 독보적인 강세를 보였던 한국 조선업이, 경쟁자들의 등장도 문제지만 조선 업황 자체가 크게 흔들리면서 위기에 처해버린 지금의 상황을 보면 글로벌 저성장으로 인한 전체 수출 파이의 감소 역시 감안할 필요가 있다고 생각합니다.

생산 가능 인구수 감소로 인한 제조업 생산성 둔화, 글로벌 장기 저성장으로 인한 수출 파이의 축소, 저렴한 노동력에 기반한 저임금 생산 국가들의 약진 등이 이어진다면 구조적 무역 흑자국이라는 현재의 그림이 바뀔 수도 있지 않을까요?

무역 흑자가 지속적으로 감소해서 적자로 전환되었다고 가정해봅니다. 그럼 한국에서 달러가 계속해서 빠져나간다는 의미죠. 달러가 계속해서 빠져나가게 되면 적어도 구조적 무역 흑자가 만들어낸 한국 경제의 안정성은 크게 희석이 될 겁니다. 그리고 달러 유입을 통해 쌓아올렸던 외환 보유고 역시 줄어들게 되죠. 노령화로 인한 재정 지출의 증가가 만들어낸 재정 적자의 증가 역시 한국 경제에 대한 외국인 투자자들의 신뢰를 흔들어놓는 요인이 될 수 있죠.

정리합니다. 상대적으로 건전한 재정, 구조적 무역 흑자, 충분한 외환 보유고라는 요인은 영원히 지속될 수 있는 게 아닙니다. 미래에 더 좋아질 수도 있지만 반대 상황이 펼쳐질 수도 있죠. 상황이 악화되면 한국 국채는 더 이상 귀하신 몸이 아닙니다. 지금의 이탈리아나 그리스 등과 같이 투자자들의 근심을 사게 될 수도 있습니다.

그럼 외부 충격이 찾아왔을 때 지금처럼 한국 국채로 외국인 투자자들이 유입되어 들어오지 않습니다. 최근 다른 이머징 국가에서 나타나는 현상처럼 한국의 주식과 채권을 모두 팔고, 그렇게 받은 원화를 팔아 달러를 사서 이탈할 수 있습니다. 그럼 지금이야 주식 매도를 통해 받은 원화를 팔고 나가는 세력과 국채 매입을 위해 원화를 사려고 하는 세력이 섞이면서 원화 가치가 과거 대비 상대적인 안정세를 보이지만 이후에는 주식 매도로, 그리고 국채 매도를 통해 받은 원화를 팔고 달러를 사서 이탈하는 최악의 그림이 펼쳐질 수 있죠. 그럼 달러/원 환율은 2008년 금융위기 당시 기록했던 달러당 1600원의 환율, 혹은 1997년 외환위기 당시 기록했던 달러당 2000원의 환율까지 상승할 가능성도 있습니다.

아…… 글을 쓰는데 참 마음이 무겁네요. 이런 일이 일어나면 안 되는데 말입니다. 아무리 최악의 상황을 가정한다고 하지만 쓸수록 우울해지는 느낌을 지울 수 없습니다. 그래도 이왕 적었으니 이어가야겠죠? 네, 최악의 상황으로 인해 한국 국채 시장의 안정성이 훼손됩니다. 위기가 찾아왔을 때 한국의 주식과 채권을 팔고, 그렇게 받은 원화를 팔아서 외국인들이 이탈합니다. 주가가 급락하고, 채권 가격이 하락(채권 금리 급등)하게 되고요, 마지막으로 달러/원 환율 역시 크게 튀어 올라가게 되겠죠.

주가의 급락이 가장 걱정인 분들도 있겠지만, 저는 국채 가격의 급락, 즉 국채 금리의 급등이 훨씬 두렵습니다. 국채 금리의 급등은 시장 전반의 금리 급등을 불러오게 되죠. 기업 대출뿐 아니라 가계 대출에 적용되는 금리 역시 상승하게 될 겁니다. 경기 둔화로 소득은 줄어들게 되는데 금리가 상승하는 흐름이 만들어지면 한국의 가계는 상당히 힘든 시간을 보내게 되지 않을까요? 현재 한국의 가계 부채는 1800조 원을 넘는다고 합니다. 가계 부채가 많더라도 무너지지 않았던 가장 큰 이유 중 하나는 저금리가 지속적으로 이어지고 있기 때문이죠. 그리고 저금리의 유지는 당연히 한국 국채가 귀하신 몸 대접을 받았기에, 국채 가격이 지속적으로 상승했기에, 국채 금리가 하향 안정화되어 있었기에 가능했던 겁니다. 그런데 그런 장점이 사라지게 되면, 위기 상황에서 국채 금리가 상승하게 되면 가계 부채라는 뇌관이 터지게 될 수도 있지 않을까요? 그리고 금리의 상승은 부동산시장에도 크나큰 악재로 작용하게 될 수 있지 않을까요?

한국의 위기는 일본의 위기와 다르다

여기까지 읽고 나서 '아…… 이렇게 일본과 같은 시나리오가 만들어지는 것인가'라는 생각이 들 텐데요. 일본과는 또 다릅니다. 일본은 국제 통화인 엔화를 쓰는 국가입니다. 일본 경기가 침체 일로에 있을 때에도 일본 엔화 가치는 크게 무너지지 않았죠. 이 얘기 잠시만 해보겠습니다.

일본은 1990년대 부동산 버블 붕괴로 인해 일찌감치 제로 금리를 도입했던 국가입니다. 저금리 장기화에 대한 기대가 이미 일본 경제 주체들에게는 만연해 있었죠. 저금리 장기화는 일본 내 투자보다는 해외 투자에 대한 수요를 자극합니다. 일본 내에서 낮은 금리에 돈을 빌려서 고금리를 주는 해외의 채권에 투자하는 거죠. 그럼 일본에서 엔화로 돈을 빌립니다. 그런 다음에 엔화를 팔고 투자하고자 하는 국가의 통화를 매입하게 되겠죠. 이 과정에서 '엔화 약세 & 투자 대상 국가 통화 강세'가 나타납니다.

그런데 일본 경제가 어려워집니다. 그럼 일본 금융 기관들이나 투자자들이 해외에 투자한 자금을 회수해야겠죠? 그럼 해외의 자산을 매각하고, 그렇게 받은 투자 대상 국가의 통화를 팔고 엔화를 사서 본국으로 돌아오게 되죠. 그럼 이때는 정확히 반대의 현상, '엔화 강세 & 투자 대상 국가 통화 약세' 현상이 나타나는 거죠. 일본 경제가 어려울 때 오히려 엔화가 강세를 나타내는데요, 일반적으로 국가 경제 위기가 찾아왔을 때 자국 통화 가치가 크게 하락하는 이머징 국가들과는 사뭇 다른 모습입니다.

이왕 엔화 얘기가 나왔으니 조금만 더 설명해보죠. 글로벌 금융시장이 흔들리기 시작한다고 가정합시다. 그럼 해외 투자를 했던 일본 투자자들이 불안에 떨게 되겠죠. 마찬가지로 해외 자산을 팔고, 그 나라 통화를 팔고 엔화를 사서 본국 회귀를 할 겁니다. 마찬가지로 엔 강세가 나타나게 되죠. 그래서 투자자들 사이에는 이런 인식이 있습니다. '시장이 불안해지면 엔화가 강세를 보인다'라는 인식이요. 그래서 엔화를 안전 자산으로 부르는 겁니다.

네, 과거 저금리 상황에서 일본의 엔화 자금이 해외로 투자되어 나갔다고 하죠. 그럼 당연히 해외 투자가 많다는 것은 대외 채권, 즉 다른 나라에서 받을 돈이 많다는 의미가 될 겁니다. 일본은 세계 제일의 순채권국입니다. 순채권이라는 것은 다른 나라에서 받을 돈(대외 채권)에서 다른 나라에 줄 돈(대외 채무)을 차감했을 때 순수하게 받을 돈(순채권)이 많다는 의미죠. 기사 하나 첨부합니다.

작년 말 일본 대외순자산 3240조 원… 27년째 최대 순채권국
(뉴시스, 2018. 5. 25)

일본 대외순자산은 2017년 말 시점에 328조 4470억 엔(약 3240조 970억 원)으로 27년 연속 세계 최대 순채권국 자리를 지켰다. (후략)

일본은 국제통화인 엔화를 사용하는 국가입니다. 일본 경제가 어려울 때 오히려 엔화가 강세를 보이게 되죠. 경기가 좋지 않으면 일반적으로 물건을 사려는 수요가 줄어들게 되면서 물건의 가격이 하락하는 디플레이션 현상이 심화되죠. 디플레이션이 참 두려운 것이 물가가 하락하면, 기업 마진이 줄고, 기업 마진이 줄면 기업이 고용을 줄이고, 고용이 줄면 소득이 줄고, 소득이 줄면 소비가 줄고, 소비가 줄면 수요가 위축되어서 물가가 하락하고, 기업 마진이 줄고, 고용이 줄고, 소득이 줄고……. 그만할까요? 네, 디플레이션의 악순환이 끊임없이 이어지게 되는 겁니다. 이 악순환의 고리를 끊지 못했기에 일본은 1990년대 초부터 최근까지 이른바 '잃어버린 25년'을 겪었죠. 그리고 이를 극복하기 위해 무제한 돈 풀기, 과감한 재정 지출, 구조조정이라는 '세 개의 화살'로 대변되는 아베노믹스가 2013년 시작되었던 겁니다.

경기 침체 시기에 일본은 물가가 하락하는 디플레이션 불황이 찾아온다고 얘기했습니다. 그럼 이머징 국가들은 어떨까요? 글로벌 경기가 침체 일로를 겪던 지난 수년 동안 이머징 국가에서도 똑같은 디플레이션 불황이 나타났을까요? 이머징 국가에 경기 침체가 찾아오면 어떤 일이 벌어지는지 잠시 기사를 통해 보도록 하겠습니다. 먼저 아르헨티나 관련 기사입니다.

아르헨티나 작년 인플레 53.8%... 1991년 이후 최고 기록
(뉴시스, 2020. 1. 16)

2020년 초 뉴스네요. 다른 나라는 디플레이션 압력이 심각하다고 하는데 아르헨티나는 극단적인 인플레이션 압력에 시달리고 있습니다. 비슷한 중남미 국가들 중에 브라질은 상황이 한결 낫지만 브라질도 국영기업 부실 확대 및 대통령 탄핵 등으로 고생하던 2015~2016년에는 인플레이션으로 홍역을 치른 바 있죠. 기사 보도록 하죠.

브라질 인플레 상승 압력 2003년 이래 최고조

(연합뉴스, 2015. 6. 10)

비슷한 지역 국가들도 마찬가지로 힘겨워하지 않을까요? 네, 극단적인 경제 위기를 겪고 있는 중남미 베네수엘라 관련 기사입니다.

베네수엘라 올해 인플레율 236.3%… 내년엔 300%

(연합뉴스. 2015. 12. 10)

'인플레 200만%' 베네수엘라 월 최저임금 300% 인상

(서울경제. 2019. 1. 15)

2015년에도 인플레이션이 심각했는데 2019년에는 더더욱 어려운 모습입니다. 일본의 디플레이션 케이스와는 정반대 현상이 나타나고 있죠. 왜 이머징 국가에서는 일본과는 달리 인플레이션이, 아니 하이퍼인플레이션이 나타나고 있을까요? 답은 간단합니다. 이머징 국가의 경기가 둔화되면, 혹은 위기가 찾아오면 해당 국가의 통화 가치가 큰 폭으로 하락하기 때문이죠.

통화 가치 하락은 해외에서 수입되어 들어오는 물건의 가격을 큰 폭으로 올려버리게 됩니다. 예를 들어 달러/원 환율이 달러당 1000원이라고 해보죠. 국제유가가 배럴당 50달러입니다. 그럼 1배럴을 수입하는데 5만 원의 돈이 들어가겠죠. 그런데 달러/원 환율이 달러당 2000원으로 상승, 즉 원화 가치가 약세를 보이는 겁니다. 그럼 1배럴 수입하는데 50 곱하기 2000원 해서 10만 원의 돈이 필요하겠죠. 네, 통화 가치의 하락으로 인한 수입 물가의 상승으로 인플레이션의 파고에 휩쓸리게 됩니다. 잘 와닿지 않나요? 트럼프 당선 이후 자국 통화인 페소화 가치가 급락했던 멕시코와 최근 리라화 가치 하락으로 힘겨워하는 터키 관련 기사 타이틀을 인용해봅니다.

'리라화 급락' 터키 인플레 심화… 물가지수 15년 만에 최고

(연합뉴스, 2018. 7. 4)

휘발유 인상, 페소화 약세… 멕시코 물가 인플레 조짐

(서울경제, 2017. 1. 1)

멕시코 중앙 銀, 인플레 – 침체 위기 속 금리 인상

(뉴스핌, 2017. 2. 10)

네, 2018년부터 시작된 터키 리라화 가치 폭락으로 인해 터키는 심각한 경기 침체와 인플레이션을 겪었죠. 멕시코 역시 2016년 11월 트럼프 대통령 당선 이후 진행된 본격적인 페소화 약세로 인해 인플레이션을 만났던 바 있습니다. 경기 침체기에 인플레이션을 만납니다. 사람

들의 구매력이 경기 침체로 인해 낮아지는데 물가까지 급등해버리면 제대로 이중고를 만나는 것 아닐까요?

개인적으로 가장 많이 참고하는 전설적인 투자가 중 한 명인 레이 달리오Ray Dalio는 저서 『레이 달리오의 금융 위기 템플릿』(원서의 제목은 『Big Debt Crisis』입니다)에서 국제통화를 사용하는 선진국이 겪는 위기를 '디플레이션 불황', 그리고 국제통화의 범주에 들어가지 않는 통화를 사용하는 이머징 국가들이 겪는 위기를 '인플레이션 불황'이라고 분류합니다. 네, 저 역시 이런 분류가 정확하다고 생각합니다. 일본과 같은 선진국이 디플레이션형 불황을 겪는다면, 이머징 국가들은 인플레이션형 불황을 겪게 되는 거죠.

경기가 좋지 않으면 금리를 인하해야 합니다. 일본이나 미국처럼 양적완화와 같은 대규모 유동성 공급 프로그램을 시작해야 하겠죠. 그런데요, 일본이나 미국은 디플레이션이 오기 때문에, 즉 물건의 가격은 하락하고 반대로 화폐의 가치가 상승하는 디플레이션이 오기에 금리를 인하해서 화폐 공급을 늘리는 게 맞습니다. 그런데 경기가 좋지 않은데 인플레이션이 찾아오는 이머징 국가들은 어떻게 해야 할까요? 과감하게 유동성 공급을 해야 하는 건가요? 인플레이션은 화폐 가치의 하락을 말합니다. 화폐 가치가 하락하는데 돈을 더 뿌린다? 그럼 화폐 가치의 폭락과 하이퍼인플레이션을 보게 되겠죠. 이런 이유로 이머징 국가들은 참 태생적인 어려움을 갖고 있습니다. 경기 둔화에도 불구하고 통화 가치 하락으로 인한 인플레이션 때문에 금리를 인상해야 하는 거죠. 말씀 드렸던 터키나 아르헨티나 등의 이머징 국가들은 불황의 한가운데에서도 인플레이션 억제를 위해 시중 자금을 빨아들이는 금리 인상을 단행할 수밖에 없는 겁니다. 기사 인용하고 가죠.

> **'경제위기' 터키, 기준금리 6.25%p인상… 리라화 반등**
> (연합뉴스, 2018. 9. 13)

> **아르헨티나, 기준금리 45%로 긴급 인상… 터키 '불똥' 우려**
> (뉴스핌, 2018. 8. 14)

> **기준금리 60%까지 오른 아르헨… 페소 폭락은 못 막아**
> (파이낸셜뉴스, 2018. 8. 31)

네, 대충 정리가 될 듯합니다. 국제통화를 쓰는 선진국과 그렇지 않은 이머징 사이의 경계가요. 경기 둔화가 찾아올 때 금리 인상까지 해야 하는 이머징이 참 어려워 보이는 이유일 겁니다. 이제 본론으로 돌아오죠. 그럼 한국은 어느 쪽에 속할까요? 일본과 같은 선진국에 속할까요? 아니면 이머징 국가에 속할까요? 불황이 찾아왔을 때 디플레이션과 인플레이션 중 무엇이 찾아올까요?

적어도 지금은 디플레이션 리스크가 커 보입니다. '그럼 우리는 선진국이구나'라는 생각보다는요, 한국 국채가 귀하신 몸 대접을 받고 원화가 안정세를 보이면서 나타나는 현상이라고 이해를 하면 될 듯합니다. 다만 지금 안전하다고 해서 먼 미래에도 이런 안정성이 영원하다는 보장은 없습니다. 앞서 말했던 것처럼 만약 지금의 한국 경제의 안정성이 크게 위협을 받는다면 어떤 일이 벌어지게 될까요?

네, 먼 미래에 생산성 저하, 재정 적자 확대, 외환 보유고 축소 등의 디스토피아가 펼쳐진다면 한국도 다른 이머징 국가들처럼 원화 가치 급락으로 인한 인플레이션 리스크를 만날 수도 있죠. 노령화가 빠르게 진행되는 상황에서 인플레이션이 두드러지면 소비는 더욱더 크게 위축될 수 있습니다. 그리고 인플레이션으로 인한 금리 인상까지 나타나게 된다면 지금도 우려 대상이 되는 가계 부채 문제가 보다 심각해질 수 있겠죠.

우리가 투자 포트폴리오를 짜는 가장 큰 이유는 어떤 시나리오에서도 살아남을 수 있도록 내 자산을 지키기 위한 것에 있습니다. 먼 훗날 한국 경제가 경기 침체와 함께 인플레이션을 동시에 겪게 된다면, 주식 시장이 힘들 것이고요, 지금은 안전 자산으로 인식되는 한국 국채의 가격이 하락(국채 금리 상승)이라는 악재도 만나게 될 수 있습니다. '헉! 그럼 주식, 채권이 모두 안 된다면 포트폴리오에 무엇을 담아야 하지?'라는 생각이 들 겁니다.

많은 투자자들이 포트폴리오를 짤 때 자산 간 분산에는 익숙해져 있죠. 주식과 채권을 나누어 담습니다. 주식만 하지 않는 이유는 경기 침체 등이 찾아왔을 때 안전한 국채를 담아서 충격을 최소화하기 위함일 겁니다. 그런데요, 앞서 말씀드렸던 주식, 채권의 동시 약세 케이스라면 답이 없습니다. 주식, 채권 모두 원화 표시 자산이기 때문이죠. 원화 자체가 약세로 이어지는 경우라면 한국 국채 역시 자산 가격 하락의 파고에 휩쓸리게 될 수 있습니다. 그럼 우리의 포트폴리오에 주식, 채권이라는 자산 분산만 할 게 아니라 이 둘을 '원화 표시 자산'이라고 해서 하나로 묶어버리고 원화 이외의 다른 통화 표시 자산을 담는 것도 필요하지 않을까요? 네, 그 자산이 바로 '달러'라고 생각합니다.

최악의 디스토피아를 가정하고 이야기하다 보니 이번 파트의 분위기는 참 우울합니다. 절대 공포심 조장을 위해서 이런 내용을 적은 것은 아니고요. 최악의 경우 이런 상황도 펼쳐질 수 있으니 포트폴리오에는 이런 위험도 일정 부분 커버할 수 있는 자산을 담아보자는 취지에서 적어본 것이라고 생각해주길 바랍니다.

지금으로부터 먼 미래일수록 생각하지도 못했던, 예상하지도 못했던 일들이 많이 일어날 수 있습니다. 이번 코로나19 사태도 그중 하나입니다. 동일본 대지진이나 선진국인 유로존의 위기, 브렉시트, 글로벌 금융위기 등도 전혀 예상하지 못한 사건들이었죠. 그런 사건들 하나하나가 상당 기간 금융시장에 혹은 세계 경제에 장기적인 후유증을 주고 변화를 만들어내기도 합니다. 이런 상황들 하나하나를 고민해보는 것도 우리에게는 필요하지 않나 생각해봅니다.

지금까지 흐름을 정리하면 이런 겁니다. 지금까지 이어져왔던 달러 강세, 향후 그 강도가 약화될 것 같다고 얘기했습니다. 글로벌 달러 강세 자체가 다소 주춤해질 것이라는 전망과 한국 원화 가치가 과거 외환위기 당시처럼 급격하게 추락할 가능성은 높지 않다고 했습니다. 그럼 달러가 크게 강해지지 않고, 원화도 크게 약해지지 않는다면 원화 대비 달러 가치 급등을 보면서, 단순히 달러/원 환율의 상승만을 보면서 달러에 투자하는 것은 옳지 않다는 얘기였죠.

그럼 달러 투자는 의미가 없는 것인가? 아니라고 했습니다. 불황을 대비하는 자산, 그 핵심에 달러가 있다는 것이죠. 환율에 베팅하는 것이 아니기에 적립식으로 달러를 조금씩 사 모을 것을 권했습니다. 그리고 적립식 달러 매수의 기간은 아주아주 길게, 불황이 찾아오는 그 순간까지 이어갈 것을 당부했습니다. 왜냐고요? 당장은 아니겠지만 지금으로부터 10년 후, 혹은 20년 후에는 어떤 변화가 나타날지 아무도 모르기 때문이죠. 그리고 그 변화는 여러 가지로 나타날 수 있겠지만, 우울한 디스토피아 시나리오로 나타날 가능성도 염두에 두어야 할 겁니다. 불황이 찾아왔을 때 썩은 미소를 짓는 궁극의 안전 자산, 달러 투자에 대해 지금까지 정리해본 겁니다.

달러 패권에 대한 앞으로의 전망

그런데요, 이런 질문을 했던 분이 있었습니다. 결국 궁극의 안전 자산인 달러라는 것은 미국이 절대적인 힘을 유지할 때, 그리고 그런 힘을 담보하여 달러가 전 세계 최고의 기축 통화로서의 지위를 유지하고 있을 때 가능한 겁니다. 그런데 만약 달러의 위상 자체가 낮아지게 된다면, 그럼 어떤 일이 벌어지게 될까요? 이것이 질문의 골자였습니다. 물론 당장 현실화 가능성은 매우 낮겠지만, 앞의 이탈리아나 포르투갈, 그리스의 사례가 한국뿐 아니라 미국에도 적용될 수 있는 것 아닌가 하는 질문이겠죠.

미국의 걷잡을 수 없는 재정 적자와 오랫동안 이어져온 무역 적자 그리고 엄청난 규모의 부채 등 앞에서 설명했던 여러 가지 문제들을 바라보면, 그리고 한 차례 휘청이기는 했지만 계속해서 부상하고 있는 중국을 바라보면 미국의 위상, 그리고 달러의 위상이 먼 미래에는 무너질 수도 있지 않을까 하는 생각이 들 수 있습니다. 네, 이렇게 되면 '궁극의 안전 자산, 달러화'라는 투자의 컨셉 역시 흔들릴 수 있게 되겠죠. 중장기적으로 달러화의 위상이 바뀌지 않는다는, 달러 스마일이 이어질 것이라는 전제가 깔려 있는 투자 컨셉인데 그 전제 자체가 무너지게 되는 겁니다.

결론부터 말하자면, 앞에서 우려하는 달러 패권의 붕괴는 꽤 먼 미래까지 나타나기 어려울 것으로 생각합니다. 달러 패권 붕괴에 대한 의구심은 과거 달러 가치가 하락하는 국면에서, 미국 경제가 경기 둔화의 파고를 맞을 때에 항상 있어왔죠. 다른 나라 대비 안정적인 성장세를 나타내고 있는 최근에 오히려 이런 의구심이 많이 줄어들었고요. 과거 미국 경제에 대한, 그리고 달러 패권에 대한 이슈들이 찻잔 속의 태풍으로 그쳤던 것처럼 향후에도 큰 문제가 되지는 않을 것으로 생각합니다. 왜 그러냐고요? 한번 살펴보죠.

달러의 위상이 무너지고 달러 패권이 사라지려면 무언가 다른 '대안'이 필요합니다. 과거 1800년대에는 '해가 지지 않는 나라' 영국의 파운드화가 패권 통화의 역할을 했답니다. 파운드화가 몰락했던 가장 큰 이유는 영국의 경제력에 전혀 뒤지지 않는, 오히려 월등한 경제력을 갖춘 미국이라는 국가와 그 미국이 사용하는 달러화가 등장했기 때문입니다. 달러화의 강한 도전에 파운드화는 과거의 위상을 내려놓고 달러화에 그

자리를 내주게 되고 말았던 겁니다. 그럼 같은 맥락에서 달러 패권이 무너지려면 무언가 대안이 있어야 한다는, 달러화의 지위에 도전하는 통화와 같은 그 무엇인가가 있어야 하겠죠. 과거에 이런 일이 있었을까요? 네, 물론입니다. 달러화가 도전을 받았던 이야기를 잠시 해보죠.

중동 산유국의 도전(1970년대)

베트남전(1960~1975년)에서 패전한 후 미국 경제는 과도한 전비 지출 및 무역 적자 등으로 경기 침체를 겪게 됩니다. 경기 부양을 위해서는 시중에 달러화를 공급해줘야 하는데요, 당시에는 금본위제, 즉 국가가 보유하고 있는 금만큼만 달러를 찍을 수 있는 제도가 있었기에 달러 공급을 크게 늘릴 수 없었답니다. 이에 당시 미국 대통령이었던 리처드 닉슨Richard Nixon은 금본위 화폐제를 폐지하는 초강수를 두게 되죠. 금의 속박에 갇혀 있던 달러가 크게 풀려나오면서 달러는 빠른 속도로 약세를 보이게 됩니다.

그리고 1970년대 중동전쟁 이후 중동 산유국들의 원유 생산 동맹인 OPEC에서는 원유의 수출을 중단하게 되죠. 이에 전 세계적으로 원유 공급이 크게 위축됩니다. 원유 공급 감소는 국제유가 상승으로 이어지게 되었죠. 1970년대 초반 배럴당 2~3달러 수준을 기록하던 국제유가가 1979년에는 배럴당 40달러를 넘어서게 되었죠. 국제유가가 10배 이상 상승한 겁니다. 원유는 달러화로만 결제가 되죠. 원유를 사려면 달러

1970~1980년대 국제유가 월간 데이터 차트입니다. 1970년대 후반 국제유가는 배럴당 40달러 선을 넘게 되죠. 그러나 1980년대 중반 산유국들의 원유 증산 경쟁으로 인해 국제유가가 10달러 가까이로 하락하면서 중장기 저유가 시대로 접어들게 됩니다.

가 있어야 한다는 의미인데요, 뒤집어 말하면 원유를 달러로 바꿀 수도 있다는 겁니다. 그런데 1970년대 초반에는 원유를 주면 세 개의 달러를 받았는데, 1970년대 후반이 되니 원유를 주면 40개의 달러를 받는 거죠. 네, 원유 대비 달러 가치가 크게 하락했던 겁니다. 그럼 사람들은 원유를 선호할까요? 아니면 달러를 선호할까요? 네, 달러보다는 최대한 빨리, 가격이 더 오르기 전에 원유를 사는 것을 선호했을 겁니다. 당시를 석유 파동의 시대로 기억하는데 당시 시장 참여자들은 유가 상승은 영원할 것으로, 반면 금본위제 폐지 이후 무분별하게 풀려나오는 달러

1970년대 낮은 수준을 유지하던 미국 국채 10년 금리가 1980년대 초반으로 접어들면서 상당히 높아지는 것을 볼 수 있습니다. 높아진 미국 금리는 달러 보유의 매력을 높이면서 달러 인덱스를 상승시키는 데 중요한 동력이 되어주었죠. 높아진 금리는 미국 기업들의 부채 부담을, 강해진 달러는 미국 제조업 기업들의 수출에 부담을 주면서 상당수 미국 기업들이 어려움에 처했습니다.

를 보면서 달러의 위상은 계속해서 하락할 것으로 생각했죠.

그러나 분위기는 크게 바뀌게 됩니다. 1980년대 미국 중앙은행인 Fed의 의장으로 '강경파 중의 강경파'라는 폴 볼커Paul Volcker가 임명되죠. 폴 볼커는 당시 시중 달러 공급을 빠르게 줄였죠. 돈의 공급이 줄어들게 되면 돈의 값인 금리는 상승하기 마련입니다. 폴 볼커의 과감한 정책에 미국 금리는 20% 가까운 수준까지 상승했죠. 금리가 20%를 넘게 되면 와…… 1970년대 석유 파동을 거치면서 미국 기업들이 정말 힘들었는데요, 그 시기를 지나서 20% 금리 시대를 만난 거죠. 산 넘어 에베레스트를 만나는 느낌이었을 겁니다. 당시 실업률이 10%를 넘어섰고요, 미국 경제는 심각한 불황의 늪에서 헤어나지 못했습니다.

볼까요? 첫째, 미국 금리는 20% 수준입니다. 시중 달러 공급이 줄어들어 있습니다. 그럼 달러 가치는 어떻게 되었을까요? 네, 달러를 보유하면 20%의 금리를 줍니다. 달러 보유의 매력이 높아졌으니, 달러 수요가 늘었을 겁니다. 반대로 달러 공급이 줄었다면 달러 가치는 크게 상승했겠죠.

그리고 이제 원유시장을 보는 겁니다. 국제유가는 하늘 높은 줄 모르고 올랐죠. 국제유가는 하늘에 떠 있는데 미국 경제가 불황의 늪에 빠지면서 기업들이 도산하고 있습니다. 원유의 수요가 줄어들 수밖에 없겠죠. 원유 가격은 높은데 수요가 급격하게 줄어들게 되면? 네, 원유 가격은 큰 폭으로 하락할 수밖에 없겠죠. 1979년 배럴당 40달러를 넘던 국제유가는 1986년 3~4월 배럴당 10달러 수준까지 주저앉아버렸답니다. 그럼 원유를 바탕으로 세계 경제 패권을 넘보던 산유국들의 위상은 크게 추락할 수밖에 없었겠죠. 이후 원유 가격은 수차례 부침을 겪게 됩니다. 2020년 상반기 배럴당 20달러 밑으로 추락해버린 국제유가를 보면, 1979년 40달러였던 유가가 반토막 밑으로 내려왔습니다. 이런 현실을 보면, 그리고 신용 등급 하락 및 재정 부담의 이중고를 겪는 사우디 등의 산유국의 상황을 보면 달러 패권에 도전한 대가가 상당히 혹독했음을 상기시켜줍니다.

엔화의 부상(1980년대)

1980년대 폴 볼커 Fed 의장의 과격한 긴축 정책으로 달러화가 초강세를 보였다는 얘기를 했습니다. 달러 강세는 다른 국가들 입장에서는 자국 통화 약세를 의미하겠죠. 그 핵심에는 일본이 있었습니다. 달러 대비 엔화 약세에 힘입어 자동차 등의 수출을 크게 늘렸죠. 대미 교역에서 일본은 엄청난 달러를 벌어들이는 데 성공했죠. 미국은 이제 막 석유 파동 시대에서 벗어난 데다가 폴 볼커의 긴축으로 인해 고실업의 파고까지 겪은 상황에서 일본이 제조업 분야를 잠식하고 들어오니 짜증이 날 수밖에 없었을 겁니다. 이에 1985년 9월 엔화의 두 배 절상을 강요하는 이른바 플라자 합의를 단행하게 됩니다. 이후 엔화는 1985년 9월부터 1995년 4월 역플라자 합의를 통해 엔 약세를 국제 사회에서 용인받을 때까지 거의 10년 동안 엔 강세를 만나게 됩니다. 1985년 중반 달러/엔 환율이 250엔 수준이었는데요, 1995년 4월 역플라자 합의 직전에는 달러당 80엔 수준이었습니다. 250엔이 있어야 1달러를 샀는데 80엔만으로도 1달러를 사는, 거의 세 배에 가까운 엔 강세가 연출된 겁니다.

　과격한(?) 엔 강세 앞에서 일본의 수출 경기는 둔화될 수밖에 없었겠죠. 국가는 수출과 내수로 성장합니다. 수출 성장이 벽에 가로막히면 내수 소비 부양에 나서야 하죠. 일본은 내수에 초점을 맞추면서 기준금리를 빠르게 인하하고 부동산 규제를 완화하는 정책을 펼치게 됩니다. 그리고 과격한 엔 강세는 일본으로 수입되어 들어오는 물건의 가격을 크게 낮추는 데 기여합니다. 그리고 국제유가가 1980년대 중반 배럴당 10

플라자 합의 이후 달러/엔 환율은
급격히 하락하게 됩니다.

95년 4월 역플라자 합의 이후
엔화 약세 기조가 나타나게 되죠.

1985년 9월 플라자 합의 이후 달러/엔 환율이 큰 폭으로 하락(엔화 초강세)하게 됩니다. 이렇게 시작된 엔 강세는 약 10년 가까이 이어지면서 달러/엔 환율은 80엔까지 하락했죠. 1995년 4월 역플라자 합의가 나온 이후 달러/엔 환율은 다시금 120엔까지 상승하게 됩니다.

달러 수준으로 주저앉았다는 말도 했죠? 네, 유가의 안정 역시 일본이 물가 상승 걱정 없이 편안하게 금리 인하 등의 경기 부양을 할 수 있는 여건을 만들어주었답니다. 물가가 오르지 않으니 중앙은행이 금리 인상 등으로 대응할 필요가 없겠죠.

　금리를 낮추었고, 내수 경기 촉진 정책과 함께 부동산 규제 완화를 통한 부동산 경기 부양에까지 나섰습니다. 당연히 부동산 가격이 크게 상승했겠죠. 일본 경제는 이른바 버블 경제로 넘어가게 되죠. 버블의 힘으로 일본 경제는 1980년대 후반 엄청난 전성기를 구가하게 됩니다. 슈퍼 파워 일본이라는 말과 함께 조만간 일본 경제가 미국을 넘어서게 될 것이라는, 그리고 엔화가 상당한 지위를 얻게 될 것이라는 기대감이 팽배했죠.

모두들 알겠지만 과열 양상을 보이는 부동산 버블은, 이를 잠재우기 위한 금리 인상 등의 과정에서 빵하고 터지게 되었고요, 일본 경제는 이후 잃어버린 4반세기의 늪에 빠져버리게 됩니다. 그리고 2013년 아베노믹스 시작 이후 2020년 상반기인 현재까지도 일본은 양적완화 프로그램, 즉 엔화 대규모 공급 프로그램을 이어가며 불황의 늪에서 빠져나오기 위해 몸부림을 치고 있습니다. 슈퍼 파워 일본과 달러 위상에 도전했던 엔화의 그 모습을 지금은 찾아보기 어렵습니다.

유로화의 탄생(2000년대)

다음으로 달러 패권에 도전했던 통화로 유로화를 떠올릴 수 있을 겁니다. 유로화의 기세도 대단했습니다. 1999년 말~2000년 초 출범했던 유로화는 유로존의 국가들을 하나의 블록으로 결집했죠. 당시 2001년의 9.11 테러 및 아프가니스탄 전쟁, 2003년의 제2차 걸프전 등으로 심각한 재정 적자 및 경기 침체를 겪던 미국의 달러화는 일방적인 약세를 보였고요, 반면 출범 이후 미국 대비 안정적인 경제 성장세를 만들어낸 유로존의 통화인 유로화는 달러 대비 강세 기조를 나타냈습니다.

잠시 당시 상황을 되돌아보면 이런 겁니다. 유로존 국가들 하나하나가 동일한 경제력을 보유하고 있지는 않습니다. 수출 제조업 경쟁력은 독일이 매우 강하지만 다른 유럽 국가들은 독일과는 많은 차이가 나죠. 그리스의 경우 독일과는 비교가 되지 않는 경제 규모를 가진 국가입니다. 그러나 유로존으로, 그리고 유럽통화동맹으로 편입되면서 그리스는 선진 통화인 유로화를 쓰는 국가가 되었죠. 그리스 자체의 신용으로는 상당히 높은 금리를 지불해야 자금을 빌려올 수 있었지만 유로화를 사용한 이후에는 독일, 프랑스 등 유로존 선진 국가들이 자금을 빌릴 때 적용받는 금리로 대출을 받을 수 있었죠. 이에 유로존의 하위 경제력을 가진 국가들이 낮은 금리에 돈을 많이 빌렸고, 이 자금으로 재정 지출을 통해 경제 성장을 일구어나갔던 겁니다.

그러나 글로벌 금융위기 이후 더욱더 강한 경기 부양을 해야 했기에 재정 적자는 감당이 안 될 정도로 늘어났죠. 적자와 부채가 엄청났기에 그리스는 국가 채무를 갚을 방법이 없었습니다. 이에 그리스가 디폴트를 선언해야 하는 상황에 내몰렸던 겁니다. 그런데요, 과거 그리스에 돈을 빌려주던 투자자들은 무슨 생각으로 낮은 금리에 돈을 빌려주고 있었던 것일까요? 네. 그리스가 유로존의 일원이기에, 그리스의 신용보다는 유로존의 신용을 보았던 겁니다. 그런데 그리스가 무너져가는 모습을 보면 어떤 생각이 들까요? '아…… 그리스가 불쌍하다' 이렇게 생각할까요? 그보다는 '그리스 말고도 스페인, 포르투갈, 이탈리아 등도 힘겨워지는 것 아닌가' 하는 두려움을 느끼게 되겠죠. 네, 그리스 발 유럽 재정위기가 유로존 전체의 위기로 퍼져나갔던 겁니다.

유로화를 사용하는 유럽통화동맹에서 그리스와 스페인, 이탈리아가

달러/엔 환율은 2012년 하반기 아베 신조 내각이 집권을 하면서 저점을 형성한 이후 빠른 속도로 상승 전환(급격한 엔 약세)하게 됩니다. 아베노믹스로 대변되는 일본의 양적완화가 시작된 것이죠. 2014년 하반기 유로존 역시 양적완화를 예고했고, 2015년 3월부터 본격적인 양적완화를 단행하게 됩니다. 실제 2014년 하반기부터 빠른 속도로 달러/유로 환율이 상승하는 (유로 약세) 것을 확인할 수 있죠.

이탈할 수 있다는 두려움에 유로화의 꿈은 사실상 무너진 것 아니냐는 따가운 시선을 피할 수 없었고요, 유로존 문제는 아직 해결되지 않은 채 수면 아래로 가라앉아 있습니다. 앞서 말한 것처럼 이탈리아, 포르투갈 등의 재정 상황은 여전히 악화 일로에 있고 유럽중앙은행에서 유로화를 찍어서 공급해주지 않으면 상당한 위기를 겪을 정도의 상황에 처해 있습니다. 2000년대에는 달러화의 위상에 도전할 유력 후보로 비추어졌지만 지금은 일본과 함께 2015년 이후 지속적으로 유로화를 찍어 뿌리는 양적완화를 이어오고 있습니다. 그리고 유로화 가치도 유럽 재정위기 이전 수준보다 크게 낮아졌죠. 국제통화인 것만은 사실이지만 달러와 패권 경쟁을 벌일 수 있는 레벨에서는 크게 벗어나 있습니다.

위안화의 도전(2000년대)

아마도 향후 달러 패권에 가장 강한 도전장을 내밀 수 있는 통화로 위안화를 생각하는 분들이 많을 듯합니다. 2008년 금융위기 이전 중국 경제가 매년 10% 이상의 이례적인 고성장을 이어갈 때 '중국 경제가 미국을 넘어서는 것은 시간 문제'라고 보는 전문가들도 많았죠. 중국뿐만이 아닙니다. 브릭스, 즉 브라질, 러시아, 인도, 중국 이 신흥 국가 블록이 미국 경제를 넘어서게 될 것이라는 장밋빛 전망이 상당히 설득력 있게 들렸죠.

중국은 과거에는 달러당 8.2위안으로 위안화 환율을 고정시켜두는 고정 환율제를 채택하고 있었답니다. 이후 2005년 7월 22일 본격적으로 관리변동 환율제를 도입하면서 아주아주 완만한 위안화 절상 기조로 전환을 했죠. 2005년 7월 22일 달러당 8.2위안을 시작으로 2014~2015년 상반기 달러당 6위안 초반 수준으로 달러/위안 환율이 하락했답니다. 8.2위안이 있어야 1달러를 살 수 있었는데 6위안이면 1달러를 사게 되었으니 위안화가 10여 년 동안 절상된 것이라고 볼 수 있죠. 달러 대비 위안화의 점진적 절상은 시진핑을 중심으로 대외적으로 중국의 영향력을 확대하고자 하는 '중국몽'* 전략과 맞물리면서 위안화 기축 통화론에 힘을 실어주었답니다.

그러나 10년간 이어져왔던 위안화 절상은 강한 도전에 직면하게 됩니다. 우선 미국은 2014년 하반기부터 본격적인 금리 인상을 준비하게 됩니다. 미국 경제가 돌아섰다는 인식에 양적완화를 중단하고 너무 많이 뿌려놓았던 달러를 회수하려는 준비 단계에 들어갔던 거죠. 시중 달러 공급이 줄어든다는 두려움에 달러 강세 기조가 나타납니다. 반면 앞서 말했던 일본이나 유로존은 경기 침체의 나락에서 쉽게 빠져나오지 못했기에 극단적 통화 공급 정책, 즉 양적완화를 각각 2013년, 2015년에 도입하게 되죠. 일본 엔화와 유로화는 통화 공급 확대 영향으로 빠른 약세를 보입니다. 반면 미국 달러화는 공급 축소에 접어들면서 강세 기조를 보인 거죠. 그럼 달러 대비로 엔화와 유로화는 상당한 약세를 보이는 겁니다.

그런데요, 여기서 달러/위안 환율이 하락한다고 생각해보는 겁니다. 달러/위안 환율 하락은 달러 대비 위안화의 강세를 의미하죠. 그런데 달러는 엔화나 유로화 대비 상당한 강세를 보인다는 얘기를 했습니다. 그럼 엔화, 유로화 대비 위안화는 어떤 모습일까요? 네, 이들 통화보다는 훨씬 더 강세를 보였던 겁니다. 위안화는 이른바 '초강세 통화'인데요, 그럼 중국의 수출 경쟁력은 어떻게 될까요? 네, 수출 경쟁력이 크게 악

---

* 중화민족의 부흥을 실현한다는 것으로, 시진핑 주석이 2012년 처음으로 내세운 이념. 중국 지도부가 추진하는 신경제구상인 일대일로도 이러한 정신을 반영한 것이다.

● 그래프 22-1 **달러/위안 및 달러/유로 환율 추이(2010~2016년)**

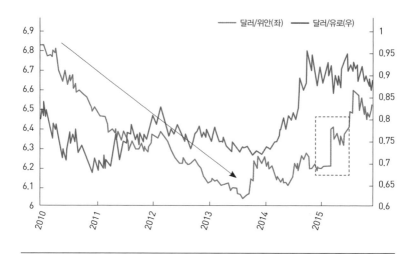

앞서 〈그래프 22〉에서 달러/엔과 달러/유로 환율의 흐름을 보았습니다. 이번에는 위안화입니다. 2005년 7월부터 위안화 절상 기조(달러/위안 환율 하락)가 시작되었는데요, 이런 위안화 절상 기조는 2015년 상반기까지 이어졌습니다. 그러나 2015년 8월 급격한 위안화 절하가 시작되면서 꾸준한 절상 기조는 막을 내리게 되죠.

화될 겁니다.

알다시피 중국은 내수가 강한 국가가 아니죠. 수출 성장에 의존하는 바가 큰데 수출이 흔들리게 되면 성장 자체에 큰 타격을 입게 됩니다. 네, 결국 중국 당국도 이를 견디지 못하고 2015년 8월 11일 전격적으로 달러/위안 환율을 큰 폭으로 올려버리죠. 네, 위안화를 절하했던 겁니다.

그 이후 미중 무역 전쟁 등을 거치면서 중국 위안화는 달러당 7위안을 넘어 2015년 상반기의 달러당 6위안 레벨로는 돌아가지 못하고 있습니다. 미중 무역 전쟁 및 코로나19 사태의 주범으로 지목되며 받게 되는 국제 사회의 따가운 시선, 그리고 중국 기업들의 과도한 부채 문제 등은 중국의 고성장 지속에 대한 기대보다는 중국 경제 위기의 우려감을 키우고 있습니다. 중국 위안화 역시 2015~2016년 위안화 절하로 인한 위기를 겪고 난 이후 달러 패권에 도전하기에는 상당한 갭이 있어 보입니다.

산유국의 원유 패권, 엔화의 도전, 유로화의 부상, 중국의 고성장 등을 다루면서 원유, 엔화, 유로화, 위안화가 미 달러화의 패권에 도전했던 역사를 살펴보았습니다. 2020년 상반기 코로나19 사태 앞에서 국제 유가는 이례적으로 마이너스 수준까지 하락하는 굴욕을 겪었죠. 일본 중앙은행은 2013년부터 7년간 양적완화를 통한 엔화 공급을 이어오면서도 뚜렷한 경기 개선 시그널을 찾지 못하고 있습니다. 유로존은 이탈리아를 중심으로 여전히 불안한 모습이고요, 중국은 다른 이머징 국가와 대비해서는 양호하지만 위안화 가치의 추가적인 하락이 제한되고 있을 뿐 뚜렷한 달러 대비 절상 시그널을 찾기는 어려워 보입니다. 그리고 이들 국가 모두는 자국 통화 가치를 낮추어서 수출을 늘리려는 이른바 '환율 전쟁'을 치열하게 전개하고 있죠. 자국 통화 가치를 의도적으로 낮추게 되면 외국인 투자자들이 바라보는 해당 통화의 투자 매력은 낮아지기 마련입니다. 네, 환율 전쟁의 심화 역시 이들 통화를 달러 패권의 유력한 도전자로 보기 어렵게 합니다.

지금, 달러 투자가 갖는 의미

지금까지 '달러를 좀 사둘까요?'라는 질문 하나에 대해서 상당히 긴 이야기를 했습니다. 이제 최종 정리 및 결론을 적어봅니다. 개인이 특정 통화의 방향성을 예측해서 하는 투자, 예를 들어 '달러 환율이 단기에 크게 뛸 것 같으니까 달러를 조금 사자'라는 식의 투자는 실패할 확률이 매우 큽니다. 지금까지 달러가 강세를 이어왔다고 앞으로도 현재 수준의 강세가 유지가 될 수 있을지, 또 그만큼의 속도로 오를 수 있을지도 미지수지요. 저는 지난 수년간 달러가 강세를 보여왔던 배경을, 그리고 과거와는 사뭇 달라지고 있는 미국 경제의 상황에 대해 긴 설명을 했습니다.

그리고 코로나19 사태 이후 제대로 된 대처를 하지 못해 힘겨워하는 다른 이머징 국가들처럼, 그리고 IMF 외환위기 당시처럼 원화 가치의 급락을 예상하며 달러에 대한 투자를 생각하는 분들에게는 한국 경제가 과거와 어떻게 달라졌는지를 이야기했죠. 지난 수년간의 달러 강세가 약화되고 한국 국채의 강화된 위상만큼 원화 약세의 정도가 약화되면 환율 급등을 노리고 하는 투자에서 큰 이익을 기대하기는 어려울 겁니다.

그럼에도 불구하고 달러 투자는 포트폴리오 완성을 위해 필수입니다. 달러가 갖고 있는 '달러 스마일'이라는 특성 때문입니다. 달러가 썩소를 날릴 때는 다른 자산들이 모두 무너지는 아픔을 겪게 됩니다. 그렇지만 그런 달러를 우리 편으로 활용할 수 있다면? 스마일을 우리 포트폴리오에 활용할 수 있다면 어떨까 하는 게 저의 제언입니다. 네, 적립식으로 달러를 사들이는 전략은 내 포트폴리오에 최종 수비수를 세우는 전략입니다. 궁극적인 달러의 패권이 사라지지 않는 한, 이런 전략은 상당 기간 유효하다고 생각합니다.

달러 투자에 대한 이야기는 이 정도로 마치고요, 달러와 비슷한 것 같으면서도 정반대의 특성을 갖고 있는 금에 대한 이야기를 다음 장에서 이어가도록 하죠.

PART 3

THE BIG SHI

초저금리의 장기화,
'황금의 시대'가 돌아왔다

T OF MONEY

‥‥‥‥ 앞서 달러 투자에 대한 이야기를 했고요, 이번에는 금에 대한 스토리를 이어가볼까 합니다. 당연히 '요즘 같을 때 금을 사두면 어떨 것 같냐'는 질문도 받았겠죠? 네, 정말 많이 받은 질문입니다. 이런 질문을 받을 때마다 상세한 설명과 함께 어떤 관점에서 금을 바라봐야 하는지를 설명했던 기억이 있습니다.

앞에서 '달러를 사야 하나요?'라는 간단한 질문에 대해 아주 상세한 설명을 했습니다. 네, 달러 하나를 투자할 때에도 달러의 특성에 대한 상당한 이해가 필요합니다. 금 역시 마찬가지입니다. 이번 장에서는 먼저 금에 대한 우리의 편견(?) 중 하나인 '금은 안전 자산인가'라는 주제부터 다루어볼 예정입니다. 답은 안전 자산이 아니라는 거고요, 안전 자산이 아니라면 금은 어떤 자산인가에 대한 이야기를 해야겠죠? 즉, 금의 특성에 대한 이야기를 이어갈 겁니다. 그리고 금의 특성 중 지금 현재 상황에서 우리가 주목해야 할 '실물 화폐로서의 특성'

에 대해 금의 역사를 곁들여 상세하게 설명할 겁니다.

　이렇게 공부한 내용을 토대로 향후에 금은 어떻게 될 것인지 그리고 그런 금에 투자를 하는 게 좋은지 아닌지에 대해 이야기해보겠습니다. 달러 때 겪어봐서 알겠죠? 절대 단답형의 성의 없는 답변이 아닙니다. 마찬가지로 긴 여정을 준비해야 할 겁니다. 그럼, 가보도록 하죠.

금은
안전 자산인가?

금 투자에 대해 문의하는 분들께 저는 이렇게 되묻습니다. '금에 왜 투자하려고 하시죠?'라고요. 그럼 의외로 많은 분들이 '금은 안전 자산이니까 갖고 있으면 나중에 좋지 않겠어?'라고 답하곤 하죠. 그런데 말이죠, 일단 금은 안전 자산이 아닙니다. 실제 안전 자산인지는 위험 자산인 주식과 비교만 해봐도 딱 느낌이 오지 않을까요? 주식시장이 무너질 때 앞서 얘기했던 달러처럼 팍 튀어 오르면 안전 자산이 되겠지만 반대로 주식시장이 무너질 때 같이 무너져버리게 된다면 안전 자산이라고 하기에는 무언가 문제가 있는 거겠죠. 1980년대 차트를 잠시 보면서 생각해봅시다.

1970년대 후반 금은 주식시장 대비 상당한 강세를 나타내고 있습니다. 주목할 시기는 1980년대 초반인데요, 주식시장이 하락세를 나타내던 당시 금 가격 역시 큰 폭의 하락세를 나타내고 있음을 확인할 수 있죠. 금이 안전 자산이라면 오히려 주가 하락 시 안정적인 상승세를 보였어야 하는데 주식시장과 동행하는 모습입니다.

일단 초반에는 금이 크게 달려가고 미국 주식시장은 부진한 그런 상황을 확인할 수 있을 겁니다. 반면 1980년대를 지나면서 금과 미국 주식시장이 동반으로 무너지는 게 보이죠. 이후 금은 버벅거리는 모습인데 주식시장이 꼬리를 들고 오르는 모습을 볼 수 있을 겁니다. 다른 부분 다 무시하고요, 1980년대 초반 금과 주식시장이 함께 무너지는 상황을 생각해보는 겁니다. 기억할지 모르겠는데요, 앞의 달러 편에서 1980년대 들어 인플레이션을 잡기 위해 폴 볼커라는 Fed 의장이 미국 금리를 20% 가까이로 끌어올리는 정책을 폈다고 말했죠. 미국 금리가 높게 뛰면서 미국 기업들이 어려워졌다고요. 당연히 미국 주식시장도 상당히 어려웠을 겁니다. 그럼 안전 자산인 금 가격은 어려운 상황이니만큼 크게 올라야 하지 않나요? 그런데 무너져 내리는 속도가 상당하다는 것을 알 수 있습니다. '금이 안전 자산이다'라는 얘기를 하기에는 무언가 좀 이상하지 않나요?

안전 자산이 주식시장처럼 요동친다?

자, 차트를 하나 더 보겠습니다. 〈그래프 24〉는 2015~2016년 금 가격이 중기 바닥을 찍을 당시의 차트입니다.

2016년 1월 중국은 위안화 평가절하 압력 및 대규모 자본 유출로 힘겨워했고요, 일본과 유럽은 마이너스 금리의 부작용으로, 그리고 이머징 국가들은 미국 금리 인상으로 인한 달러 강세로, 마지막으로 산유국들은 원유 증산 경쟁으로 인한 국제유가 급락으로 인해 이른바 세계 경제가 '퍼펙트 스톰*'을 맞았던 때입니다. 당연히 전 세계 주식시장이 휘청거렸죠. 그럼 안전 자산인 금 가격은 크게 뛰어올라야 하지 않나요? 그런데 아…… 여전히 맥을 못 추는 모습입니다. '금이 안전 자산이 맞나?'라는 의구심을 더욱더 키우는 차트입니다.

---

* 복수의 크고 작은 악재들이 동시다발적으로 일어남으로써 직면하게 되는 초대형 경제 위기를 뜻하는 말

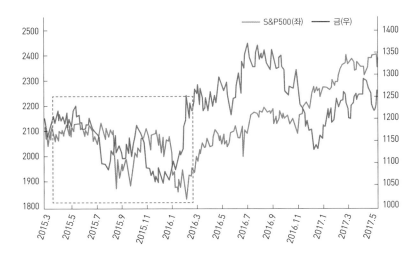

2015년 상반기부터 2016년 1분기까지 미국 주식시장은 상당히 부진한 모습을 보였습니다. 당시 금 가격 역시 동반 부진의 늪에 빠지면서 온스당 1050달러 수준까지 하락. 2010년대 들어 최저 수준의 금 가격을 형성했죠. 주가와 금이 함께 무너지는 모습을 다시금 확인할 수 있습니다.

그럼 이 정도 위기(?) 말고 정말 극단의 위기에서 우리가 안전 자산이라고 생각한 금이 어떻게 반응했는지를 보도록 하죠. 2008년 글로벌 금융위기 때로 갑니다.

당시 이미 2008년 8월부터 금융위기의 기운이 짙게 드리우고 있었죠. 주식시장이 어려운 양상을 이어가고 있었습니다. 그리고 2008년 9월 15일 리먼 브라더스라는 세계 4위의 투자은행이 파산을 하게 되면서 본격적인 금융위기가 촉발되었죠. 리먼과 같은 대형 은행이 파산을 할

● 그래프 25 **금과 S&P500 지수(2008~2009년 금융위기)**

글로벌 금융위기는 궁극의 금융 시스템 위기였습니다. 전 세계 주식시장을 비롯 금융시장 전반에 큰 충격을 주었죠. 당시 금 가격 역시 온스당 1000달러 가까이 상승한 이후 큰 폭으로 하락, 온스당 700달러 선까지 무너지는 모습을 보였습니다. 마찬가지로 주식시장과 상당 부분 동행하는 모습을 확인할 수 있습니다.

정도인데 다른 은행 역시 불안하다는 인식이 확산되면서 서로가 서로를 믿지 못하는 일이 벌어집니다. 금융은 신뢰죠. 서로가 서로를 믿지 못하니 돈이 돌 수가 없습니다. 돈이 돌지 못하면 당장 갚아야 할 돈을 갚지 못해 무너지는 기업들도 늘어나게 되겠죠. 경기 위축이 빨라지면서 주식시장 역시 크게 흔들리게 됩니다. 네, 〈그래프 25〉에서 당시의 차트를 한 번 보죠.

주식시장이 급락할 때 금 가격 역시 큰 폭으로 하락하는 것을 확인할 수 있을 겁니다. 극단적인 위기 상황에서 금 가격은 맥을 못 추고 무너져 내렸죠. 이런 그림은 최근 코로나19 사태가 심화되던 2020년 3월에도 비슷하게 나타났습니다. 코로나19 사태가 본격화되기 이전 글로벌 금융시장은 과열 양상을 보이고 있었죠. 2019년 하반기 Fed의 보험적 금리 인하까지 겹치면서 저금리 장기화의 기대가 커지게 됩니다.

저금리가 장기화된다면 금리가 낮아서 대출받기 좋은데, 그 낮은 금리가 영원히 이어질 것 같다는 확신이 든다면 당연히 지금이라도 대출받아서 어딘가 투자를 하는 게 좋지 않을까요? 현금을 보유하는 것은 죄악입니다. 무조건 어딘가에 투자를 해야 되죠. 투자 자산 쪽으로 자금이 흘러들어갑니다. 그런데 갑자기 코로나19 사태가 터진 거죠. 자산 가격은 하늘에 떠 있는데 글로벌 경기가 예상하지 못한 수준으로 빠르게 위축이 됩니다.

당장 하루하루 기업이나 가계가 경제생활을 하려면 현금이 필요할진데, 현금을 전부 다 투자 자산에 박아두었던 거죠. 코로나19 사태 이전에는 언제든 비싼 가격에 이런 자산들을 필요한 만큼 팔고 현금을 받아서 쓰면 되니까 문제가 되지 않았던 겁니다. 그런데 이제는 현금이 필요한데 자산을 팔 수가 없는 거죠. 모두가 비슷하게 현금이 부족하니 모두가 투자 자산을 사려고 하기보다는 갖고 있는 것을 팔아서 현금을 구하고 싶어 난리가 난 겁니다.

여기에 코로나19 사태라는, 과거에 겪어보지 못한 이른바 팬데믹이 발생한 거죠. 이게 얼마나 오랫동안 지속될지 아무도 감이 없습니다. 그럼 지금의 상황이 계속해서 이어진다면 현금이 향후에는 더욱더 많이 필요해지는 거잖아요? 그럼 사람들은 이런 생각을 하게 될 겁니다. '이게 얼마나 오래갈지 모르니 현금을 최대한 확보해두자'라고요. 그리고 똑똑한 사람들은 이 정도까지 생각하겠죠. 현금을 구하려는 사람들이 앞으로 더욱 많아질수록, 현금에 대한 수요가 계속해서 늘어날수록 투자 자산을 팔기 어려워질 것이라는 생각을요.

그럼 지금이라도 더 많은 자산을 팔아서 현금을 많이 확보해두는 게 좋겠죠. 네, 자산시장에서는 우량주, 금, 한국 국채, 미국 국채까지 가릴 것 없는 투매, 이른바 '패닉 셀링'Panic Selling이 나옵니다. 주식시장은 급전직하를 하게 되고요, 금 가격 역시 무너져 내렸죠. 네, 당시의 차트를 붙여봅니다.

금이 안전 자산이라면 이렇게 주식시장이 무너질 때 상당한 방어력을 보여줘야 하는데 온스당 1700달러 수준에서 단숨에 1500달러를 하회하는 하락세를 보입니다. 이런 케이스들을 보면 금이 안전 자산이라고 하기는 어렵겠다는 생각을 굳히게 될 듯합니다.

그럼 안전 자산이 뭔데? 저런 투매가 일어나는 상황에서 웬만한 자산들이 다 무너지니 안전 자산인 금도 힘들어했던 것 아닌가? 극단적인 상황 몇 가지만 가정하고 보여주면 어떻게 하느냐 하는 반론이 가능할 겁니다. 궁극의 안전 자산은 존재합니다. 그게 뭐냐고요? 그 자산이 바로 달러화입니다.

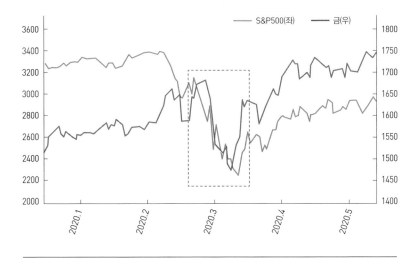

코로나19 사태가 심화되면서 주식시장을 비롯한 금융시장 전반에 큰 충격이 가해지자 금 가격 역시 큰 폭의 하락세를 나타내는 것을 확인할 수 있죠. 금융위기 때와 마찬가지로 주가 급락 시점에 금 가격 역시 부진한 모습을 보이고 있습니다.

궁극의 안전 자산, 달러

먼저 다음 페이지에 있는 〈그래프 27〉과 〈그래프 28〉에서 2008년도와 2020년의 달러 인덱스와 금을 비교해서 보겠습니다. 〈그래프 27〉은 코로나19 사태 당시 달러 인덱스와 금 가격을 나타낸 차트입니다. 코로나19 사태로 인한 궁극의 위기 국면에서 금 가격이 급락할 때 달러 가치는 큰 폭으로 상승하는 것을 확인할 수 있습니다. 〈그래프 28〉도 마찬가지입니다. 글로벌 금융위기 국면에서의 달러 인덱스와 금을 비교해서

● 그래프 27 달러 인덱스와 금(2020년 코로나19 사태)

● 그래프 28 달러 인덱스와 금(2008~2009년 글로벌 금융위기)

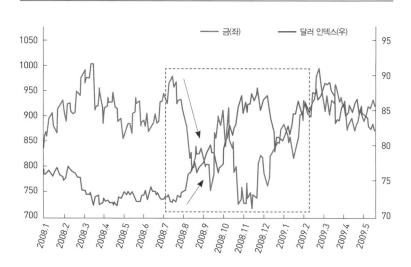

보죠. 금융위기를 전후해서 큰 폭으로 하락하는 금 가격과는 반대로 상승하는 달러 인덱스를 확인할 수 있습니다.

달러가 금하고는 사뭇 다른 움직임을 보인다는 느낌이 드나요? 금융위기가 한창이던 2009년 2월에는 달러/원 환율이 달러당 거의 1600원까지, 그리고 이번 코로나19 사태 때에는 환율이 거의 1300원까지 상승(달러 강세)했던 바 있습니다. 앞 장에서 다룬 안전 자산 달러의 매력이 이런 데서 뿜어져 나오는 거죠.

이왕 얘기가 나왔으니 2015~2016년(〈그래프 29〉)과 1980년대 당시(〈그래프 30〉) 달러의 움직임을 금과 비교해서 보겠습니다. 한 차트에 세 개의 그래프를 그리면 정말 헷갈립니다. 시계열은 동일하니 미국 주가 지수인 S&P500 지수는 제외하고 보여드리겠습니다. 〈그래프 29〉는 미국 금리 인상으로 중국을 비롯한 이머징 경제가 어려움에 처했던 시기의 차트입니다. 강세를 나타내는 달러와 달리 금 가격은 온스당 1050달러까지 하락하는 등 부진을 거듭하는 모습을 볼 수 있습니다. 〈그래프 30〉은 금 가격이 큰 폭의 하락세로 전환되던 1980년대 초반의 차트입니다. 달러 인덱스 지수는 85 수준에서부터 꾸준한 상승세로 전환하는 데 반해, 금 가격은 1980~1990년대 내내 부진한 모습을 이어갔습니다.

어떤가요? 어김없이 달러가 강세를 보이는 그림, 확인할 수 있나요? 그래도 뭔가 석연치 않은 느낌을 받을 수 있을 겁니다. 그럼 〈그래프 31〉을 한번 보죠. 2000년대 중반 금 가격과 S&P500 지수를 비교한 차트입니다.

2008년 금융위기 시점을 제외하면 주식시장이 금하고 함께 달려가

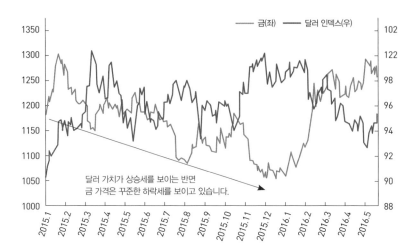

는, 그런 느낌을 받지 않나요? 안전 자산이라고 한다면 주식시장과는 반대로 움직여야 되지 않을까 싶은데요. 위험 자산인 주식 가격과 수년 간 동행하는 모습을 보이는 금을 안전자산이라고 하기에는 무언가 석연 치 않은 점이 많죠. 최근 사례를 하나만 더 볼까요? 2019년의 흐름을 보겠습니다. 다음 페이지에 있는 〈그래프 32〉입니다.

금 가격이 크게 반등한 직후 주식시장도 빠른 상승세를 보이는 것을 확인할 수 있을 겁니다. 그리고 전반적으로는 금과 주식시장이 같은 방 향으로 강세를 보이는 것 역시 볼 수 있죠. 네, 이 정도로 보면 금을 단 순히 안전 자산이라고 하기는 어려울 것 같습니다. 경기 침체기에 주식 시장과 같이 하락하거나, 주식시장이 달려가는 과열 국면에서 함께 힘 껏 달려가는 그림이 종종 나타나는 자산을 안전 자산이라고 할 수는 없

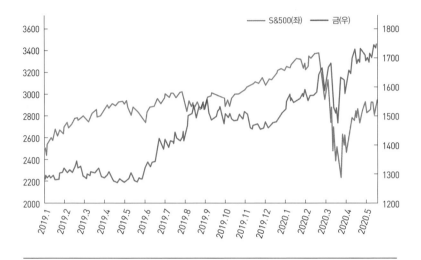

2019년 이후 차트를 통해서도 금 가격과 S&P500 지수가 동행하는 모습을 볼 수 있습니다. 앞의 〈그래프 31〉과 마찬가지로 위험 자산과 유사한 방향성을 나타내는 금을 안전 자산이라 하기에는 어려울 듯합니다.

겠죠. 헷갈리나요? 그럼 다음 파트에서는 이 얘기를 다루어야 할 겁니다. '금, 너는 도대체 누구냐?'겠죠. 네, 금의 특성에 대한 이야기를 해보겠습니다.

유가 전쟁으로 보는
'원자재 금'의 특성

안전 자산이 아니라면 금은 도대체 어떤 특성을 갖고 있을까? 일단 상식적인 관점에서 접근해보죠. '금' 하면 무엇이 떠오르나요? 네, 당장 귀금속으로서의 금이 떠오를 겁니다. 여전히 금반지, 금목걸이, 골드 바 등은 인기가 많죠. 과거에도 그래왔고, 앞으로도 귀금속으로서의 가치는 계속해서 빛나게 될 겁니다. 그리고 또 떠오르는 것은? 네, 조금 어렵기는 하지만 공업용 금이 있다고 하죠. 제품을 생산할 때 금이나 은 등이 사용되는 경우가 꽤 많다고 합니다. 그럼 제조업 생산 수요가 많아질수록 금에 대한 수요도 증가하는 거겠죠. 그리고 마지막으로 역사책을 많이 본 분들은 금본위 화폐를 떠올리는 분들이 많을 겁니다. 옛날에는 국가가 보유하고 있는 금만큼만 화폐를 찍을 수 있었다고 합니다. 금을 기본으로 찍은 화폐 제도라고 해서 금본위 화폐제라고 말하곤 하죠. 네, 여기까지 정리하면 귀금속, 공업용 자재 그리고 금본위 화폐제 정도로 금을 정리할 수 있네요. 이 세 가지를 조금 있어 보이는(?) 표현으로 적어보죠.

금은 원자재로서의 특성,

귀금속으로서의 특성,

마지막으로 (실물) 화폐로서의 특성을 갖는다.

위의 긴 문단을 단 세 줄로, 그것도 있어 보이게 요약하지 않았나요? 네, 이제 이 세 가지 특성에 대해 하나하나 얘기해보겠습니다.

유가와 금값의 상관관계

제가 처음 포트폴리오 투자를 배울 때 주식은 위험 자산, 채권은 안전 자산이라고 배웠습니다. 그리고 주식과 채권을 합쳐서, 이 둘은 전통적 투자 자산의 범주에 속한다고 들었습니다. 그냥 오래전부터 투자할 때 쓰였던 자산들이라는 의미겠죠. 그런데 1970년대부터 투자 포트폴리오 이론이 발달하면서 대체 투자Alternative Investment 자산이 등장하기 시작했다고 하죠. 전통적 투자 자산과는 다른 움직임을 보이면서 투자자의 포트폴리오상 위험을 막아주는 그런 자산이라는 의미에서 대체 투자 자산이라는 말을 쓴 것이죠. 그리고 그 대체 투자 자산의 대표격으로 '원자재'가 들어가 있었답니다. 원자재라 함은 원유나 금, 농산물 등에 투자하는 것을 말하죠.

2001년 중국은 WTO에 가입하면서 제조업 제품 수출의 길을 활짝 열어젖히게 됩니다. 중국은 저렴한 인건비를 기반으로 엄청난 수준의 제조업 제품들을 만들어서 전 세계 시장에 공급하게 되죠. 제품 가격이 저렴해진다는 얘기는 전 세계적으로 해당 제품에 대한 수요가 늘어난다는 얘기겠죠. 가격 부담 때문에 사들이지 못하던 제품을 중국이 저렴하게 공급하니 사들이는 수요가 생겼던 겁니다. 전 세계적으로 수요가 늘어나면 그 수요에 맞추기 위해 더 많은 물건을 생산해야 하지 않을까요? 네, 중국을 비롯한 이머징 국가들은 세계의 공장이 되어서 제품 생산에 열을 올리게 되었죠.

더 많은 제품을 생산하려면 더 많은 원료가 필요했겠죠. 원유, 구리, 철, 주석 등 다양한 원자재에 대한 수요가 크게 늘어나면서 해당 원자재의 가격이 하늘 높은 줄 모르고 상승했답니다. 그리고 금이나 은이 귀금속으로 인식되는 경우도 많지만 공업용으로도 상당히 많이 쓰이곤 했죠. 당시 국제유가가 배럴당 150달러까지 뛰어오르는 유가 초강세 국면에서 금 가격도 꾸준한 상승세를 이어가며 1979년 기록했던 전고점을 넘어 온스당 900달러 수준까지 상승했죠. 당시 원유와 금 가격 차트를 잠시 보죠.

국제유가가 1980~1990년대 장기 부진의 늪에서 빠져나와 큰 폭의 상승세를 나타내던 시기입니다. 당시 금 가격의 흐름이 국제유가와 상당히 비슷하다는 점을 알 수 있죠.

금과 원유 가격이 상당히 비슷하게 움직이는 것을 알 수 있을 겁니다. 네, 그럼 이런 로직이 바로 성립할 수 있을 겁니다. '금은 원자재로서의 특성을 갖고 있음. 사실상 원자재에 투자하는 것이라 생각하면 됨. 그럼 원자재시장이 향후 어떻게 바뀌게 될지를 예상할 수 있다면 금에 투자할지 말지를 결정할 수 있음'이라는 결론이죠. 계속 따라가보면, 원자재 모두를 다 살펴보기는 어려우니 원자재의 대표라고 할 수 있는 원유를 살펴보고 이와 비슷한 움직임을 보이는 금에 대한 투자 결정을 하면 되지 않을까요? 네, 이 논리가 맞건 틀리건 원유시장에 대해서도 살펴볼 필요가 있을 겁니다.

'금은 원자재다 → 원자재 중 대표는 원유다 → 원유를 통해서 금을 생각한다'라는 로직으로 잠시 원유시장을 다녀와보겠습니다. 원유 가격의 과거, 현재 그리고 미래를 얘기해보죠.

원자재시장이 가진 태생적 문제

막상 원유시장을 살펴본다고 하니 아…… 막막합니다. 어디서부터 어떻게 설명을 해야 하나 걱정이 앞서네요. 일단 다음 페이지의 그래프를 보면서 접근해보죠. 〈그래프 34〉입니다.

1980년대부터 지금까지의 국제유가 장기 차트입니다. 그냥 보기만 해도 원유시장에 드라마틱한 변화가 있었다는 생각, 그리고 40여 년이 지난 지금은 그 당시 가격보다도 밑으로 되돌아온 원유 가격을 보면서 만감이 교차할 겁니다. 잠시 그 생각은 접어두고요, 왜 이런 흐름을 보였는지에 집중해보죠.

제가 그래프의 세 부분에 네모를 쳐두었는데요, 하나는 1980년대 중반의 원유 가격 급락기, 하나는 2008년 금융위기 당시의 원유 가격 급락, 마지막으로 2014~2016년 동안 나타났던 원유 가격 급락 이 세 부분에 네모를 쳤고 각각 A, B, C라는 번호를 붙여보았습니다. 여기서 질문 하나 드립니다. 이 셋 중 국제유가 하락의 성격이 비슷한 두 가지는 무엇과 무엇일까요?(고등학교 졸업하면서 이런 문제는 안 만날 거라고 생각했는데 여기서 마주치는구나 하는 불쾌감이 확 몰려올 수 있을 겁니다. 그래도 제가

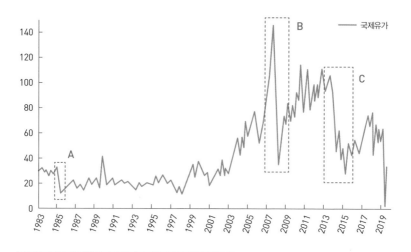

● 그래프 34 **국제유가 장기 차트**(1983~2019년)

A, B, C는 국제유가가 단기에 크게 급락한 케이스들을 나타낸 것입니다. 2020년 상반기 코로나19 사태 당시 사상 초유의 마이너스 유가가 나오는 사례를 제외한다면 1986년 초, 2008년 글로벌 금융위기, 그리고 2014~2016년의 국제유가 하락이 대표적 하락 국면이라 할 수 있습니다.

나름 고민해서 이렇게 설명하는 게 좋겠구나 싶은 생각에서 적어보는 거니까요. 부담 없이 풀어보세요).

'유가 하락이면 다 같은 유가 하락이지, 같고 다른 게 도대체 뭘까'라는 생각이 들 겁니다. 그리고 일견 그래프 상의 하락폭으로만 본다면 '금융위기 당시 급락을 나타낸 B와 2014~2016년의 급락을 설명하는 C가 비슷하지 않나?' 하는 생각이 드실 겁니다. 그럼 B와 C가 비슷한 건가요? 아뇨. B의 하락과 C의 하락은 성격이 전혀 다릅니다. 정답은 A

와 C입니다. B의 하락은요, 원유 수요가 급감하면서 나타난 국제유가의 하락이죠. 반면 A와 C는 원유 공급 측면의 문제가 불거지면서 나타난 국제유가 급락입니다. 수요 급감으로 인한 가격 하락과 공급 과잉으로 인해 나타난 가격 하락은 엄연히 다르죠.

원유에 투자하는 사람 입장에서는 '어차피 둘 다 마이너스가 나는 거니까 비슷한 것 아냐?' 하는 생각이 바로 들 수 있는데요, 그 이후의 흐름이 달라지기 때문에 문제가 됩니다. 일단 글로벌 금융위기 당시를 생각해보죠. 앞서 말했던 것처럼 중국을 중심으로 한 이머징 국가들의 투자 확대 및 원자재 수요 증가 등으로 국제유가는 석유 파동 당시 기록했던 역사적 고점을 넘어 고공 행진을 이어가기 시작했습니다.

2008년 여름, 배럴당 145달러 수준까지 상승하면서 역사적 고점을 기록했던 국제유가는 그 이후 글로벌 금융위기를 만나게 되죠. 글로벌 금융위기는 서로가 서로를 믿지 못하기에 돈을 빌려주지 않는 현상입니다. 경제를 사람의 신체로 생각한다면 금융은 심장에 해당이 됩니다. 심장이 멈추면서 혈액, 즉 경제의 관점에서는 돈의 공급이 중단되면 아무리 건강한 사람이라도 쓰러질 수밖에 없죠.

네, 금융위기로 인한 자금 경색, 어려운 말로 '신용 경색*'이 찾아오게 되면서 실물 경제도 빠르게 위축되었죠. 실물 경기 위축은 당연히 소비 수요의 급감으로 이어집니다. 국제유가는 하늘에 떠 있는데 글로벌 소

---

* 금융 기관이 미래의 불확실성에 대비하기 위하여 시중에 자금을 유통시키지 않아 기업이 어려움을 겪는 현상. 기업들은 자금 부족으로 인해 정상적인 경영이 어려워지고 무역업체들도 수출입 활동에 큰 제약을 받게 된다.

비 수요가 위축되면서 더 이상의 제조 공급이 필요가 없어집니다. 원유 가격은 높은데 이를 떠받치던 탄탄한 원유 수요가 거짓말처럼 사라지면서 국제유가가 하늘에서 추락하기 시작했던 거죠. 불과 2개월여 만에 배럴당 100달러를 넘던 국제유가는 33달러까지 하락하면서 원유 투자자들의 혼을 빼놓았답니다.

이 상황을 어떻게 극복할 수 있었을까요? 네, 수요의 급감은 수요를 다시금 키워주면 됩니다. 미국 Fed는 과감한 양적완화 프로그램, 즉 달러 현금을 금융 시스템에 대규모 공급하는 통화 완화 정책을 도입했죠. 달러 현금을 구하지 못해서 어려움에 처해 있던 경제 주체들은 이렇게 풀려나온 달러의 영향으로 빠른 회복세를 보이기 시작했습니다. 네, 신용 경색이 풀리자 실물 경기가 돌기 시작했죠. 그리고 중국 역시 미국과 보조를 맞추어 과감한 경기 부양에 나서게 됩니다. 제조업 투자를 크게 늘리기 시작했고요, 이를 위해 공장 설비 등을 크게 확대하기 시작했죠.

제조업 공장 등의 설비를 확충하기 위해서는 시멘트, 구리, 원유 등의 원자재가 상당히 많이 들어가게 됩니다. 네, 수요를 크게 늘려주면서 국제유가를 비롯한 원자재 가격은 금융위기 직후 2010~2011년 사이 빠른 반등세를 보였죠. 수요의 위축은 수요 측면에 자금을 공급해주면서 해결을 할 수가 있답니다. 그런데요, 공급 쪽에 발생하는 문제는 이보다 훨씬 해결 방법이 복잡할 수 있죠. 공급 과잉의 대표적 사례라고 할 수 있는 A의 케이스를 보죠.

원유시장을 둘러싼 산유국들 간의 전쟁

1980년대에 들어오면서 원유시장을 지배하던 기존 중동 산유국들 외에 새로운 원유 공급자들이 등장하기 시작했습니다. 노르웨이가 북해 유전의 공급을 늘리기 시작했고, 멕시코와 지금의 러시아인 소련 역시 원유 공급의 주된 플레이어로 시장에 진입했답니다. 후발 주자였던 이들은 원유 가격을 낮추어서 시장에 침투하기 시작했죠. 저가 유전의 기습으로 인해 기존 중동 산유국들이 점유했던 원유시장은 이들 신규 플레이어들에 의해 빠르게 잠식되기 시작했습니다.

원유 공급이 계속해서 늘어나면 원유 가격이 하락하게 되죠. 유가 하락은 산유국들의 부를 줄이는 악재입니다. 이런 상황의 악화를 막기 위해서는 누군가 원유 공급을 줄여야 합니다. 그런데 과연 누가 원유 공급을 줄일 수 있을까요? 특히 내가 점유한 시장을 누군가가 저가 유전으로 밀고 들어와서 빼앗으려 하는데 이런 상황에서 유가가 하락할 것 같다고 원유 공급을 줄이면 내 시장을 다른 산유국들에게 다 빼앗기게 되지 않을까요? 그럼에도 불구하고 사우디는 원유 가격 하락을 방어하기 위해 자국의 원유 공급을 줄여나갑니다.

사우디의 원유 공급이 줄어들게 되면 국제유가는 상승해야 하지만 다른 국가들의 원유 공급이 계속 늘어나기에 국제유가는 좀처럼 상승하지 못하고 보합세에 머물게 되죠. 유가 하방을 방어했다고는 하지만 사우디는 점점 초조해집니다. 자신들의 원유시장을 다른 국가들에 계속 빼앗기고 있으니까요. 그래서 1985년 12월, 사우디는 저가 유전국들과의 공급

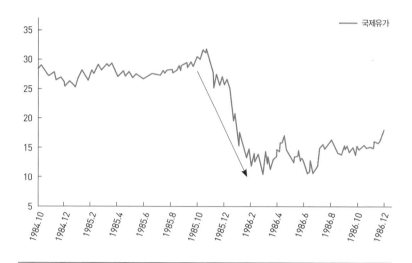

〈그래프 34〉의 A 국면입니다. 장기 차트로는 커 보이지 않지만 배럴당 30달러에서 배럴당 10
달러 수준으로 약 70%의 급락을 나타냈던 시기였습니다.

경쟁에 뛰어들 것을 선언하면서 전격적으로 원유 증산을 결정합니다.
네, 사우디, 멕시코, 소련이 동시에 원유 증산에 나섰던 거죠.

　그나마 감산을 하면서 원유 공급의 균형을 맞추던 사우디마저 증산
으로 돌아섰으니 국제유가는 큰 폭으로 하락했겠죠. 네, 1985년 배럴당
30달러 수준을 유지하던 국제유가는 1986년 3월까지 배럴당 10달러까
지 날개 없는 추락을 경험하게 됩니다. 많이 안 떨어진 것 같지만 고점
대비 70% 가까운 하락을 경험한 거죠. 장기 차트에서는 큰 폭 하락처럼
보이지 않지만 짧은 시계열 차트에서는 그 하락폭이 상당히 매서워 보
일 겁니다.

그럼 이 상황은 어떻게 해결되었을까요? 이런 상황에서 한두 국가만 감산을 하게 되면 다른 산유국들이 그 국가들의 마켓을 빼앗게 되는 일이 벌어지죠. 다른 산유국 좋은 일만 시켜주는 겁니다. 그래서 이렇게 증산 경쟁을 할 때에는 한두 국가만 감산을 하는 그림이 나오기 쉽지 않은 겁니다. 그럼 해결책은? 네, 모두 함께 감산을 하는 거죠. 그럼 누군가의 시장만 빼앗기는 그런 일은 벌어지지 않겠죠. 모두가 조금씩 손해를 감수하는 겁니다. 시장 전체적으로는 원유 감산으로 공급이 줄어들게 되니 국제유가의 추가적인 하락을 방어할 수 있겠죠.

문제는 그 감산 공조라는 게…… 산유국 전체가 동의를 해야 진행 가능한 옵션이라는 겁니다. 말이 좋아 감산 공조이지, 한 국가 내에서도 다양한 이해관계로 국가적 컨센서스를 만들기 어려운데 다른 국가들과 의견의 합치를 보는 건 더더욱 어렵죠. 그럼 감산 공조는 불가능했을까요? 아뇨. 불가능해 보이는 이런 형태의 국제 공조는요, 정말 어려운 순간에 가능해집니다. 당시 국제유가가 너무나 빠른 속도로 하락하자 산유국들은 '이러다가는 모두 다 죽게 된다'라는 컨센서스를 만들어내게 됩니다. 그리고 빠르게 감산 공조에 대한 협의를 진행하고 실제 감산에 돌입하게 되죠.

'증산으로 인해 국제유가가 하락했다면 감산이 진행되고는 큰 폭으로 반등해야 하지 않나?'라는 질문이 가능할 수 있는데요, 이게 조금 어렵습니다. 대규모 증산 경쟁이 이어지던 그 시기에 이미 원유 공급 과잉이 심각하게 진행된 상태인 거죠. 원유 재고가 과도하게 남아 있다면 일정 수준의 감산 정도로는 이런 과잉 재고가 해소되기 어려울 겁니다. 그래서요, 배럴당 30달러, 즉 급락 이전의 국제유가는 1990년대 초 쿠웨이트를 침공한 이라크를 견제하는 차원에서 진행된 제1차 걸프전 당시에나 다시금 볼 수 있었습니다. 네, 장기 저유가의 시작이었고요, 1990년대 내내 국제유가는 낮은 수준에서 유지되다가 2000년대 들어와서 빠른 반등세를 보이기 시작했죠. 그럼 이런 장기 저유가 추세에서 산유국들은 어려운 현실을 만나지 않았을까요? 잘 알다시피 1980년대 말, 소련이 붕괴되었고 이후 등장한 러시아도 1998년 하반기에 모라토리엄*을 선언했죠. 멕시코는 1995년 외환위기를 맞았던 아픈 기억이 있습니다.

A의 얘기를 어느 정도 한 듯하니 이제 C의 얘기를 해보겠습니다. C 얘기는 정말 간단합니다. 앞서 중동 산유국들의 시장에 침투한 저가 유전 생산국들이 있었죠. 당시 새롭게 원유 생산을 늘렸던 국가들로 멕시코, 노르웨이, 소련을 얘기했는데요, 이들 국가를 이제는 러시아와 미국 셰일 기업으로 바꾸면 됩니다. 그럼 당연히 증산 경쟁의 핵심도 사우디, 러시아, 미국을 중심으로 이루어지겠죠. 2005년 시작된 미국의 셰일오일 생산은 2010년을 넘어서면서 빠르게 활성화되기 시작했습니다. 미국 셰일오일 생산이 본격적으로 늘어나자 원유 공급이 늘면서 국제유가는 하락 압력을 크게 받았답니다. 2014년 하반기 사우디는 본격적인 원유 증산 경쟁에 돌입하면서 러시아와 미국 셰일 기업들과 함께 본격적

---

* 국가 단위 채무의 지불 유예. 한 국가가 경제공황이나 전쟁 등 긴급한 상황으로 채무를 지불할 여력이 되지 않을 때, 외국에서 빌려온 채무에 대해 일시적으로 상환을 연기하는 것을 말한다.

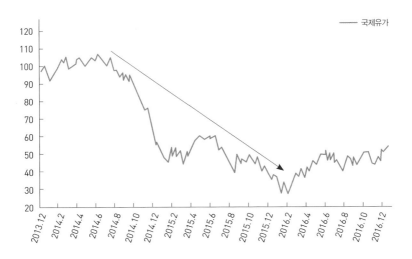

〈그래프 34〉의 C 국면에 해당되는 차트입니다. 2014년 하반기부터 시작된 국제유가 급락 국면입니다. 2000년대 들어 나타났던 고유가 기조가 완전히 꺾이게 되죠. 배럴당 105달러에서 26달러까지 70%가 넘는 유가 하락이 현실화되었던 국면입니다.

인 원유 공급 과잉의 시대를 열게 됩니다. 당시 배럴당 100달러를 넘던 국제유가는 2016년 2월 배럴당 26달러까지 답 없는 추락을 경험하게 되죠. 〈그래프 36〉을 보죠.

　그럼 해결책은 없었는가? 이때도 해결의 실마리를 찾게 되는데요, 국제유가가 바닥을 모르고 추락하던 2016년 2월, 당시 사우디를 중심으로 한 OPEC 국가들과 러시아를 중심으로 한 Non-OPEC 산유국들이 감산 공조에 대한 협의를 시작하게 되죠. 그리고 2016년 하반기부터 실질적인 감산에 돌입하게 됩니다. 이때 생긴 신조어가 OPEC에 다른

Non-OPEC 국가들이 포함되었다고 해서 'OPEC+'라고 하죠. 최근 기사를 보면 OPEC+라는 단어를 심심치 않게 만날 수 있습니다.

과도한 증산 경쟁이 끝나도 그 후유증은 남게 되죠. 원유 증산 경쟁 시기에 쌓였던 과도한 원유 재고로 인해 국제유가는 장기 저유가 기조에 재차 돌입하게 됩니다. 그리고 최근까지 오게 된 거죠. 1980년대 중반의 A와 2014~2016년의 C가 비슷하다는 점, B와는 달리 가격 회복에 상당한 차이가 있다는 점이 느껴지나요? 네, 향후에도 공급 과잉 이슈를 만나게 되면 빠른 국제유가의 회복을 기대하면서 투자에 나서는 일에는 신중을 기해야 할 겁니다.

공급 과잉과 수요 위축이 가져온 카오스

과거 얘기를 한참 했는데요, 이제 최근의 얘기를 해야겠죠. 이례적인 마이너스 유가까지 만난 지금의 얘기가 과거의 얘기보다 훨씬 더 중요할 수 있습니다.

이 책을 쓰고 있는 2020년 4월 국제유가는 배럴당 20달러 수준을 하회하고 있는데요, 2020년 초만 해도 배럴당 50~60달러 수준을 지키던 국제유가가 정말 빠르게 무너진 것이죠. 공급 과잉이 문제였을까요, 수요의 위축이 문제였을까요? 답은, 둘 다라는 겁니다. 이번에는 원유시장의 공급 과잉과 금융시장 붕괴로 인한 수요 위축이 동시에 찾아온 겁니다. 수요가 줄어드는데 산유국 증산 경쟁으로 인해 공급이 크게 늘어나니 국제유가의 하락폭 역시 과거 대비 보다 강하게 나타날 수 있죠.

앞서 OPEC+의 등장에 대한 얘기를 했습니다. OPEC+는 사우디와 러시아의 연합이라고 했죠. 이 둘이 함께 감산에 나서면서 문제는 해결되는가 싶었는데요. 꼭 그런 것만은 아니었던 것 같습니다. 왜냐하면 공급 과잉을 만들어낸 증산 경쟁에는 사우디, 러시아뿐 아니라 미국 셰일 기업들이 있었기 때문이죠. 사우디, 러시아를 비롯한 OPEC+국가들이 성심성의껏 감산을 할 때 미국 셰일 기업들은 원유 생산을 계속해서 늘려가고 있었습니다. 이로 인해 미국은 사우디와 러시아를 모두 제치고 세계 1위 산유국에 등극하게 되죠.

미국 셰일 기업들은 좋은 것이 OPEC+가 계속 감산을 하면서 원유 가격 하방을 받쳐주니 가격이 안정되어서 좋고, 그들이 감산하면서 새로운 시장이 생겨나니 수출을 늘릴 수 있어서 좋았던 거죠. 그리고 트럼프 미국 대통령은 공개적으로 미국에서 생산한 원유를 쓸 것을 유럽 및 아시아 국가들에게 종용하게 됩니다. 기사 인용해보죠.

아베, '트럼프 선물' 2탄… 미국 원유 수입 늘린다

(한국경제, 2017. 2 .23)

무역전쟁 피한 中, 미국산 원유 · 곡물 사들이기 나선다

(이데일리, 2018. 5. 24)

미 정부, 유럽에 수출하는 러시아 천연가스 해저 가스관 '노드
스트림2'와 '터키스트림'에 경고

(글로벌이코노믹, 2019. 10. 19)

미국, 러 노드스트림2 사업 참가 서방 기업에 제재 압박 강화

(글로벌이코노믹, 2020. 1. 1)

금 얘기를 해야 하는데 원유 얘기로 너무 오래 외도(?)를 하는 듯하여
짧게 가봅니다. 일본과 중국이 미국산 에너지 수입 압박을 받고 있다는
것은 보는 바와 같고, 노드스트림만 부연 설명할게요. 러시아가 독일에
천연가스 및 원유를 보다 원활히 공급하기 위해서 원유 공급 파이프라
인을 만든 겁니다. 그게 노드스트림인데요, 기존 노드스트림 외에 추가
로 이런 파이프라인을 구축하게 되죠. 그게 바로 노드스트림2입니다.
노드스트림2가 활성화되면 독일을 비롯한 유럽 국가들은 러시아산 원
유나 천연가스를 아무래도 많이 쓰게 되겠죠. 독일은 제조업 대국입니
다. 당연히 원유를 많이 사용하는 국가죠. 미국 트럼프 대통령 입장에서
는 독일 역시 원유 수출 대상으로 삼기에는 최적의 국가라는 생각을 하
지 않겠어요? 네, 그래서 말한 겁니다. '노드스트림 반대한다'라고요.
그러면서 이런 말을 하죠. 좋은 미국산 에너지 사용하라는 얘기를요. 기
사 인용합니다.

자, 그럼 이런 트럼프 대통령의 행보는 누구를 자극했을까요? 네, 당
연히 러시아를 자극했을 겁니다. 러시아는 원유 감산을 하면서 원유 가
격을 방어해주고 있는데, 이는 미국 셰일 기업들만 좋은 일 시켜주는 것
이나 다름없죠. 여기에 노드스트림에 반대하며 직접적인 러시아 시장
잠식을 시도하니 당연히 발끈할 수밖에 없었을 겁니다. 네, 2020년 3월
OPEC+ 회의에서 러시아는 감산 공조를 깨게 됩니다. 러시아가 감산
공조에서 떨어져나가게 되면 사우디 혼자서 외롭게 감산을 하면서 버텨
야 하는데 혼자 이 공급 과잉을 해결하기에는 답이 보이지 않았겠죠. 사
우디도 본격적인 증산 선언을 하면서 국제유가는 다시금 카오스로 빠져
들게 됩니다.

여기에 코로나19 사태로 인해 전 세계 경제가 이른바 락다운lockdown
에 들어가게 되죠. 일시적일 수는 있지만 경제 폐쇄가 되면서 자동차,
항공의 운행 등이 어려워집니다. 원유에 대한 수요가 줄어들게 되죠. 그
리고 하나 더. 경제 활동이 멈추게 되면서 경제 주체들의 소득이 사라집
니다. 현금을 벌어들일 수 없는데, 기존에 쌓은 부채가 워낙에 크죠. 부
채는 큰데 일시적이지만 소득이 사라지게 되면 부채의 위기가 찾아오게
됩니다.

부채위기는 필연적으로 금융 기관들의 위기, 즉 금융위기를 촉발하게 되죠. 이렇게 되면 글로벌 전체의 수요가 크게 줄어들게 되고, 원유 수요를 보다 빠르게 위축시키게 되는 겁니다. 앞서 말씀드린 B의 케이스, 즉 글로벌 금융위기 당시와 비슷하죠.

원유시장에서는 OPEC+의 감산 공조 붕괴로 인해 공급 과잉 현상이 심화될 것으로 보이는 데다가, 코로나19 사태로 인해 부채 문제가 불거지면서 수요가 급감하는 현상이 지속될 것 같습니다. 공급의 급증과 수요의 급감이 만나면 당연히 가격의 급락을 만들어내게 될 겁니다. 최근 큰 폭으로 하락한 국제유가, 이렇게 설명할 수 있을 겁니다.

지금까지 2020년 상반기의 이야기를 했습니다. 그럼 앞으로 원유 가격은 어떻게 될까요? 우선 지금의 공급 과잉 이슈는 쉽게 풀리기 어려울 듯합니다. 이는 장기 저유가의 개연성을 높이게 되죠. 그리고 부채 문제는 뒤에서 보다 자세히 말하겠지만, 이 역시 쉽게 해법을 찾기는 어려워 보입니다. 이는 원유 수요의 부진을 의미합니다. 네, 장기 저유가의 가능성이 높다고 봅니다. 아무리 대체 투자라고 해도 원유에 투자하는 상품을 투자 포트폴리오에 포함하는 것을 권하는 것은 어려워 보입니다.

물론 많은 종류의 원자재시장에서도 원유에만 해당되는 얘기가 될 수 있습니다. 특히 앞의 증산 경쟁은 원유시장에서 특히 두드러지게 나타나는 현상이죠. 다만 이번 코로나19 사태를 겪으면서 나타난 전 세계적인 투자 둔화 그리고 제조업 부진으로 인한 원자재 수요 감소는 다른 원자재에도 적용될 수 있는 문제죠. 네, 원유와 함께 원자재를 대표하는

2014년 하반기부터는 국제유가뿐 아니라 구리 및 원자재 가격 역시 전반적인 하락세를 보였습니다. 구리는 'Dr. Copper'라는 별칭을 갖고 있을 정도로 글로벌 경기에 민감하죠. 경기가 좋으면 구리의 수요가 늘어나기에 구리 가격이 상승세를 보이곤 합니다. 그런 구리 가격이 부진의 늪에 빠지게 됩니다. 구리뿐만이 아니죠. 원자재 전반의 가격을 지수화한 CRB 인덱스 역시 구리와 함께 하락세를 나타내게 됩니다. 글로벌 저성장으로 인한 원자재시장 전반의 부진이 본격화했던 것이죠.

구리와 철강의 가격 추이를 첨부합니다. 여기서 보는 것처럼 원자재 시장 전반에 걸쳐 향후 상당 기간 어려운 흐름이 이어질 수 있다고 생각합니다.

원자재로서의 금이 가진 투자 매력은?

자, 이제 금으로 돌아가야죠. 지금 이런 긴 얘기를 해오고 있는 이유, 금의 '원자재로서의 특성' 때문입니다. 금 가격이 금의 원자재로서의 성격으로 인해 결정된다면 원자재의 대표인 원유나 구리 가격과의 연관성이 높겠죠. 그런데 현재까지의 결론은 향후 원유나 구리 가격 전망이 밝지 않다는 겁니다. 그렇다면 금 역시 향후 부진한 흐름을 보이게 될 것이라는, 그리고 투자 매력 역시 높지 않다는 결론에 도달하는 겁니다. 실망스러운가요? 다음의 차트를 잠깐 보죠. 2018년 이후 원유와 금 가격의 흐름을 그려본 겁니다.

큰 그림에서 봤을 때에는 비슷해 보이지만 그리고 실제 비슷한 움직임을 보이는 경우도 많았지만 지난해부터는 사뭇 다른 움직임을 보인다는 느낌이 들지 않나요? 특히 원유 가격이 무너지는 순간에 금 가격이 상당히 양호한 모습을 보이는 것을 확인할 수 있습니다. 만약 원자재로서의 특성이 금 가격 결정의 가장 중요한 요소라고 믿고 2019년 초에 금 투자를 망설였다면 매력적인 금 투자 기회를 놓쳤던 것 아닐까요?

네, 이렇듯 금에는 원자재로서의 성격도 있지만, 그리고 금 가격 결정에 이런 특성이 영향을 주기도 하지만 다른 성격들이 금 가격에 더 큰 영향을 줍니다. 원자재로서의 특성 파악은 이 정도로 줄이고 다음 성격, 특히 '실물 화폐'로서의 성격에 주목해볼 필요가 있을 듯합니다. 그전에 세 가지 특성 중 다른 하나, '귀금속'으로서의 특성에 대해 아주 가볍게 살펴보고 가죠.

2019년 국제 금 가격은 온스당 1200달러에서 1700달러를 넘는 수준까지 강한 상승세를 시현했지만 국제유가는 배럴당 70달러에서 사상 초유의 마이너스 유가까지 큰 폭으로 무너지고 말았죠. 원유와는 사뭇 다른 움직임을 보이는 금 가격을 보면 금을 원자재로만 판단하기에는 어렵다는 점을 알 수 있습니다.

귀금속으로서의 금

일반적으로 '금'이라고 하면 가장 많이 떠오르는 이미지가 바로 귀금속으로의 금이죠. 다만 귀금속으로서의 금의 특성이 금 가격에 영향을 크게 주는 것을 적어도 제 경험으로는 본 적이 없습니다. 중국이나 인도 사람들이 금을 선호하는데 이들이 금을 사는 시즌에 금 가격이 특히 많이 오른다는 얘기는 있습니다만, 실제 이런 뉴스들이 금 가격을 주도하

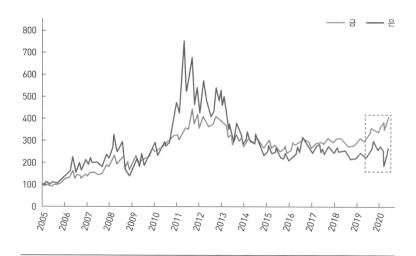

2005년 1월 금과 은 가격을 100으로 환산한 차트입니다. 15년이 지난 지금 금 가격은 400 수준으로 4배 상승한 데 반해 은 가격은 300을 밑돌고 있죠. 특히 금의 가치가 부각되었던 2019년 이후 금과 은의 가격 차별화는 보다 뚜렷하게 나타나고 있습니다.

지는 못했죠. 귀금속으로서의 가치가 금 가격에 영향을 크게 주지 못한 다는 근거로 은 가격과의 비교 차트를 제시해봅니다.

은은 금하고 상당히 비슷한 자산이죠. 과거에는 금본위제뿐 아니라 은본위제도 두루 사용되던 화폐 제도였답니다. 다만 금에 밀려서 1800 년대 후반 은본위제는 화폐로서의 기능을 박탈당하게 되었죠. 실물 화 폐로서의 기능이 사라졌다면 은에는 앞서 말했던 원자재, 그리고 귀금 속으로서의 특성만 남아 있을 겁니다. 그럼 금과 은 차트를 한번 보죠.

시간이 가면 갈수록 금과 은의 차이가 크게 벌어진다는 느낌을 지울 수 없죠? 이런 차이를 만들어내는 가장 큰 요인은 당연히 은이 갖지 못하는 금만의 특성, 즉 실물 화폐로서의 특성에서 찾아야 할 듯합니다. 네, 귀금속으로서의 특성은 이렇게 간단히 마치고요. 금 가격을 결정하는 가장 큰 요인인 실물 화폐로서의 특성으로 넘어가봅니다.

시장을 움직이는 실물 화폐,
금의 비밀

앞에서 너무 많이 들어서 익숙해지긴 했는데 금이 실물 화폐라는 게 잘 와닿지 않을 듯합니다. 일단 실물 화폐는요, 어떤 교과서적으로 정의된 개념이라기보단 종이 화폐의 대척점에 존재하는 자산이라는 의미입니다. 그럼 종이 화폐는? 네, 달러와 엔, 유로 등 지금 우리가 쓰는 화폐를 의미하죠.

1971년 미국이 금의 속박에서 벗어나 자유롭게 달러를 찍을 때까지 전 세계는 금본위 화폐제를 유지하고 있었답니다. 금본위 화폐제는 한 국가가 돈을 찍을 때 해당 국가가 보유하고 있는 금만큼만 돈을 찍을 수 있도록 한 화폐 제도죠. 화폐는 신뢰가 핵심입니다. 제가 여러분이 파는 물건을 사면서 돈을 드리는데, 진짜 돈이 아니고 A4용지에 그냥 '1만 원'이라고 적어서 드린다면 아무도 받지 않겠죠. 그 종이는 절대 1만 원만큼의 가치를 담보하지 못합니다. 그런데 만약 여러분이 저와 굉장히 친한 친구라고 해보죠. 그럼 그 종이를 받으면서 저한테 물건을 줄 겁니다. 다만 여러분은 그 '종이 1만 원'을 다른 곳에서 절대(!) 사용할 수 없을 겁니다. 네, 신뢰가 없으니 통용이 되지 않는 거죠.

과거 화폐의 신뢰를 쌓기 위해서는 그 화폐를 누가 발행하는지도 중요했지만 그 화폐의 담보가 무엇인지도 매우 중요했습니다. 신용도가 높은 국가가 화폐를 발행하고 신용도가 높음에도 그 화폐의 가치를 보증하기 위해 금을 담보로 제시한다면, 그 화폐를 가져오면 국가가 보유하고 있는 금으로 언제든 바꾸어주겠다는 보증이 존재한다면 당연히 그 화폐의 신뢰도는 높아지겠죠. 그럼 사람들은 믿음을 갖고 그 화폐를 사용하게 될 겁니다. 보유하고 있는 금만큼만 돈을 찍을 수 있다는 의미는 뒤집어 말하면 '화폐 가치를 금이라는 담보로 보증하겠다'라는 의미로 해석하면 됩니다.

그런데 지금은 금본위 화폐제도를 적용하지 않고 있죠. 대신에 국가가 해당 국가의 신용을 담보로 화폐를 발행하고 있습니다. 그럼 과거에는 금 1온스에 35달러까지만 찍던 돈을 이제는 1온스에 수천 달러씩 찍을 수 있다는 의미겠죠. 자, 다시…… 35달러를 해당 국가 정부나 중앙은행에 가져가면 금 1온스를 준다고 합니다. 그럼 금 1온스의 가격은 35달러라는 의미겠죠. 그런데 만약 금본위제가 무너지게 되면서 무분별하게 달러를 찍게 되면 어떤 일이 벌어지게 될까요? 과학적 원리를 이용해서 금을 만들어내는 연금술사가 존재하지 않는 한, 혹은 대규모 금광이 새롭게 발견되지 않는 한 금의 공급은 제한될 겁니다. 그런데 반대로 종이 화폐의 공급은 늘어날 수 있지 않을까요? 네, 금 1온스는 가만히 있는데 종이 화폐가 엄청나게 찍혀 나옵니다. 그럼 1온스당 종이 화폐 비율은 온스당 35달러가 아니겠죠. 종이 화폐를 찍은 만큼 그 비율이 오르지 않았을까요? 네, 2020년 상반기 금 가격은 온스당 1600~1700달러 사이를 기록하고 있습니다. 금의 공급은 제한되는데, 종이 화폐가 많이 찍혀 나왔다는 의미로 해석을 할 수 있지 않을까요? 네, 종이 화폐의 대척점에 존재하는 자산, 그 자산을 저는 '실물 화폐'라고 말하고 있습니다. 그리고 금 가격은 이런 실물 화폐의 특성에 의해 크게 좌우됩니다. 이 얘기는 돌려 말하면 종이 화폐의 공급에 상당한 영향을 받는다는 의미가 되겠죠. 음…… 잘 와닿지 않나요? 그럼 지금부터 금의 역사를 간단히 짚어보면서 부연 설명을 해볼까 합니다.

금본위제의 탄생과 금 가격 상승의 역사

금이 실물 화폐로서의 성격을 갖는다는 얘기에서 금이 과거에 화폐의 역할을 했던 당시를 돌이켜볼 필요가 있겠습니다. 이 책이 화폐의 역사를 심도 있게 다루는 책은 아닌 관계로 아주 러프하게만 적어보겠습니다. 과거 종이 화폐가 등장하기 이전에 여러 가지 물품들이 화폐로 쓰였다고 하죠. 나뭇가지, 돌, 조개껍데기, 철, 구리 등도 화폐로 쓰였다고 합니다. 그러나 화폐로서 기능하기 위해서는 여러 사람에게 두루 쓰일 수 있어야 하죠. 그럼 아무래도 마모가 잘 되지 않고 원형을 잘 보존하고 있으며 내구성이 강해야 할 겁니다. 그리고 썩지 않아야 하겠죠. 가장 중요하게는 희소가치가 있어야 할 겁니다. 그냥 길바닥에 널려 있는 돌이 화폐로서의 기능을 하지 못하는 이유가 여기에 있습니다. 그렇지만 하나 더, 가치가 있되 어느 정도 구할 수는 있어야 하는, 그러니까 일정 수준의 공급이 가능한 그런 물건이어야 화폐로서 기능을 할 수 있지 않을까요? 아…… 복잡하네요. 그냥 내구성이 강하고(잘 썩지 않고 손을 타도 잘 망가지지 않으며) 희소가치가 있으면서도 어느 정도 공급이 가능한 그런 것들이 화폐로서 기능했을 겁니다. 딱, 금하고 은이 떠오르지 않을까 생각이 됩니다. 그렇게 금과 은은 다른 경쟁자들을 물리치고 전 세계적인 화폐로서 자리잡기 시작했죠.

그럼 '어떻게 은은 화폐로서의 지위를 내려놓고 무너지게 되었는가' 가 궁금해질 겁니다. 1800년대 초중반, 은은 금과 함께 실물 화폐로서 지위를 확고히 하고 있었죠. 이 둘을 동시에 화폐로 사용하는 제도를 금은 복複본위 화폐제도라고 합니다. 당시에는 두 가지 금속을 병행한 화폐 제도를 사용하면서 이 둘의 가치가 크게 바뀌는 것을 제어하기 위해, 즉 화폐 제도의 안정을 꾀하기 위해 금과 은의 가치를 1:15로 고정해두었답니다. 법정으로 금과 은의 교환 비율을 1:15로 정한 거죠. 만약 금과 은의 수요와 공급에 의해 매일 매일 가치가 변하게 되면 지금처럼 실시간으로 정보를 얻을 수 있는 것도 아닌데 거래에 상당한 문제가 발생하게 되겠죠.

만약 금의 공급이 크게 늘어서 금 가격이 급락하고 있다고 가정해봅시다. 그럼 금 1그램당 은 15그램을 살 수 있는 이 교환 비율이 바뀌어야 하겠죠. 금 1그램의 가치가 떨어지는 만큼 이제는 금 1그램으로 은 10그램 정도밖에는 살 수 없어야 하는 겁니다. 그런데 저는 그 소식, 즉 금 가격이 떨어져서 다른 곳에서는 금 1그램으로 은 10그램밖에는 바꾸지 못한다는 것을 먼저 들어서 알고 있는데 다른 사람들은 아직 잘 모르고 있는 거죠. 1800년대 초반 사람들이 스마트폰으로 HTS를 볼 수 있는 건 아니잖아요? 그럼 전 얼른 시장에 달려가서 최대한 가격이 떨어질 것 같은 금을 은으로 바꿀 겁니다.

예를 들어 제가 금 100그램을 갖고 있다면 모두 다 은으로 바꾸어야죠. 아직 우리 동네에서는 금 1그램당 15그램의 은을 주는 상황이니까요. 그럼 1500그램의 은으로 바꾸었겠죠. 그러다가 며칠이 지난 후에 이 가격이 우리 동네에도 반영되기 시작합니다. 금 1그램당 은 10그램이 된 거죠. 그럼 그대로 1500그램의 은을 가져가서 150그램의 금으로 바꾸면 되겠죠. 저는 앉은 자리에서 약간 빨리 소식을 들은 덕분에 50그램의 금을 벌게 된 겁니다. 화폐의 가치가 계속해서 변동하게 되면 시장에서 이 화폐를 원활히 사용하는 데 상당한 문제가 발생하게 됩니다. 그렇기에 당시 미국에서는 금과 은의 비율을 1:15로 고정을 해버리게 됩니다. 금과 은의 수요 공급에 관계없이 법정으로 1:15의 비율을 유지하게 된 거죠.

그런데요, 이런 일이 벌어집니다. 우선 전 세계적으로 은광이 많이 발견되면서 은의 공급이 늘어나게 된 거죠. 그럼 미국에서는 법정으로 금과 은의 가치가 1:15로 되어 있는데 다른 나라에서는 이미 은 가치가 크게 떨어지면서 금과 은의 가치가 1:30이 되어버린 겁니다.

'그게 뭐 어때서?'라고 생각하면 오산입니다. 미국에 사는 게으르지만 영악한 홍길동이라는 투기꾼이 있다고 가정합니다. 그런데 이 소식을 들은 거죠. '미국에서는 금과 은이 1:15지만 영국에 가면 금과 은은 1:30이다'라고요. 그럼 홍길동은 부스스 자리에서 일어납니다. 그러고는 집에 있던 은 15그램을 꺼내죠. 그런 다음에 은행에 갑니다. 은행에 은 15그램을 내밀고 금 1그램을 받죠. 그런 다음에 배를 탑니다. 영국으로 가는 거죠. 영국의 은행을 방문해 거기서 금 1그램을 내밀죠. 당연히 은 30그램을 받았을 겁니다. 그런 다음에 바로 다시 미국으로 돌아오는 배를 탑니다. 그리고 미국에 오자마자 집에 은 15그램을 보관해두고는 남은 15그램을 갖고 미국 은행을 찾아가죠. 거기서 금 1그램을 받습니다. 그리고 또 배를 타죠. 영국 은행에 가서 은 30그램을 받습니다. 그리고 배를 타고, 은 15그램을 집에 두고, 미국 은행에 가서 다시 금 1그램을 받고, 또 배를 타고, 또 배를 타고, 집에 들렀다가 배를 타고, 배를 타고……. 이런 일을 반복합니다. 홍길동은 미친 것일까요? 평생 저렇게 배를 타고 미국과 영국을 오가면 홍길동은 상당한 부를 쌓을 수 있게 될 겁니다. 여기서 설마 순진하게 뱃삯이 더 많이 나오지 않느냐는 질문을 하는 분은 없겠죠? 1그램이면 미친 짓이겠지만 금 1톤이라면 뱃삯은 의미 없는 얘기가 될 겁니다.

자, 그럼 홍길동 같은 사람들이 한두 명일까요? 여러 명이 있을까요? 당연히 많을 겁니다. 홍길동의 행적을 간단히 분석하면 미국에서 금을 갖고 영국으로 가서 은으로 바꿔서 돌아오는 패턴을 반복하는 거죠. 이걸 간단히 말씀드리면 미국에서는 금이 계속해서 유출되는 것이고 은이 계속 유입이 되고 있는 겁니다. 그럼 은광의 발견으로 가치가 하락하고 있는 은만 미국으로 몰려가고 금은 계속해서 미국에서 빠져나오게 되죠. 앉은 자리에서 미국은 국부를 빼앗기는 그림이 나오고 있는 겁니다.

여기에 하나 더, 영국과 독일이 미국보다 선제적으로 은본위제를 철폐하고 금본위제를 채택하게 되었죠. 이들이 은본위를 버렸다는 의미는 이들과 교역하기 위해서는 은보다는 금이 필요하다는 얘기입니다. 그런데 미국에서 금이 계속해서 사라지게 되면 나중에 영국 및 독일과 같은 유럽 국가와의 교역도 어려워지는 것 아닐까요? 네, 그래서 미국은 최종적으로 금은 복본위제를 폐기하고 금본위제로 전환하게 됩니다. 화폐로서의 은이 마지막으로 퇴장하게 된 것이죠. 그렇게 1900년대 들어 금은 마지막 경쟁자인 은을 퇴장시키고 실물 화폐로서의 지위를 공고히 하게 되죠. 금본위의 시대가 열리게 된 겁니다. 그리고 당시 각 국가는 보유한 금만큼 화폐를 찍을 수 있게 되죠. 미국의 경우 금 1온스당 20달러의 종이 화폐를 찍을 수 있었습니다. 뒤집어 말하면 20달러의 종이 화폐는 금 1온스로 교환이 가능하다는 의미겠죠. 자, 여기서 잠시 생각해봅시다. 금 1온스당 20달러를 찍는다는 얘기는 금 1온스의 시세는 20달러라는 얘기가 되는 거겠죠. 잘 기억해두세요. 금 1온스당 발행하는 화폐의 수량, 이게 금 1온스의 가격이 되는 겁니다.

금본위 화폐제의 문제는 경제 규모가 커지게 되고 교역의 규모가 커지게 되면서 더 많은 화폐가 필요한데 화폐 발행이 금에 갇혀 있다 보니 더 많은 화폐의 공급이 불가능해진다는 점이었습니다. 제1차 세계 대전 당시에, 그리고 1930년대 초 전 세계가 겪었던 경제 대공황 당시에도 이 문제가 크게 불거지게 됩니다. 1930년대 대공황이 발생했을 때 경기 부양의 필요성이 크게 부각이 되었습니다. 지금 같으면 기준금리를 인하하거나 양적완화 등을 단행하면서 엄청난 자금을 시중에 풀면 될 텐데 그때는 금본위에 갇혀 있었기 때문에 돈을 마음껏 찍지 못하는 문제가 발생하게 됩니다. 그래서 1930년대 초반, 우리에게 익숙한 미국의 루스벨트 대통령은 금본위를 유연하게 적용하는 방안을 도입하게 됩니다. 금본위제도를 유연하게? 간단하죠. 금 1온스당 20달러를 찍는 게 아니라 35달러를 찍을 수 있게 해주는 거죠. 이렇게 되면 시중에 달러 공급을 더 많이 늘릴 수 있게 됩니다. 우리가 고등학교 역사책에서 공부한 뉴딜 정책은 재정 정책이었죠. 정부가 직접 지출을 늘리면서 후버댐을 짓는 인프라 투자 정책을 시행했던 겁니다. 인위적으로 정부가 만들어준 일자리가 늘어나게 되면서 실업이 줄어들게 되죠.

뉴딜 정책이 재정 정책의 큰 축이었다면 루스벨트 대통령 당시 시행된 금본위제도의 유연한 적용, 보유한 금 대비 더 많은 달러를 찍을 수 있게 해준 정책은 화폐의 공급을 늘려주는 일종의 통화 정책이었다고 볼 수 있습니다. 화폐의 공급이 크게 증가하게 되면서 재정 및 통화 정책의 힘이 실물 경제에 녹아들기 시작했죠. 그러면서 1929년 시작되었던 대공황은 1933년을 기점으로 점차 수그러들기 시작했답니다. 물론 이후 1937년 너무나 빠른 경기 부양책의 회수와 전 세계적으로 진행된

● 그래프 40 **대공황을 전후한 다우존스 지수 차트(1925~1937년)**

주식시장의 급락과 함께 대공황의 서막이 열렸죠.

뉴딜 정책 및 유동성 공급 확대로
주식시장은 바닥을 형성하기 시작합니다.

―― 다우존스

대공황 발생 이후 큰 폭의 하락세를 보이던 주식시장은 1932년 루스벨트 대통령의 경기 부양 책에 힘입어 반등에 성공합니다. 당시의 경기 부양책 중 금 1온스당 공급할 수 있는 달러를 늘리는 정책이 뉴딜 정책과 함께 대공황 이후의 충격 극복에 큰 역할을 하게 되죠.

환율 전쟁 등의 영향으로 제2차 경제 충격이 발생하긴 했지만요. 당시의 미국 다우존스 지수 차트를 첨부합니다.

잘 알다시피 제2차 세계 대전은 유럽 및 아시아 태평양 지역에서 격렬하게 진행되었답니다. 미국 본토는 타격을 받지 않았죠. 당시 미국은 무기의 제조·판매를 통해 상당한 외화를 벌어들였답니다. 돈이 없는 유럽 국가들은 미국으로부터 돈을 빌려서 그 돈으로 미국 물건을 사들였죠. 그럼 미국 입장에서는 대외 국가에 대한 채권도 많이 확보했을 뿐더러 상당한 무역 흑자를 기록하게 되었을 겁니다. 그리고 무역을 통해서 다른 나라의 화폐뿐 아니라 그 나라가 보유한 금도 많이 가져왔겠죠. 미국이 전 세계 금의 상당량을 보유하게 됩니다. 이를 바탕으로 제2차 세계 대전 종전 직전인 1944년 브레튼 우즈 체제Bretton Woods system가 시작되죠. 브레튼 우즈 체제는 금 1온스당 35달러를 찍을 수 있도록 법정으로 금 대비 달러 가치를 고정하는 정책이었습니다. 그리고 전 세계 각국의 화폐 가치 역시 달러에 고정을 시켜버립니다. 금 1온스당 35달러로 고정이고, 달러화에 대해 각국 통화 가치가 고정되어 있는 이른바 전 세계적인 고정 환율제가 시작된 것이라고 할 수 있죠. 자, 그럼 여기까지 정리하고 갑니다. 이제 금 1온스당 35달러를 찍을 수 있으니 금 1온스의 가치는 35달러로 고정이 됩니다.

'금 1온스당 35달러로 고정이다'라는 말을 했는데요, 어디서 많이 본 것 같은 느낌이 듭니다. 혹시 앞부분에 금과 은의 비율이 1:15로 고정이 되어 있다는 말을 했던 것이 기억이 나나요? 네, 그러다가 은의 공급이 크게 늘어나게 되면서 금이 상대적으로 고평가가 되었다는 얘기, 결국 화폐 질서가 크게 흔들리면서 은이 퇴장하게 되었다는 얘기가 기억날 겁니다.

이 얘기를 염두에 두면서 글을 이어가보죠. 브레튼 우즈 체제가 지향하는 것처럼 달러가 전 세계의 기준이 되는 기준 통화, 혹은 기축 통화가 되기 위해서는 전 세계적으로 달러가 많이 통용되어야 할 겁니다. 그리고 단순히 수량의 문제도 있지만 전 세계로 달러가 통용되려면 달러가 미국을 벗어나 해외로 풀려나가야 할 겁니다. 해외로 자금이 풀려나가려면 미국이 다른 국가에 무상으로 원조를 해주거나, 다른 나라에 투자를 늘리거나 혹은 다른 나라의 물건을 사주면서 무역 적자를 기록해야 할 겁니다. 정리하면 전 세계에서 통용되기 위해서는 달러의 공급을 크게 늘려야 하고, 이를 위해서 미국은 상당한 무역 적자를 감수해야 할 겁니다. 그런데 자국 통화 공급을 마구 늘리고 무역 적자도 상당한 국가의 통화를 바라보는 해외 투자자들의 기분은 어떨까요? 한국이 장기적으로 무역 적자를 기록하고 있고 원화도 마구잡이로 공급한다고 해보죠. 그럼 원화에 대한 신뢰가 무너지면서 원화를 보유하려는 투자자는 남아 있지 않겠죠. 미국 역시 마찬가지입니다. 달러를 전 세계의 기축통화를 만들기 위해 달러 공급을 늘리게 되니 오히려 달러의 신뢰가 무너지기 시작하는 거죠. 그리고 앞서 이야기한 그 문제가 시작됩니다. 금 1온스당 35달러까지 찍을 수 있는데 더 많은 달러가 찍혀 나간 거죠.

금은 그대로 있는데 달러의 공급이 늘어나게 됩니다. 마치 앞에서 금은 그대로 있는데 은의 공급이 늘어나게 된 것과 동일한 원리겠죠. 은본위제가 붕괴될 당시 사람들은 공급이 늘어난 은을 미국에 밀어넣고 가치가 높은 금을 빼오는 전략을 쓰게 됩니다. 이번에도 비슷하죠. 달러에 대한 신뢰가 떨어졌고 달러 공급이 늘어난 만큼 달러보다는 금을 갖고자 하는 수요가 크게 늘어납니다. 특히 1960년대 후반 프랑스는 직접 달러를 가져가서 금을 달라고 요구를 하게 되죠. 베트남 전쟁으로 인한 전비 지출이 크게 늘었고 무기를 사들이면서 무역 적자가 훨씬 더 커졌으며 경기도 침체 일로를 겪고 있던 미국 입장에서는 참 어려운 상황에 봉착하게 된 겁니다. 프랑스에 금을 넘겨주게 되면 미국 내 금이 더 많이 줄어들게 되겠죠. 그럼 금이 줄어든 만큼 찍을 수 있는 달러도 제한

71년 닉슨 쇼크 이후 달러화 공급이 늘며
금 가격은 큰 폭의 상승세를 보이죠.

브레튼 우즈 체제하에서 금 1온스당 35달러가
유지되었던 시기입니다.

1970년대 달러 공급의 큰 폭 확대는 그 이전 금 1온스당 35달러를 이어오던 국제 금 가격의
급등을 야기하게 됩니다.

이 될 겁니다. 그냥 찍으면 되지 뭐가 문제냐고요? 이런 상황에서도 달러를 계속 찍으면 달러 가치가 더 떨어지게 될 테니 해외 투자자들이 모두 몰려와서 달러를 주면서 금을 더 많이 빼가려고 하겠죠. 미국 입장에서는 가뜩이나 경기 침체로 인해 어려운 상황에서 금이 부족하니 달러를 추가로 찍을 수도 없는 겁니다. 그럼 미국의 경기 둔화가 더 심각해지겠죠.

당시 미국 대통령이었던 닉슨은 1971년 8월 15일, 오랫동안 이어져오던 금본위 화폐제를 철폐하게 되죠. 우리는 이를 '닉슨 쇼크Nixon Shock'라고 기억합니다. 1온스당 35달러만 찍을 수 있다는 브레튼 우즈의 기

본 전제는 사라지게 되고, 미국은 금과 관계없이 자유롭게 달러 공급을 늘릴 수 있게 된 거죠. 달러라는 종이 화폐가 금의 속박에서 벗어나게 된 겁니다. 이와 함께 미국은 달러 공급을 크게 늘리면서 경기 부양에 나서게 되었겠죠. 그럼 1온스당 35달러만 찍을 수 있다가 200달러, 300달러, 500달러, 600달러도 찍게 되었겠죠? 이는 뒤집어 말하면 금 1온스의 가격이 35달러에서 500달러, 600달러로 올랐다고 해석할 수 있을 겁니다. 네, 1979년의 어느 날 금 가격은 온스당 600달러를 넘어서게 되었죠. 아울러 달러가 풀려나오게 되면서 화폐의 가치가 크게 하락하게 되죠. 화폐 가치 하락은 반대로 뒤집으면 재화의 가치 상승을 의미합니다. 재화 가치 상승을 우리는 고상한 표현으로 '인플레이션'이라고 하죠. 당시 중동 산유국들이 제4차 중동 전쟁 이후 원유 수출을 제한하면서 국제유가가 크게 뛰어올랐던 것과 궤를 같이 하면서 이렇게 마구 풀려나온 화폐는 1970년대를 인플레이션의 시대로 만들어버리게 됩니다. 전 세계가 약 10년 동안 물가 상승으로 몸서리를 치던 시대였죠. 〈그래프 41〉에서 1970년대 당시 금 가격 차트를 보면서 가죠.

이렇게 상승했던 금 가격은 2000년대 들어 다시 한번 상승 흐름을 타게 됩니다. 2001년 9.11 테러 이후 당시 Fed의 의장이었던 그린스펀은 미국 기준금리를 1%까지 낮추면서 시중에 달러 공급을 늘리게 되죠. 달러 공급이 늘어나게 되면서 금 가격은 지속적으로 상승하는 모습을 보여주게 되죠. 그러다가 전 세계는 2008년 글로벌 금융위기를 맞게 됩니다. 마치 1930년대 대공황 당시처럼 글로벌 금융위기를 타개하기 위해 Fed는 이른바 양적완화를 단행하게 되죠. 금리를 제로까지 인하한

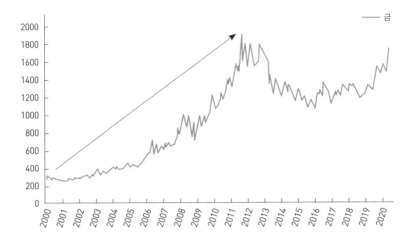

2000년 이후 시작된 Fed의 금리 인하 사이클 및 금융위기 당시의 양적완화 정책 도입으로 달러 유동성 공급이 늘어나게 되자 금 가격 역시 큰 폭의 상승세를 나타내게 됩니다.

이후 2009년 3월부터 본격적인 양적완화에 돌입하게 되면서 엄청난 규모의 달러를 시중에 공급하게 됩니다. 금 1온스는 그대로 있습니다. 금의 공급이 크게 늘어날 일은 없죠. 반면 양적완화라는 프로그램을 통해 시중에 달러 공급이 크게 증가합니다. 그럼 1온스당 1000달러, 1200달러, 1500달러 그리고 2011년 하반기의 어느 날에는 달러 공급이 더 늘면서 온스당 1900달러를 넘어서게 되었죠. 네, 〈그래프 42〉의 금 가격 차트를 보면서 흐름을 다시 한번 보죠.

이렇게만 들으면 금 가격은 계속 오른 것 같은 느낌을 받을 겁니다. 그런데 좀 이상하죠? 지금 금 가격을 보니까 최근에 꽤 많이 올랐다는 얘기를 들은 것 같은데 2020년 5월 현재 온스당 1700달러 수준입니다. '엥? 이미 2011년의 어느 날 온스당 1900달러를 넘었다고 하는데 어떻게 지금 온스당 1700달러가 될 수 있지?'라는 당혹감이 몰려올 겁니다. 그리고 앞부분에서 1980년대나 2008년 그리고 2015~2016년을 말하면서 금 가격이 하락했던 실제 사례를 보여주었던 바 있습니다. 네, 지금까지의 금의 역사는 금 가격이 오르던 시기를 중심으로 설명했던 거죠. 그리고 금 가격이 오른 가장 큰 이유는 종이 화폐의 공급 증가, 즉 달러의 공급 증가에서 답을 찾았었습니다. 그럼 지금 의구심을 제기하는 그 시기들, 즉 금 가격이 하락했던 시기들에는 어떤 일이 있었던 것일까요? 금은 가만히 있는데 달러의 공급이 늘면 금 가격이 오른다는 말을 했죠. 반대로 금은 가만히 있는데 달러의 공급이 줄어들게 되면 금 가격은? 네, 떨어지게 되겠죠. 이제부터 미국이 달러의 공급을 줄였던 역사를 읊어보겠습니다. 1980년으로 돌아갑니다.

달러 수요에 따라 달라지는 금의 가격

1980년 초반 미국 Fed 의장으로 폴 볼커가 임명됩니다. 이 분의 별명은 인플레이션 파이터inflation fighter 였답니다. 당시 전 세계 경제를 짓누르던 이슈는 1970년대부터 이어져온 인플레이션이었죠. 닉슨 쇼크로 인한 달러 공급의 증가와 중동 산유국들의 원유 수출 중단은 인플레이션을 자극했던 강한 촉매였습니다. 지금이야 디플레이션이 두렵고 인플레이션은 찾아오기 어려운 무언가라는 인식이 강하지만 당시에는 인플레이션이 그야말로 전 세계 중앙은행이 극복해야 할 지상 과제였죠. 경기가 좋지 않은 상태에서 물가가 뛰게 되면 사람들의 소비를 짓누르게 됩니다. 기업들의 제조 원가는 높아져만 가는데 물가 상승으로 소비자들의 수요까지 위축되면 당연히 기업의 마진이 줄어들게 되면서 기업 경기 역시 나락으로 떨어질 수밖에 없겠죠. 그것도 단순히 1~2년 단기로 이어진 인플레이션이 아니라 1970년대 들어 10년간 이어진 인플레이션이라면요.

그래서 당시 새롭게 임명된 볼커 의장은 인플레이션을 잡기 위해 결연한 의지를 표명합니다. 그리고 경기 침체를 감수하면서까지 인플레이션 사냥에 나서게 되죠. 볼커 의장은 당시 시중 통화량을 급격하게 줄여버립니다. 시중에 돈이 부족하게 되면 돈의 값인 금리는 상승할 수밖에 없겠죠. 당시 미국 기준금리가 18%까지 올라가게 됩니다. 기준금리가 18%면 기업들에 적용되는 대출 금리는 20%를 훌쩍 넘게 되는데요. 20% 이상의 대출 금리에도 버틸 수 있는 기업들이 그렇게 많지 않았을 겁니다. 당시 실물 경기가 크게 위축이 되면서 실업률도 10%대를 넘어서게 되었죠. 실물 경기가 위축되자 기업들은 공장을 돌릴 수 없게 됩니다. 기업들의 원유 수요가 줄어들게 되니 하늘 높이 올랐던 국제유가는 바닥으로 고꾸라지게 되었죠. 앞서 1970년대 당시 물가를 크게 끌어올렸던 요인이 달러의 공급과 유가의 상승이라고 했습니다. 볼커의 통화량 축소로 인해 달러 공급이 크게 줄어들게 되었고 유가 역시 기업 및 가계 수요 둔화를 반영하면서 추락했죠. 물가 상승을 이끌어왔던 양대

1980년대 인플레이션을 잡기 위해 시작된 Fed의 달러 긴축 정책은 전반적인 미국 금리를 큰 폭으로 밀어올리게 되죠. 16%에 육박하는 미국 10년 국채 금리와는 반대로 큰 폭으로 하락하는 국제 금 가격을 확인할 수 있습니다.

요소가 모두 무너지면서 인플레이션이 고개를 숙이게 됩니다.

그렇다면 금 가격은 어떻게 되었을까요? 네, Fed는 당시 시중에 풀었던 달러를 마구 빨아들였죠. 달러 공급이 빠르게 줄어듭니다. 금 1온스는 가만히 있는데 시중 달러를 흡수하게 되니까요, 금 1온스당 달러 공급량은 600달러에서 500달러, 400달러, 300달러로 계속해서 줄어드는 그림이 나오지 않았을까요? 금 1온스당 풀려나온 달러의 수량이 줄어든다는 것은 달러 대비 금 가격의 하락을 의미하겠죠. 네, 금 가격이 이때 크게 흔들리게 됩니다.

당시 인플레이션을 잡느라 기업들의 도산까지도 감수했던 볼커의 정책은 사후적으로 보면 상당히 긍정적인 효과를 낳았죠. 10년간의 인플레이션이라는 수렁에서도 버텨냈고, 인플레이션을 무너뜨리기 위해 적용한 초고금리 상황도 극복한 기업들만 살아남았던 겁니다. 정말 강한 기업들이 살아남았던 것이죠. 이제 물가가 안정되고 유가도 하락했습니다. 제조 원가가 떨어졌는데 경쟁자들도 많이 사라진 거죠. 그럼 이제 살아남은 우량 기업들의 리그가 시작되는 것 아닐까요? 네, 1980년대 중반부터 미국 경기는 빠르게 개선되기 시작합니다. 그리고 미국 경기의 회복은 1990년대 IT 버블 붐과 맞물리면서 끝도 없이 이어졌죠. 1990년대 초부터 2000년까지 미국의 성장세는 지속적으로 유지되기 시작했답니다.

미국 경기가 양호합니다. 전 세계에서 독보적인 성장이 나오고 있는 거죠. 그럼 굳이 미국 Fed가 양적완화니 금리 인하니 하면서 경기 부양을 위해 달러 공급을 늘려야 할 어떤 이유도 없지 않겠어요? 오히려 강한 성장세가 나타나면서 미국 달러화에 대한 수요가 늘어나게 됩니다. 금 1온스당 500달러…… 이 의미인즉슨 금 1온스의 가치와 500달러의 가치가 동일하다는 의미가 될 겁니다. 그런데 전 세계적으로 미국 경기가 워낙 강하니 미국 자산을 사려는 수요가 늘어나게 되겠죠. 미국 자산을 사기 위해서는 달러가 필요했을 겁니다. 달러에 대한 수요가 늘어나니 당연히 달러화도 초강세를 보이지 않았을까요? 네, 달러 가치가 크게 오르게 됩니다. 그럼 500달러의 가치도 올라가게 되겠죠? 금 1온스는 그대로 있는데 500달러가 예전의 그 500달러가 아닙니다. 예전에

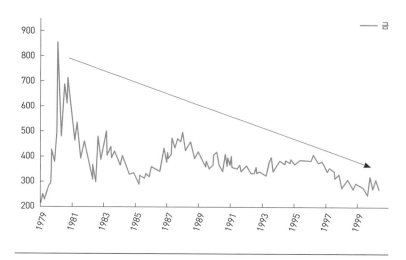

앞의 〈그래프 42〉에서는 2000년 이후 화려한 상승세를 보이는 금 가격을 확인할 수 있었죠. 반면 그 이전인 1990년대 말까지는 〈그래프 43〉에서 봤던 1980년대 초반을 시작으로 지속적인 금 가격 하락이 이어졌습니다. 1970년대 화려한 상승을 했던 금 가격의 암흑기라고 할 수 있죠.

500달러를 줘야 했다면 지금은 400달러만 줘도 금을 살 수 있는 겁니다. 그럼 금 가격은 1온스당 400달러로 하락하게 되겠죠. 네, 달러 공급의 증가와 하락에 금 가격이 반응하는 것처럼 달러 수요의 증가와 하락에도 금 가격이 반응하게 됩니다. 달러의 수요와 공급을 모두 고려하면 '달러 가격'이라는 결론에 도달하게 되죠? 가격은 수요와 공급에 의해서 결정이 되는 것이니까요. 네, 이렇듯 금은 정확하게 달러 가치에 연동하는 경향이 매우 강하다고 보면 되겠습니다.

달러 공급이 늘어서 달러 가치가 하락합니다. 그럼 금 가격이 상승하게 되겠죠. 달러에 대한 신뢰가 바닥으로 떨어져서 달러 가치가 하락합니다. 그럼 당연히 금 가격은 상승할 겁니다. 반대 케이스도 마찬가지겠죠. 달러 공급이 줄어서 달러 가치가 상승하면 금 가격은 하락하게 되겠죠. 또한 미국 경기가 독보적인 성장세를 보이면서 미국 달러화에 대한 수요가 늘어나게 되면 달러 가치가 오르게 되고 이는 금 가격에는 악재로 작용하게 되는 겁니다. 실물 화폐로서의 금을 볼 때에는 종이 화폐의 대표인, 과거 금과 경쟁을 했던 달러화의 가치 변화에 주목할 필요가 있는 겁니다. 폴 볼커의 강한 통화 긴축 정책과 이후 나타난 IT 버블에 기반한 미국 경제의 독보적인 성장……. 이 시기에 금 가격은 그야말로 암흑기를 지나게 되죠. 당시 차트를 보시면 어떤 흐름이 나타난 것인지 이해가 팍 될 겁니다.

네, 지금까지 금 가격이 크게 하락했던 1980~1990년대를 살펴봤습니다. 달러 공급의 감소와 달러 수요의 증가는 금 가격에는 매우 안 좋은 영향을 주게 됩니다. 그럼 이 맥락에서 금융위기 이후의 2010년대 중반을 생각해보겠습니다.

달러 가치의 상승은 금의 악재

2012년 후반부터 미국 경제는 빠른 회복세를 보이게 되죠. 금융위기 이후 전 세계에서 미국 경제가 가장 먼저, 그리고 가장 강한 회복세를 보

가운데 점선 박스가 보이죠? 2013년 상반기 당시 Fed 의장이었던 버냉키는 미국 경기의 개선세가 확연해지는 만큼 금리 인상을 비롯한 이른바 '출구 전략'의 시행을 시사합니다. 제로 금리에 취해 파티를 벌이던 채권시장이 깜짝 놀라는 소리가 들렸겠죠? 네, 미국 10년 국채 금리가 크게 튀어 오르는 것을 볼 수 있습니다. 그리고 1~2개월 전 금 가격이 거의 수직으로 하락하는 것도 확인이 되나요? 이때부터 2016년 1월 온스당 1050달러 수준으로 하락할 때까지 금 가격은 장기 하락세에 접어들게 됩니다.

인 겁니다. 미국 경제가 좋아지게 된다면, 그리고 다른 국가들이 버벅거리고 있다면 당연히 다른 국가 자산을 팔고, 그렇게 받은 해당 국가 통화를 팔아서 미국 자산을 사들여야 하지 않을까요? 미국 자산을 사들이기 위해서는 필수적인 과정이 필요합니다. 네, 달러를 사들이는 과정이죠. 이 과정에서 달러화에 대한 수요가 크게 늘어나게 되고 달러는 강세를 보이기 시작합니다.

2012년 후반부터 미국 경기 회복에 대한 기대감이 작용하면서 달러 가치가 강세 전환을 하기 시작했죠. 그리고 2013년 5월, 당시 Fed 의장이었던 버냉키는 금융위기의 상흔을 딛고 미국 경제가 어느 정도 정상궤도로 복귀하는 듯하다는 언급을 하죠. 그리고 과거 금융위기 당시에 진행해왔던 과도한 경기 부양책을 조금씩 줄여나가는 이른바 '출구 전략exit strategy'를 시작하겠다고 언급하죠. 네, 이제 미국 경기가 좋아진다는 인식에 그동안 크게 늘려왔던 달러 공급을 줄이겠다는 의미입니다. 헉! 미국 경제가 좋아지면 달러 수요가 늘어나는 건데, 여기에 달러 공급을 줄이게 되면 달러 가치는 크게 상승하게 되지 않을까요? 달러 가치의 상승은 금 가격에는 당연히…… 네, 악재로 작용했을 겁니다. 2013년을 기점으로 해서 금 가격은 맥을 못 추면서 무너져 내리기 시작했답니다.

　그리고 미국 Fed는 2014년 하반기 양적완화 중단을 선언하죠. 그리고 2015년 12월, 2006년 6월 이후 최초의 금리 인상을 단행하면서 제로 금리를 끝냈죠. 이와 함께 2015년 12월 말에 지속적인 금리 인상 사이클을 가동하여 2016년에 추가 네 차례 인상, 2017년에 네 차례 인상, 2018년에 세 차례 인상을 해서 제로에 붙어 있던 Fed 기준금리를 3%대 중반까지 밀어 올리겠다는 야심찬 계획을 반영하죠. 관련 기사를 잠깐 보고 갑시다.

Fed 위원들이 지난 2016년 연내 네 차례 인상을 마음에 두고 있었다는 내용이죠. 금융시장은 미래를 반영합니다. 그 의미인즉슨, 이런 Fed의 계획을 듣고 시장은 크게 긴장할 수밖에 없었겠죠. 달러를 가진 자는 향후 계속된 금리 인상의 혜택을 받으면서 더 많은 이자를 받게 될 겁니다. 투자는 지금 내가 사들인 것을 나중에 누가 사주는 데 묘미가 있다고 하죠. 지금 0.25%밖에 이자를 주지 않지만 미래에는 3%대 중반의 이자를 줄 겁니다. 지금 달러를 사놓으면 나중에 3%대 중반 이자를 줄 때에는 뒤에서 누가 제발 팔으라고 애원하지 않을까요? 그때 비싸게 팔면 되니까요. 미래를 반영하면서 달러 가치는 하늘로 튀어 오르기 시작하죠. 2015년 12월 Fed는 금리 인상으로 달러 공급을 줄였고 추가적인 금리 인상 스케줄을 발표하면서 달러 공급이 앞으로는 더더욱 줄어들 것임을 시사했습니다. 그리고 달러에 대한 수요는 크게 증가했죠. 그럼 달러 공급이 줄고 수요가 늘어나는 그림이 그려졌을 겁니다. 금 가격은

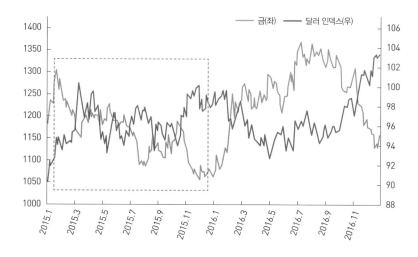

〈그래프 45〉에서 말한 Fed의 금리 인상 시사 이후 2015년이 되자 Fed는 본격적으로 금리 인상 카드를 만지작거리기 시작했죠. 달러는 강세를 보였고, 반대로 금 가격은 지속적인 하락세를 보였답니다. 특히 2015년 12월 단행된 첫 금리 인상을 전후해서 금 가격이 보다 크게 하락하는 것을, 그리고 달러 가치가 크게 상승하는 것을 확인할 수 있죠.

어땠을까요? 네, 금 가격은 온스당 1050달러를 위협받을 정도로 크게 하락했죠.

　당시 미국 금리 인상에 대한 두려움으로 전 세계 주식시장이 크게 흔들렸답니다. 금 가격 역시 맥을 못 추고 무너져 내렸죠. 이제 이 두 가지를 합쳐볼까요? 네, 주가와 금 가격이 같이 무너진 겁니다. 금은 안전 자산인가요? 안전 자산이라면 위험 자산인 주가가 하락할 때 강세를 보여야 하지 않을까요? 앞서 금이 안전 자산이 아니라고 말했던 가장 큰 이유가 여기에 있는 겁니다. 금은 안전 자산이 아니고요, 실물 화폐의 성격을 갖고 있는 자산입니다. 실물 화폐로서의 특성은 결국 달러, 즉 종이 화폐 가치와 반대로 움직인다는 것을 말하는 거죠. 달러가 강해지면서 주식시장이 무너지는 경우, 금은 전혀 포트폴리오 방어 효과를 주지 못합니다.

주식시장과 함께 금 가격이 무너지는 현상을 보다 명확하게 보여주는 상황이 과거 두 차례 더 있었죠. 바로 2008년 글로벌 금융위기와 2020년 코로나19 사태로 인한 금융시장 붕괴 당시가 바로 그때입니다. 당시 상황을 한번 되짚어보죠.

2008년 9월 리먼 파산을 전후해서 금융시장에서는 서로가 서로를 믿지 못한 분위기가 팽배했었죠. 서브프라임 모기지 연계로 거대한 부실이 잠재되어 있다, 누가 그 부실 덩어리를 더 많이 갖고 있는지 모른다 등 그런 얘기들이 오고 갔습니다. 그럼 서로가 서로를 믿지 못하고 아주 짧은 만기로라도 대출을 해주지 않는 일이 벌어지죠. 금융시장의 핵심은 신용의 흐름일진데, 자금이 흐르지 않으니 금융시장에 달러 자금 부족 현상이 심해지게 됩니다. 현금 여유가 있는 금융 기관들도 언제 어떻게 부실의 파고가 자신들을 덮칠지 모르니 서로 현금, 즉 달러를 쟁여두려는 심리가 강해졌고요. 현금이 부족한 금융 기관들은 어떻게든 달러를 구하려고 수소문하게 됩니다. 네, 금융시장 전반에 달러 현금의 공급은 사라졌죠. 반대로 절박하게 달러를 구하려는 수요가 크게 늘어나게 됩니다. 달러의 공급은 줄어들고 달러의 수요가 늘어나는 상황…… 주식시장을 비롯한 대부분의 금융시장에서는 큰 폭의 가격 하락이 연출되었답니다. 그럼 안전 자산으로 인식되던 금 가격은 어떻게 되었을까요? 네, 달러 가치 상승의 영향으로 큰 폭으로 흔들리게 되었죠. 글로벌 금융위기 당시 금 가격 역시 일시적으로나마 큰 폭의 흔들림을 보였던 바 있습니다. 당시 주요 금융시장 차트와 금 가격을 비교한, 앞서 나왔던 〈그래프 25〉를 보면 위의 상황이 한눈에 그려질 듯합니다.

이제 지난 2020년 3월 있었던 코로나19 사태를 보죠. 코로나19 사태로 인해 금융시장이 흔들리기 시작합니다. 문제는 금융시장 전반에 걸쳐 부채가 상당히 많았다는 겁니다. 부채는 많은데 일시적으로 경제가 멈추어 서게 되는 일이 벌어진 거죠. 일시적이라고는 하지만 실제 언제쯤 코로나19 사태로 인한 경제 활동의 마비가 끝나게 될지는 아무도 모르는 상황이었습니다. 부채가 없다면야 문제가 크지 않을 수 있지만 거대한 부채를 갖고 있다면 진짜 불안한 상황이 되겠죠. 돈을 빌려준 채권자들 입장에서는 빨리 돈을 회수해야 할 겁니다. 그리고 채무자들 입장에서는 언제 다시금 돈을 벌 수 있을지 모르는 만큼 빌릴 수 있을 때 최대한 많은 돈을 빌려야겠죠.

아마도 많은 분들이 코로나19 사태 당시에 마스크를 구하기 위해 줄을 길게 선 경험이 있을 겁니다. 저 역시 상당히 오랫동안 기다려서 마스크를 사곤 했죠. 그런 일이 발생하는 가장 큰 이유는 무엇일까요? 마스크의 공급이 절대적으로 부족하다는 얘기도 맞긴 하지만 근본적인 원인은 수요 쪽이 보다 더 크다고 생각합니다. 코로나19 사태가 언제까지 이어질지 알 수가 없는 겁니다. 그럼 언제까지 얼마나 많은 마스크를 써야 할지 알 수가 없는 거죠. 지금 당장 마스크가 있기는 하지만 미래에 어쩌면 수년간 마스크를 써야 할 수도 있습니다. 그런데 상황 돌아가는 것을 보니 마스크 구하기가 만만치 않은 거죠. 그럼 당장 쓸 수 있는 마스크가 있더라도 불확실한 미래에 써야 할 마스크를 경쟁적으로 사려는 수요가 생겨나게 됩니다. 당장의 수요는 충족시킬 수 있는 공급이 있지만 언제가 될지도 모르는 미래의 불확실한 수요까지 지금 앞당겨오게 되니 시중에서는 마스크를 사기 위해 긴 줄을 서게 되는 것이죠. 그리고 긴 줄을 서고 있음에도 불구하고 마스크를 구하지 못하거나 마스크를 사려고 고생하는 다른 사람들의 모습을 보면서 확신을 하게 됩니다. 지금 어떻게든 마스크를 구해두어야 할 것이라고요.

여기서 마스크를 '달러 현금'으로 바꾸어보죠. 사태가 얼마나 이어질지 모릅니다. 모두 대출이 많다는 것을 알고 있고 다들 대출을 회수하려고 하지 대출을 더 해주려고 하지는 않습니다. 그럼 지금 당장 쓸 달러는 있지만 이런 사태가 중장기적으로 이어지게 된다면 달러 부족에 시달릴 수 있죠. 그리고 궁극적으로 그 상황에서도 달러를 구하지 못한다면 파산이라는 최악의 상황을 겪을 수 있습니다. 그럼 모두들 달러를 미리 미리 확보하려는 경향이 나타나게 됩니다. 말했던 것처럼 지금 당장 쓸 달러가 있는 금융 기관들도 혹시 모르니 미래를 위해 지금 달러를 확보하려고 난리가 나는 겁니다.

Fed는 코로나19 사태가 심각하게 돌아가자 신속히 기준금리를 0%로 인하했죠. 그리고 7000억 달러의 양적완화를 통해 달러 유동성 공급에 나섰답니다. 달러의 공급이 늘었음에도 불구하고 당장 빚을 갚기 위해 아우성치는 달러 수요와 미래의 달러 니즈까지 끌어다가 달러를 사들이려는 수요까지 겹치니 당연히 달러 초강세가 나타났을 겁니다. 네, 달러의 공급이 양적완화를 통해 늘어났어도 달러 수요가 폭발하면서 달러 현금이 귀해졌던 지난 2020년 3월 당시, 금 가격 역시 힘을 쓰지 못하고 한 차례 큰 폭으로 하락하게 됩니다. 당시 주식과 함께 무너지던 금을 궁극의 안전 자산이라고 하기에는 무언가 부족한 점이 있는 거죠.

그럼 금 가격뿐 아니라 금융시장 전체에 걸쳐 나타난 2008년 10월과 2020년 3월 당시의 이런 충격은 어떻게 해소가 되었을까요? 2008년의 경우 Fed는 빠른 속도로 기준금리를 0%로 인하했죠. 그리고 금리를 추가로 더 낮출 수 없게 되자 2009년 3월부터 양적완화를 전격적으로 시작하게 됩니다. 시중에서 장기국채를 사들이면서 달러의 공급을 크게 늘리게 된 거죠. 여기서 그치지 않고 2010년 11월 2차 양적완화를, 그리고 2012년 9월에는 3차 양적완화를 단행하면서 강한 통화 완화 정책을 이어가게 됩니다. 결국 극단적인 달러 수요가 나타나고 있을 때 시장이 예상하는 것보다 강한 달러 공급 프로그램을 가동한 거죠. 달러 수요가 매우 강했지만 달러 공급 역시 이례적인 레벨로 쏟아지게 되니 달러 부족이 풀려나가면서 달러의 초강세가 점차 완화되죠. 이는 금 가격의 회복과 중장기적인 상승세를 만들어내게 됩니다.

2020년 역시 크게 다를 바 없었죠. 제로 금리까지 기준금리를 낮추고 과거처럼 7000억 달러 수준의 양적완화를 단행했음에도 금융시장이 크게 흔들리자 2020년 3월 24일 Fed는 이른바 '무제한 양적완화'를 시작하게 됩니다. 시장이 7000억 달러만큼 주겠다가 아니라 무제한으로, 시장이 필요로 하는 만큼 달러를 찍어 풀겠다고 한 거죠.

시장의 극단적 달러 수요가 완화될 때까지 달러 공급을 늘리겠다는 강한 의지 표명에, 그리고 이어지는 각종 후속 대책에 금융시장의 달러 경색이 풀리기 시작합니다. 달러 공급이 늘어나게 되면서 극단적 달러 수요가 어느 정도 충족이 되자 달러 강세 역시 수그러들게 되죠. 달러 강세에 일시적으로 짓눌려 있던 금 가격 역시 큰 폭으로 반등에 나서게 되면서 온스당 1500달러를 하회하던 금 가격이 다시금 온스당 1700달러 수준으로 빠르게 되돌려졌습니다.

앞에서 마스크의 비유를 했는데요, 마스크 부족을 해결하는 방법은 하나밖에는 없을 겁니다. 오래 기다리더라도 기다리면 적게나마 마스크를 얻을 수 있다는 믿음을 심어주는 거죠. 좀 기다리더라도 어떻게든 구할 수는 있다는 믿음이 생기면 어느 정도 마스크를 보유하고 있는데도 불확실한 미래를 위해 마스크를 쟁여두려는 심리가 크게 완화될 수 있습니다. 그리고 코로나19 사태가 생각보다 길게 이어지지는 않을 것이라는 기대감은 더더욱 미래의 마스크 수요까지 당겨와서 만들어낸 극단의 마스크 부족 현상을 풀어버리는 해법이 될 수 있죠.

금융시장 역시 사뭇 비슷합니다. 뱅크런Bank Run이라고 들어봤나요? 은행이 망할 것 같습니다. 그럼 내가 해둔 예금을 찾지 못할 것이라는 두려움이 커지죠. 당장 돈을 쓸 일은 없습니다. 즉, 돈을 써야 하는 수요

대공황 당시 은행 예금을 찾으려 은행 앞에 몰려든 사람들 (출처 : 위키피디아)

는 아닙니다만 그 돈을 나중에 '받을 수 없다'는 두려움이 커지면서, 미래의 돈에 대한 수요를 미리 당겨와서 지금이라도 돈을 찾아두겠다는 마음이 생겨나게 되는 거죠. 그래서 은행으로 달려가게 됩니다. 은행은 민간의 돈을 받아서 일부만 중앙은행에 쟁여두고 남은 돈을 대출에 씁니다. 일부를 남겨두는 이유는 중간에 은행에 와서 돈을 찾아가는 고객들이 있기 때문이죠. 그러나 절망적인 상황이 되자 모든 사람들이 돈을 찾아가려고 몰려듭니다. 내 돈을 찾을 수 없다는 생각과 미래의 수요까지 감안해 돈을 찾아가려는 사람들이 생겨나게 되면서 은행 앞에 길게 줄을 늘어서게 되는 겁니다. 내 예금을 찾고자 하는 사람들이죠. 1920

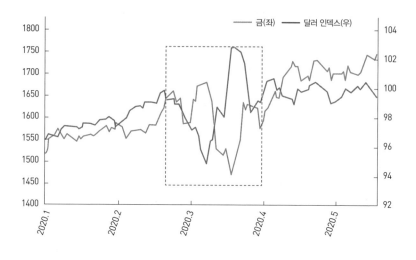

2020년 3월 20일, 코로나19 사태로 인한 금융시장의 혼란이 극에 달했던 당시 금 가격 역시 온스당 1700달러에서 1450달러 수준으로 큰 폭 하락하게 됩니다. 반면 '달러 스마일'의 특성을 가진 안전 자산인 달러는 초강세를 보이게 되죠. 달러 인덱스의 급등과 금 가격의 급락이 인상 깊은 대조를 이룹니다.

년대 말 미국 경제 대공황 당시, 은행 앞에 길게 늘어선 예금자들의 사진이 이런 상황을 대변하죠.

이때 중앙은행이나 정부가 나서서 시중 은행에 예금한 고객들의 예금은 정부가 만기 때 확실하게 돌려주겠다는 의사를 표명합니다. 그럼 줄을 서 있던 사람들 중에 당장 자금이 필요하지 않은 사람들은 발길을 돌리게 되겠죠. 미래의 수요, 즉 당장은 돈이 필요하지 않지만 불확실성을 반영하면서 나타나는 가수요를 차단하기 위한 '믿음을 심어주는 정

● 그래프 48 2008~2009년 금 가격과 달러 인덱스

앞서 〈그래프 25〉에서는 S&P500 지수와 금 가격을 비교했죠. 이 그래프에서는 같은 시기 달러와 금을 비교하고 있습니다. 리먼 브러더스의 파산을 전후한 시기 S&P500과 금 가격이 비슷하게 무너졌던 것과 달리, 달러는 초강세를 나타냈죠.

책'이 나오면 이런 마스크의, 예금 지급의, 그리고 달러의 극단적인 부족 현상을 해결할 수 있겠죠. 시장의 기대를 뛰어넘는 Fed의 과감한 무제한 양적완화 이후 시중의 극단적 달러 선호 현상이 풀리면서 금도 다시금 제자리를 찾게 됩니다.

앞서 금이 안전 자산이 아니라는 이야기를 하면서 보았던 그래프를 다시 보며 정리할까 합니다. 극단의 달러 부족이 나타났던, 그리고 무제한 양적완화로 심각했던 달러 부족 현상이 어느 정도 완화되었던 2020년 3월 당시의 금융시장 흐름을 나타낸 차트(〈그래프 47〉)를 보면서 주식, 금 가격 등을 함께 비교해보죠. 그리고 2008년 글로벌 금융위기 당시 상황(〈그래프 48〉)과 비교해서 보면 금의 특성을 이해하는 데 도움이 되리라 생각합니다. 그런데 이 두 그래프, 어디서 본 것 같지 않나요? 바로 앞 부분에서 금이 안전 자산이 아니라는 말을 할 때 이미 인용했던 차트(〈그래프 27〉과 〈그래프 28〉)입니다. 앞에서의 궁금증을 해결했으리라 생각합니다.

주식시장과 함께 다시 반등하다

자, 지금까지 설명한 내용들을 정리해보죠. 실물 화폐로서의 금, 이 특성은 종이 화폐와 반대의 흐름을 이어가는 특성을 의미합니다. 여기서 언급된 종이 화폐는 바로 미 달러화겠죠. 달러 가치가 상승하면, 즉 달러가 귀해지면 금은 힘겨운 모습을 보입니다. 반대로 달러 가치가 하락하게 되면 금 가격은 오르는 모습을 보였던 것이죠. Fed가 완화적인 통화 정책을 쓰던 시기, 혹은 달러에 대한 신뢰가 떨어졌던 1970년대가 대표적으로 금 가격이 크게 상승했던 시기라고 할 수 있을 겁니다. 반면 Fed가 호경기에 기준금리를 인상하던 시기, 즉 달러 공급을 줄이는데 달러 수요는 높아 달러 가치가 강해지는 시기에는 금이 힘을 쓰지 못했답니다. 그리고 가장 최근 2014~2018년에 걸쳐 미국이 기준금리를 인상하던 시기에 금 가격은 특히 고전하는 모습을 보였답니다.

지금까지 실물 화폐라는 관점에서 금 가격의 특성을 살펴보았습니다. 이제 금 가격의 역사 마지막 파트로 2014~2018년까지 이어졌던 미국 금리 인상 사이클에서 부진에 부진을 거듭하다가 강한 반등의 시작을 알렸던 2018~2019년의 이야기를 적어보겠습니다.

2018년 10월까지 전 세계 주식시장은 흔들렸지만 미국 주식시장만은 견고한 흐름을 이어갔죠. 그러나 이도 잠시 Fed의 파월 의장은 2018년 10월 초, 추가적인 금리 인상을 예고하게 됩니다. 글로벌 금융위기 이후 2015년 12월에 한 차례, 2016년 12월에 한 차례, 그리고 2017년에 세 차례 기준금리를 각 0.25%씩 인상했던 Fed였습니다. 그런데 2018년 들어와서는 기준금리 인상을 보다 강하게 이어가고 있었죠. 그러면서 2018년 3월, 6월, 9월까지 세 차례 기준금리를 인상했답니다.

2018년 세 차례 이어졌던 기준금리 인상은 이머징 시장을 거의 궤멸 직전으로 몰고 갔죠. 전 세계에서 가장 차별적이고 강한 성장을 보이던 미국은 금리가 인상되더라도 성장이 워낙에 튼튼하니 버텨줄 수 있었지만 다른 이머징 국가들의 경우는 달랐죠. 대출 금리가 10% 인상되면 타격이 클 겁니다. 그런데 급여가 11% 인상되었다면 크게 문제가 되지 않을 수 있죠. 미국의 성장이 강하다는 것은 이런 관점에서 해석이 가능합니다.

반면 이머징 국가들의 성장은 그리 강하지 않았으니 금리 인상의 직격탄을 맞을 수밖에 없었던 겁니다. 이미 2018년 들어 3월에 아르헨티나, 4월에 터키, 5월 이후 브라질이 힘겨운 모습을 보였고요, 한국과 중국, 인도 등 다른 이머징 국가들도 2018년 하반기부터는 흔들리기 시작했죠. 그러나 미국 금융시장은 강한 모습을 이어갔답니다. 그래서 당시 시장 참여자들이 다른 시장은 다 망가져도 미국만큼은 독야청청 강한 모습을 이어갈 수 있다는 자신감을 드러내 보이기도 했죠. 그러나 2018년 10월 초 있었던 파월 의장의 연설은 이런 자신감을 좌절감으로 바꾸어놓는 데 충분했죠. '이 정도면 이제 기준금리 인상을 마무리할 때가 된 것 아닌가' 하며 기대 중인 금융시장에 쐐기골을 박는 얘기를 해줍니다. 'Fed가 생각하는 기준금리 목표치까지는 아직 멀었다'는 말을 하게 되죠. 잠시 기사 인용합니다.

파월 연준의장, '미 금리 여전히 완화적⋯ 중립금리까진 멀었다

(연합뉴스, 2018. 10. 4)

제롬 파월 미국 연방준비제도(Fed · 연준) 의장이 연일 미국 경제를 긍정적으로 진단하면서 점진적 기준금리 인상을 이어갈 뜻을 재차 밝혔다. CNBC와 월스트리트저널(WSJ) 등에 따르면 파월 의장은 3일(현지 시간) 싱크탱크 애스펀연구소 주최 애틀랜틱 페스티벌에서 PBS 대담에 출연해 현재 미국 기준금리가 완화적이거나 긴축적이지 않은 '중립금리'에 한참 미치지 못한다고 말했다.

그는 "금리는 여전히 완화적이나 우리는 중립적인 지점까지 점진적으로 움직이고 있다"며 "중립을 지날 수도 있지만, 현시점에선 중립으로부터 한참 멀리 있는 듯하다"고 말했다. 연준은 최근 연방공개시장위원회(FOMC)에서 연방기금 금리를 연 2.00~2.25%로 0.25%포인트 인상했다. 장기적으로 중립금리로 여기는 금리는 3% 수준이다. (후략)

기사에 등장한 중립금리는 Fed가 생각하는 적정한 수준의 금리, 즉

Fed가 금리 인상을 통해 도달하려고 하는 목표치입니다. 아직 Fed가 생각하는 적정 수준 금리에 한참 미치지 못한다는 의미는 아직 추가 금리 인상이 여러 차례 남아 있다는 의미가 되겠죠. 당장 2018년 12월 FOMC에서 예정된 추가 금리 인상은 기정사실일 뿐 아니라 2019년에도 기준금리 인상을 계속해서 이어갈 것이라는 얘기가 되는 거죠. 아무리 강한 성장세를 이어가던 미국 경제, 혹은 미국 주식시장도 이렇게 연달아 기준금리를 인상하는 데에는 당해내지 못했답니다. 그러면서 2018년 10월부터 미국 주식시장도 이른바 급전직하를 시작했죠.

미국 주식시장이 크게 무너지게 되자 2019년 초 Fed는 스탠스를 크게 전환하기 시작합니다. 우선 2019년 1월, 파월 의장은 금리 인상에 인내심을 갖겠다는 발언을 합니다.

美 연준, 기준금리 동결… 앞으로 금리 결정에 '인내심'

(서울경제, 2019. 1. 31)

미국 중앙은행인 연방준비제도(Fed, 연준)는 30일(현지시간) 기준금리를 동결하고, 향후 금리 결정에서 인내심을 보이겠다고 밝혔다. 또 연준은 보유 자산 축소 계획에도 변화를 주겠다고 전해, 앞으로 연준의 통화 긴축 속도가 한층 늦춰질 것으로 예상된다. (후략)

이게 무슨 소리인가 싶을 텐데요. 그냥 금리 인상을 천천히 하겠다는 얘기겠죠. 지난 2018년처럼 분기에 한 번씩 기준금리를 인상하는 페이

스를 좀 늦추는 이른바 속도 조절을 하겠다는 의미였답니다. 일단 기준금리 인상이 멈췄다는 소식에 시장은 크게 환호했죠. 그리고 다음 페이지의 차트에서 보는 것처럼 일방적인 하락세를 이어가던 미국 주식시장이 바닥을 잡고 강한 되돌림을 시작하게 됩니다.

그러나 시장이 원하는 건 단순히 기준금리 인상의 중단이 아니었죠. 2019년 4~5월로 접어들면서 Fed에 기준금리 인하를 바라게 됩니다. 여기서 파월 의장은 지금은 기준금리 인상 사이클이고 잠시 금리 인상을 멈추어가고 있을 뿐이지 기준금리 인하는 언감생심 꿈도 꾸지 말라는 발언을 다음과 같이 하게 되죠.

미 연준, 금리 인하론 일축... '동결 기조 유지, 인플레이션 완화 일시적'

(에너지경제, 2019. 5. 23)

잠시 부연 설명을 하고 지나가죠. 이 얘기를 들은 시장은 어떤 반응을 보였을까요? 참 중앙은행도 입장이 어려운 것이요, 한두 차례 시장이 흔들릴 때 강한 경기 부양을 통해 시장의 충격을 최대한 완화시켜주면 시장은 고마워하기보다는 더 강한 부양책을 선물로 주기를 기대하곤합니다. 마치 영악한 어린 아이와 같죠. 잘해주면 더 많은 선물을 기대하고, 그 선물을 주지 않으면 마구 울면서 떼를 쓰는 그런 모습을 보이곤 하죠. 시장이 떼를 쓴다? 네, 주식시장을 비롯한 금융시장 전체가 크게 흔들리는 현상을 보인다는 점을 말하는 겁니다. 2018년 4분기의 매서운 주식시장 붕괴 앞에서 Fed는 기준금리 인상의 잠정 중단을 선언했던 것이고요, 이후 주식시장은 더 많은 선물을 기대했죠. 그 선물이 바로 기준금리 인상 사이클의 중단 및 금리 인하였던 겁니다. 그런데 Fed에서는 "지금은 기준금리 인상 사이클에 있으며 기준금리 인하는 고려하지 않고 있다"는 말을 했으니 시장이 실망을 할 수밖에 없겠죠. 강한 반등세를 나타내던 미국 주식시장은 2019년 5월에 접어들면서 다시금 긴장하는 모습을 나타내게 됩니다. 추가 선물, 즉 금리 인하를 기대하던 어린 아이가 선물을 받지 못하니 잔뜩 화가 난 모습이라고나 할까요? 그런 상황이 펼쳐진 겁니다.

시장의 흔들림 속에서 Fed는 어떤 선택을 했을까요? 시장에 끌려간다는 느낌이 정말 싫었겠지만 결국 파월 의장은 시장이 이렇게 흔들린다면 기준금리 인하도 고려할 수 있다는 발언을 하게 되죠. 그리고 주식시장의 긴장 국면은 이 발언과 함께 끝나게 됩니다. 금리 인하는 결국 추가적인 경기 부양의 시그널이 됩니다. 경기 부양의 시그널이자 사실상 시장이 바라는 것을 이루어준 것이죠. 떼쓰고 있는 어린 아이에게 원하는 선물을 해주었으니 아이가 방긋 웃지 않았을까요? 네, 긴장의 흐름을 이어가던 글로벌 주식시장이 빠른 반등세로 전환되었답니다.

그리고 하나 더 있습니다. 금리 인하라는 말을 했죠? 미국 금리 인상은 시중 달러 유동성 공급을 줄인다는 의미입니다. 지난 2015년 이후 이어져온 미국 금리 인상 사이클로 인해 가장 크게 눌려 있던 자산이 바로 금이었죠. 그러나 금리 인상 사이클이 끝나고 이제 금리 인하가 시작

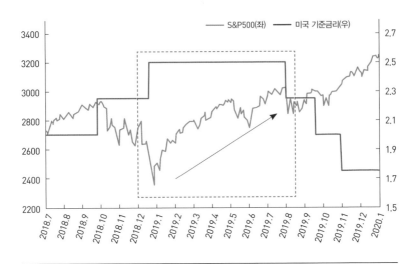

지속적인 기준금리 인상으로 인해 2018년 4분기 글로벌 주식시장은 큰 폭의 하락을 겪게 되죠. 이후 금융시장의 붕괴를 우려한 Fed의 기준금리 동결 및 인하 스탠스로의 전환으로 인해 주식시장은 강한 반등세를 나타내게 됩니다.

된다는 소식이 들려온 거죠. 그럼 그동안 억눌려 있던 금이 한풀이에 나설 수 있지 않았을까요? 네, 다음 페이지의 차트를 보죠.

차트를 보면 일단 하락하던 주식시장이 반등에 나서고 금 가격이 수직으로 상승하는 모습을 확인할 수 있죠? 네, 금리 인상이 끝나고 이제 금리 인하가 시작된다는 기대감이 커지면서 금이 기지개를 펴기 시작했던 겁니다. 그리고 실제 금리 인하 가능성을 내비쳤던 Fed 파월 의장은 실제 금리 인하에 나서게 됩니다. 2019년 7월 기준금리를 인하한 겁니다. 여기서 그친 것이 아닙니다. 트럼프 행정부는 중국과 강한 무역 전

2019년 1월부터 기준금리 동결로 스탠스를 전환했던 Fed는 2019년 5월, 시장 불안이 재연되자 6월 금리 인하 가능성을 시사합니다. 중장기 미국 금리 인상 사이클에 눌려 있던 금 가격이 각성하는 모습이 보이나요? 온스당 1200달러 선에 눌려 있던 금 가격은 온스당 1500달러 수준으로 껑충 뛰어올랐죠. 이후 단행된 '보험적 금리 인하'에 힘입어 온스당 1700달러를 넘는 등 추가 상승세를 이어가게 됩니다.

쟁을 벌이면서 경기 둔화의 파고가 더욱 커지자 2019년 8월과 10월에 추가로 기준금리를 두 차례 더 인하했죠. 2019년 2월에 있었던 파월 의 장의 발언이 참 인상 깊었는데요, 이런 얘기를 합니다. 기사를 인용해보 죠.

　　네, 미국 경기는 양호하지만 중국이나 유럽 등의 경기 둔화가 향후 미국의 경기 둔화로 이어질 수 있기에 선제적으로 이런 악영향을 차단하고자 기준금리를 동결한다는 발언을 하죠. 파월 의장은 미국 경기는 양호하지만 대외 불안 요인, 즉 '역풍concurren'이 미국 경제를 불안에 빠뜨릴 수 있음을 이유로 이후에도 사전적 금리 인하까지 이어가게 되죠. 특히 2019년 하반기 미국 경기가 양호함에도 단행했던 세 차례, 총 0.75%의 예방적인 기준금리 인하가 앞서 설명했던 '보험적 금리 인하'입니다. 세 차례의 기준금리 인하는 시중에 달러 유동성 공급 증가를 의미할 겁니다. 달러 공급의 증가는 당연히 금 가격에 긍정적인 영향을 미쳤겠죠? 네, 2019년 하반기부터 금 가격은 강한 상승세를 나타내면서 온스당 1600달러를 돌파했답니다. 〈그래프 50〉과 함께 파월 의장이 언급했던 '역풍'이라는 단어를 기억해주었으면 합니다. 뒤에서 다시 한번 언급할 단어입니다.

반복되는 역사 속에서 금을 바라보라

실물 화폐로서의 금을 설명하기 위해 아주 길게 돌아온 듯합니다. 금의 역사에 대해 설명을 했고요, 이제 최종 정리를 해볼까 합니다. 1900년 대 초 온스당 20달러로 시작했던 금 가격이 1930년대 대공황 당시 루스벨트 대통령의 통화 경기 부양책의 일환으로 온스당 35달러 수준으로 바뀌었다는 점을 기억할 겁니다. 그리고 제2차 세계 대전 직후 브레튼 우즈 체제를 거치면서까지 지속되던 온스당 35달러의 국제 금 가격은 1971년 닉슨 쇼크 이후 큰 폭의 상승을 보이게 되죠. 이유는? 네, 금 본위 화폐제의 철폐입니다. 금에 묶여 있던 달러를 마음껏 풀어버리게 되었기에 고삐 풀린 달러의 공급이 늘어나면서 금 가격이 천정부지로 뛰었던 것이죠. 그러면서 전 세계는 인플레이션의 시대로 접어들게 됩니다.

10여 년간 전 세계 경제를 짓눌렀던 인플레이션과의 전쟁이 시작된 1980년대 초반, 급격한 달러 공급 축소로 실물 경기마저 크게 위축이 되었죠. 이와 함께 화려한 1970년대를 보내던 금 가격은 20년간의 어두운 터널로 접어들게 됩니다. 1980년대 초반의 강한 긴축이 끝난 이후에도 미국 경제의 차별적 성장과 함께 찾아온 달러 수요의 증가와 이로 인한 달러 강세로 금 가격은 1990년대까지 힘을 쓰지 못했죠. 20년간 저주받았던 금이 다시금 눈을 뜨게 된 계기는 2000년의 IT 버블 붕괴와 2001년의 9.11 테러였답니다. IT 버블 붕괴는 1990년대 미국 경제를 견인하던 핵심 엔진에 크나큰 훼손이 가해졌음을 의미했죠. 그리고 9.11 테러는 미국 경제의 중장기적인 성장에 대한 기대감을 불확실함으로 꺾어버리는 대형 악재였죠.

이후 글로벌 금융위기 이전까지 미국의 차별적인 성장 추세가 꺾이고 중국을 중심으로 한 이머징의 시대가 찾아오게 되면서 달러에 대한 수요는 크게 살아나지 못했습니다. 그리고 시장에서는 달러 대신 위안화의 시대가 찾아왔다는 평가가 들려왔죠. 달러 수요의 감소는 달러 가치의 하락을, 그리고 반대로 금 가격의 강세를 의미하게 됩니다. 네, 20년간의 수렁에 빠져 있던 금이 다시금 눈을 뜨게 된 시기였죠.

그리고 글로벌 금융위기 당시 일시적인 달러 부족의 파고를 거친 이후 양적완화 확대가 시행되면서, 달러의 공급이 크게 늘어나는 것을 반영하며 금 가격은 고공비행을 시작하게 되죠. 그러면서 2011년 온스당 1900달러로 사상 최고치의 금 가격을 기록하게 되었죠.

이후 2012년 하반기를 기점으로 미국 경제가 살아났고 유럽 재정위기, 중국 부채 부담 등으로 인해 미국의 차별적인 성장이 더욱더 두드러지게 부각됩니다. 달러에 대한 수요가 크게 늘어나게 되면서 달러 가치가 반등을 시작하자 초강세를 보이던 금 가격은 서서히 고개를 숙이기 시작했죠. 그리고 2013년 5월 발표된 Fed의 출구 전략 플랜은 금 가격에 궤멸적 타격을 주었습니다. 2015년부터 본격적으로 시작된 미국 금리 인상과 달러 강세 앞에서 금 가격은 온스당 1000달러 수준까지 무너져 내리는 부진을 보였답니다. 그리고 2018년 4분기 미국 금리 인상 사이클이 끝나는 시기까지 금은 고전을 면치 못했죠.

2019년 들어 분위기는 사뭇 달라졌답니다. Fed의 금리 인상 중단 선언이 나왔고요, 급기야 하반기에는 보험적 금리 인하라는 이유로 실제 금리 인하가 단행됩니다. 미국 금리 인하는 달러 공급의 확대를, 달러 공급의 확대는 달러 가치의 하락을 의미하죠. 금 강세 요인이 되어줍니

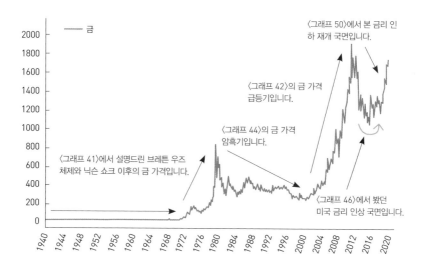

이 차트 하나를 설명드리기 위해서 참 많이 돌아왔습니다. 1940년 이후의 금 가격인데요, 각 시기별로 앞의 그래프 번호를 적어두었습니다. 보면서 앞의 내용을 빠르게 정리하죠.

다. 그리고 코로나19 사태를 거치면서 마찬가지로 극단적 달러 수요의 증가로 인해 금이 잠시 초긴장 상태를 보였지만 이후 시작된 Fed의 무제한 양적완화에 힘입어 금 가격이 2020년 5월 현재 온스당 1700달러 수준을 유지하게 된 겁니다.

과거 상황에 대해 다소 장황하게(?) 이야기를 했죠. 실물 화폐로서의 금의 특성에 대해 과거의 국면을 하나하나 보면서 설명을 해야 했기에 거의 100년 이상의 역사를 적어보았습니다. 숫자를 글로만 말씀드리니까 잘 와닿지 않으실 것 같아 정리 차원에서 초창기 금 가격의 역사를 담은, 금 가격의 장기 움직임을 그려놓은 차트를 소개합니다. 다시 한번 보면서 앞에서 정리했던 내용과 하나하나 매칭을 시켜보며 실물 화폐로서의 금의 특성을 보다 뚜렷하게 읽어낼 수 있으리라 생각합니다.

이렇게 과거를 꼼꼼히 살펴본 이유, 당연히 금의 특성에 대해서 파악하고 이를 토대로 미래 금 가격의 흐름을 예상해보기 위해서입니다. 과거의 이야기는 이쯤에서 마무리할까 합니다. 이제 앞으로의 이야기를 해보겠습니다.

달러의 손에 달린
금의 향방

미래를 예측한다는 것은 쉬운 일이 아니죠. 그리고 워낙에 많은 변수가 있기에 그런 예측은 틀리기 일쑤입니다. 2020년 상반기만 해도 코로나 19 사태, 이란과 미국의 분쟁 등 뜻하지 않았던 리스크가 터져 나오곤 했죠. 이런 것늘 하나하나를 모두 고려해서 미래를 바라본다? 쉽지 않은 얘기겠죠. 아니, 불가능한 얘기일 겁니다. 그래서 아주 큰 그림에서만 러프하게, 그리고 조심스럽게 앞으로 펼쳐질 시나리오들을 얘기해볼까 합니다. 그리고 그 시나리오들 하나하나를 보면서 금이 어떤 투자 매력을 나타낼 것인지를 고민해보는 내용을 지금부터 살펴보겠습니다.

저금리 기조와 과도한 부채가 가져올 결과

앞서 금의 역사를 읽으면서 어떤 느낌을 받았나요? 아마도 무슨 일만 터지면 돈을 풀다가, 조금 괜찮아지면 주워 담다가, 또 무슨 일이 터지면 풀고, 담고, 풀고, 담고 하는 과정이 반복적으로 나타나는 것을 볼 수 있었죠. 다만 한 가지 중요한 것은 풀고 담고 하는 과정을 반복하더라도 시중에 풀린 종이 화폐의 양은 과거 대비 꾸준히 늘어났다는 겁니다. 그러니까 과거 대비 실물 화폐인 금의 가격이 올라 있는 거겠죠. 지난 100년간 이런 그림이 이어졌다면 앞으로도 상당 기간은 비슷하게 진행되지 않을까요? 네, 저는 향후에도 이런 그림은 이어지리라 생각합니다. 아니, 보다 가속화되리라 생각합니다. 가장 큰 이유는 과도한 부채에 있습니다.

글로벌 금융위기 이후 전 세계적으로 저성장 저금리 기조가 고착화되었습니다. 글로벌 금융위기라는 큰 충격에 세계 경제는 기존과 같은 성장을 이어갈 수 없었던 거죠. 성장이 빠르게 둔화가 됩니다. 성장이 위축되면 그동안 쌓아둔 부채가 워낙 많기 때문에 부채 문제가 터져 나올 수밖에 없겠죠. 2010~2012년 동안 나타난 유럽 국가들의 재정위기나 2015년 중국의 부채위기는 부채가 워낙에 심각한 상황에서 성장이 정체될 때 나타나는 대표적인 위기라고 할 수 있습니다. 네, 핵심은 부채죠.

재미있는 점은 이 부채라는 것이 저성장 기조 하에서는 정말 기하급수적으로 늘어난다는 겁니다. 경기 부양을 위해 금리를 낮추게 된다고 생각해보죠. 금리는 돈의 값입니다. 금리가 낮아졌다는 얘기는 돈의 가격이 낮아졌다는 의미고요, 돈의 값이 낮아지면 돈의 수요가 증가합니다. 경제 주체들이 낮은 비용에 돈을 쓸 수 있는 여건이 형성되는 겁니다. 아무 걱정 없이 낮은 금리에 돈을 빌릴 수 있는 거죠. 과거에는 1억 원의 주택담보 대출을 받는다는 것이 정말 무서웠습니다. 대출 금리가 10%에 육박하는데 1억 원의 대출을 받으면 연간 1000만 원의 이자를 내야 하는 거잖아요? 금리가 높으면 감히 대출을 받을 수 없죠. 그런데 이제 금리가 2% 수준으로 낮아졌습니다. 그럼 1억 원 대출을 받더라도 나오는 연간 이자가 200만 원 수준이죠. 이걸 12개월로 나누면 한 달에 20만 원이 되지 않는 금액의 이자만 내고 집을 살 수 있게 된 겁니다. 저금리는 결국 대출에 대한 수요를 자극하는 역할을 하게 되죠.

이렇게 1억 원을 빌려서 집을 사려고 할 때 걱정되는 것이 하나 있죠. 지금이야 금리가 이렇게 낮지만 미래에는 금리가 크게 뛸 수 있다는 두려움이 바로 그겁니다. 지금은 2%지만 앞으로 12%가 되면 변동금리를 선택한 가계는 정말 큰 어려움에 봉착할 수 있겠죠. 그런데요, 이런 컨설팅을 받습니다. 지난 20년 동안 우리나라 시중금리 흐름을 보라는 거죠. 20년 동안 잠시 반등했던 일부 시기를 제외하면 일방적으로 금리가 내려오는 모습이었죠.

그리고 되묻습니다. 앞으로 금리가 그렇게 많이 오를 것 같냐고요. 여러분 마음속으로 그런 생각이 들겠죠. '올라봤자 뭐……' 이런 느낌이라고나 할까요? 네, 경제 주체들의 마음에 저금리 이상으로 중요한 것은 저금리가 '고착화'될 것이라는, 즉 장기화될 것이라는 기대라고 생각

● 그래프 52 **한국 10년 국채 금리**

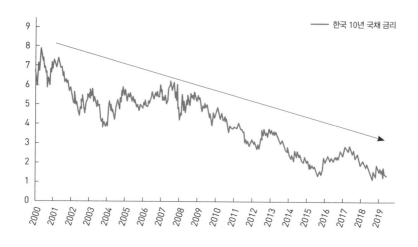

2000년대 들어 한국의 시장금리도 지속적인 하락세를 보였죠. 현재 금리가 사상 최저라는 점도 중요하지만, 장기적인 금리 하락의 관성으로 인해 '금리는 계속해서 떨어지는 것'이라는 사람들의 확신이 뿌리 깊게 자리매김하게 되었다는 점도 주목할 필요가 있습니다.

합니다. 지금 금리가 정말 낮고, 앞으로도 이 낮은 금리가 유지된다고 생각한다면 앞에서 고려했던 고민들은 모두 훌훌 털고 대출을 받아서 집을 살 수 있겠죠. 저금리 장기화는 이렇게 사회 전반의 부채를 크게 늘려주게 됩니다. 그래서 우리나라 가계 부채가 1800조 원이 된 거죠.

　이는 비단 우리나라만의 현상이 아닙니다. 전 세계적인 저금리 기조로 인해 전 세계가 부채를 늘려왔죠. 2008년 글로벌 금융위기는 미국을 비롯한 주요 국가 금융 기관들의 부채가 너무나 컸기에 터진 위기였습니다. 그런데요, 최근 나오는 기사들을 보면 글로벌 국가들의 부채가 금융위기 당시의 수준을 넘어섰다는 내용을 알 수 있죠. 잠시 확인하고 갑니다.

'빚 쌓이는 속도 줄지 않아'… 전 세계 총부채 250조 달러 돌파 신기록

(중앙일보, 2019. 11. 17)

이머징 국가의 부채, 미국 국가 부채, 유럽 부채, 한국의 가계 부채도 그중 하나가 될 겁니다. 네, 금융위기 이후 저금리 고착화에 대한 기대는 부채의 급증을 낳았던 겁니다. 그리고 그렇게 쌓아올린 부채의 탑이 코로나19와 같은 외부의 충격에 의해 흔들릴 때마다 글로벌 금융시장이 함께 출렁여왔던 거죠.

아주 간단한 이치입니다. 농담처럼 들릴 수 있겠지만 경기 불황이 찾아와도 산 속에 들어가서 고사리만 뜯어먹으며 버티면서 살아갈 수 있을 겁니다. 그러나 빚이 많으면 얘기가 다르죠. 빚쟁이들이 산 속까지 찾아와서 돈을 갚으라고 하겠죠. 참고로 2020년에 겪은 코로나19 사태는 과거의 금융위기나 대공황과는 약간 성격이 다릅니다. 경제 체제 자체가 무너졌다기보다는 팬데믹으로 인해 일시적으로 경제가 멈춰 선 거죠. 천재지변으로 인해 경제가 멈춰 섰을 때 부채가 없다면 앞서 말했던 것처럼 그냥 자급자족으로 버티고 있으면 됩니다. 그렇지만 부채가 워낙 많기 때문에 경제 활동을 통해 돈을 벌어 이자를 낼 수밖에 없는 상

황인 겁니다. 이런 상황에서 경제가 잠시라도 멈춰 서게 되면 부채 부담으로 인해 파산할 가능성이 높아지게 됩니다.

미국 Fed를 비롯한 글로벌 중앙은행들은 경제 주체 전반적으로 부채가 과도하다는 것을 잘 알고 있습니다. 팬데믹으로 인해 경제가 잠시 멈추어 섰을 때 이 기간 동안 돈을 잠시 벌지 못해 파산하는 것을 최대한 막아보고자 양적완화를 비롯한 다양한 경기 부양 프로그램을 가동했던 겁니다. 뭐라고 표현하면 좋을까요…… 브리지Bridge(다리)라고 하면 감이 좀 올까요? 네, 팬데믹으로 인한 경제 활동의 공백 기간에 부채로 인한 파산을 최소화하기 위한 경기 부양, 이게 2020년 상반기 코로나19 사태 당시 Fed를 비롯한 전 세계 중앙은행이 취했던 스탠스라고 이해하면 되겠습니다. 부채가 많다는 것은 결국 외부의 충격이 찾아왔을 때 그 충격을 훨씬 더 크게 만들어버리게 됩니다.

부채 해결의 세 가지 방법

자, 지금까지 우리는 전 세계에 부채가 많아졌다는 점과 이로 인해 위기가 반복적으로 생겨나고 있음을 살펴보았습니다. 다들 느끼겠지만 '부채가 많다'라는 점보다 중요한 것은 '이런 부채 문제를 어떻게 해결할까'일 겁니다. 거대하게 쌓여버린 부채…… 이걸 어떻게 해결할 수 있을까요? 과거 역사의 케이스를 통해서 부채 해결을 어떤 식으로 해왔는지 생각해보도록 하죠.

우선 첫 번째입니다. '긴축_{austerity}'이라는 방법이 있죠. 말이 좋아 긴축이지 빚이 많은 만큼 허리띠를 졸라매서 지출을 줄이고 열심히 벌어서 소득을 늘려 빚을 갚으라는 얘기입니다. 이건 그냥 교과서에 나와 있는 해법이죠. '돈을 빌렸으면 열심히 벌어서 갚으세요' 정도의 얘기인데요, 그냥 빚이 있을 때에는 당연히 진리일 겁니다. 다만 그냥 빚이 아니라 '거대한 빚'인 경우에는 얘기가 다릅니다. 홍길동이 월급쟁이인데, 1000억 원의 빚을 지고 있다고 해보죠. 홍길동에게 말합니다. 최대한 지출을 줄이라고요. 그리고 열심히 벌어서 투잡을 뛰어서 빚을 갚아보라고 조언을 해줍니다. 그런데요, 빚이 1000억 원이면 이걸 살아생전에 다 갚을 수 있을까요? 투잡 아니라 쓰리잡을 뛰어도 이건 불가능할 겁니다.

2011년 유로존 사태 때가 대표적인 케이스죠. 유럽 국가 중 가장 취약했던 그리스가 빚더미에 앉게 되면서 처참하게 무너져 내렸습니다. 당시 해법은요, 그리스에 돈을 빌려주었던 채권자들이 일시 대출 만기를 늦춰줄 테니 즉, 빚을 조금 더 천천히 갚을 수 있도록 유예를 해줄 테니 열심히 벌어서 갚으라고 한 거였답니다. 단, 그리스가 그런 노력을 제대로 하고 있는지를 확인하기 위해 수시로 그리스가 빚을 갚기 위해 하고 있는 행동을 모니터링하고 간섭을 하겠다는 조건을 추가합니다.

그런데요, 그리스는 이미 부채위기로 인해 웬만한 산업이 다 무너진 상태였죠. 성장에 큰 상처가 난 상태였습니다. 돈을 벌 수 있는 방법이 없는데, 지출을 최대한 줄여서 어떻게든 갚아보라고 한 겁니다. 거대한 빚이 있는데, 예전보다 성장 잠재력까지 훼손된 상태에서 돈을 벌어서 이 빚을 갚는 게 현실적으로 가능했을까요? 3년여가 지난 2015년 상반기부터 그리스 경제는 다시 흔들리기 시작했고요, 도저히 대출을 갚을 수 없다는 얘기가 나오기 시작합니다. 채권자들은 이때 그리스에 대해 왜 제대로 긴축을 하지 않느냐는 비난을 하기 시작했죠. 그리스의 반응은 어땠을까요? 네, 현실적으로 불가능한 '긴축'이라는 해법을 밀어붙이는 채권자들에게 큰 반발감을 나타냈고, 그리스에서는 급진 정당인 시리자Syriza당이 집권하게 되죠. 그러면서 기존의 채무를 불이행하겠다는, 즉 돈을 갚지 못하겠다는 의사를 표명합니다. 그리고 극단적인 선택인데요, 그리스가 유로존을 이탈하겠다는 이른바 그렉시트Grexit를 단행하겠다고 채권자들을 압박하게 되죠. 당시 상황을 담은 기사를 잠시 보고 오죠.

그리스−채권단 3차 협상 가시밭길… 불발 땐 그렉시트 현실화

(파이낸셜뉴스, 2015. 7. 6)

네, 부채 탕감은 절대 불가하며 강력한 긴축을 통해 돈을 갚으라고 그리스를 압박하는 채권단과 무리한 긴축안에 강하게 반발하면서 벼랑 끝 협상을 진행하는 그리스의 케이스를 담은 기사입니다. 이렇듯 현실적이지 않은 긴축안은 그리 좋은 방법이 아닙니다. 문제의 해결보다는 부채 문제의 장기화 및 부채를 짊어진 국가들의 반발을 사게 되죠. 어설픈 긴축의 강요보다는 다른 해법을 찾는 것이 훨씬 현명할 수 있습니다.

음…… 거대한 부채 앞에서는 긴축이 효과적이지 않다는 얘기인데, 그럼 다른 해법으로 무엇을 생각할 수 있을까요? 두 번째는 채권자들이 많은 빚을 지고 있는 채무자의 빚을 탕감해주는 방법이 있습니다. 그런데요, 이게 약간의 빚이면 상관이 없는데 거대한 빚이라는 게 문제죠. 그럼 거대한 빚을 탕감해주면 채권자들은 남아날 수 있을까요? 채권자들이 크게 흔들리는 일이 벌어지게 됩니다. 금융위기 등을 보면 결국 은행이나 금융 투자 기관들이 더 높은 이자를 받기 위해 어딘가에 돈을 빌려주죠. 그런데 돈을 빌린 금융 기관, 즉 채무자가 파산을 하게 됩니다. 이들이 파산하게 되면서 투자를 했던 금융 기관들, 즉 채권자들마저 위기에 처하는 연쇄 파산 상태에 처하게 되죠. 금융위기는 보통 이렇게 일어나게 됩니다.

앞서 말씀드린 유로존의 위기 때도 상당히 비슷했죠. 그리스에 돈을 빌려준 채권자들은 유로존의 대형 은행들이었습니다. 그리스의 채무를 탕감해주면 그리스야 행복하겠지만 유로존 은행들은 그만큼 빌려준 돈을 받지 못하게 되면서 거대한 손실을 보게 되겠죠. 유로존의 은행들이 파산하게 될 겁니다. 은행은 자본주의 경제의 심장이죠. 은행은 대출을 통해 사람으로 따지면 혈액에 해당하는 자금을 시중에 공급하는 역할을 합니다. 그런 은행이 파산하게 된다면 시중에 자금을 공급하는 주체, 즉 심장이 멈추게 되는 것이죠. 시중에 돈이 돌지 않으면 어떤 일이 벌어지게 될까요? 네, 과도한 빚을 지고 있는 채무자를 살리기 위해 부채를 탕감해줬더니 채권자, 즉 은행이 무너지면서 오히려 금융위기와 같은 사태가 발생할 수 있는 겁니다. 과연 단순히 '빚을 탕감해준다'라는 게 해법이 될 수 있을까요?

일단 여기까지만 정리해보겠습니다. 거대한 부채를 해결하기 위한 두 가지 해법을 살펴보았죠. 첫 번째는 쓸 거 줄이고 벌어서 갚는다는 정공법이었고요, 두 번째는 채무자의 빚을 탕감해주는 안이었습니다. 벌어서 갚는 정공법은 좋지만 현실성이 떨어지죠. 그리고 채무자의 빚을 탕감해주면 오히려 금융 기관들이 흔들리면서 보다 큰 금융위기로 이어질 수 있다는 얘기를 했습니다. 그럼 아직까지는 부채 문제에 대한 뚜렷한 해법이 나온 것이 아니군요. 그럼 다른 해법을 살펴봐야 합니다.

그래서 세 번째 해법은요, 상당히 매력적인 해법입니다. 금리를 최대한 낮춰주는 거죠. 홍길동의 빚이 1000억 원 있습니다. 홍길동의 대출에 적용되는 이자가 만약 0%라면 어떤 일이 벌어지게 될까요? 그리고 조금 발칙한 상상이기는 하지만 홍길동의 대출 금리가 마이너스 1%라면 어떤 일이 벌어지게 될까요? 0%의 경우 이자를 내지 않겠죠. 홍길동은 계속해서 돈을 벌어서 원금을 갚으면 됩니다. 이자를 낼 필요가 없으니까요. 그럼 어떻게든 원금을 줄일 수 있겠죠. 후자의 경우 대출 금리가 마이너스가 되면 오히려 홍길동이 1000억 원을 빌리고 10억 원만큼 이자를 받는(?) 일이 벌어지게 되는 거죠. 이른바 마이너스 금리의 시대가 열리는 겁니다. 그럼 마이너스 금리로 이자를 받아서 이걸로 원금을 계속 갚아나가면 보다 빠르게 부채를 상환하게 되는 거죠.

일본은 1990년대 초반, 버블 경제가 무너지면서 거대한 부채의 위기를 경험했답니다. 20년이 넘는 기간 동안 불경기를 이어오고 있죠. 일본 경기가 왜 이렇게 살아나지 못하나 하는 생각을 할 수 있겠지만 이런 생각도 가능할 듯합니다. '어떻게 거대한 부채위기를 겪었는데도, 빚이 저렇게 많은데도 20년 이상을 버틸 수 있을까'라는 생각이죠. 간단합니다. 일본은 버블 붕괴 이후 엄청난 국고 자금을 털어서 경기 부양에 나섰죠. 물론 효율적인 경기 부양은 아니었지만 일본 경제가 대공황과 같은 위기 상황으로의 진입을 차단하는 데는 결정적인 역할을 했습니다. 그리고 이 과정에서 엄청난 재정 적자를 쌓게 되었죠. GDP 대비 두 배가 넘는 일본의 국가 부채는 다른 국가들과 비교해도 압도적인 수준입니다.

국가 부채가 상당한 만큼 그 부채 부담을 최소화하기 위해 일본은 전세계에서 가장 먼저 제로 금리를 도입하게 됩니다. 1990년대 후반에 제로 금리를 도입했고요, 2001년부터는 전 세계에서 가장 먼저 양적완화 프로그램을 통해 엔화 유동성을 공급했던 바 있죠. 금리가 워낙에 낮으니까, 이자를 적게 내도 되니까 일본 경제가 거대한 부채의 파고 속에서도 버틸 수 있었던 겁니다. 다만, 제로 금리로 버티는 것은 가능했어도 부채 문제를 해결하지는 못했기에 결국 마이너스 금리까지 넘어간 것이죠. 일본은 2016년 1월 말, 마이너스 금리를 도입하면서 2020년 상반기 현재까지 이어오고 있습니다.

이런 점은 유로존도 상당히 비슷하죠. 유럽 재정위기는 국가가 과도한 부채를 짊어졌기에 발생한 위기라고 했습니다. 앞서 말했던 것처럼 2010~2012년 유럽 재정위기 당시 유로존은 돈을 찍어 뿌리는 정책보다는 '긴축', 즉 최대한 벌어서 갚는 것을 유도했답니다. 현실적이지 않은 정책을 이어갔기에 유로존 경제는 장기 불황을 경험하고 있죠. 이후 유로존은 사태의 심각성을 느끼고 일본보다 앞선 2014년 마이너스 금리를 도입하게 되고, 2015년 3월부터 본격적인 양적완화에 돌입했답니다. 결국 유로존도 부채가 많은 상태에서 이례적인 저금리라는, 혹은 마이너스 금리라는 카드를 사용할 수밖에 없었던 겁니다.

유럽과 일본이 마이너스 금리를 도입했다면 미국도 당연히 이 방법을 고민해볼 수 있지 않을까요? 미국은 금융위기 직후 적극적으로 제로 금리와 과감한 양적완화를 진행하면서 경기의 추락을 막아내는 데 성공했죠. 그리고 미국 기업들의 기술 혁신 등에 힘입어 2012년 하반기부터는 완연한 경기 회복 추세로 전환하는 데 성공했답니다. 경기가 빠르게 돌아서는 만큼 제로 금리를 넘어선 마이너스 금리를 고민할 필요가 없었죠. 오히려 2015년 12월부터 미국은 기준금리 인상 사이클에 접어들었습니다. 그러나 2019년 하반기 무역 전쟁 및 글로벌 경기 둔화의 파고 속에서 세 차례 보험적 금리 인하를 단행했고, 2020년 상반기에는 코로나19 사태로 인해 제로 금리 및 무제한 양적완화 프로그램을 가동하고 있죠.

코로나19 사태를 해결하기 위해 미국은 전 세계에서 가장 과감한 경기 부양책을 실시하고 있습니다. 통화 정책 측면에서 Fed는 무제한 양적완화를 진행하고 있고, 트럼프 행정부는 2조 달러가 넘는 국가 재정을 털어서 가구마다 현금을 지급하는 등의 재정 정책을 통과시켰죠. '와, 돈 많이 쓰는구나. 멋지다'라는 생각을 할 수도 있지만 '그 돈은 어디서 구할까'라는 생각도 해볼 수 있죠. 국가가 돈을 구하기 위해서는 세금을 더 많이 걷거나 국채를 발행해서 더 많은 돈을 빌려야 할 겁니다. 코로나19 사태로 인해 각 가정에 현금을 주는 정책을 쓰고 있는데 세금을 더 많이 걷는다? 이건 그야말로 난센스겠죠. 당연히 국채 발행을 늘려서 돈을 빌려야 할 겁니다. 국채 발행이 늘어난다는 것은 미국의 국가 부채가 크게 늘어난다는 의미 아닐까요? 지난 2019년 2월 미국의 국가 부채는 22조 달러를 넘어서면서 사상 최대치를 돌파했죠. 그러나 이 정도로 그치지 않았죠. 코로나19 사태를 겪으면서 2020년 5월에는 25조 달러까지 국가 부채가 치솟게 됩니다. 관련 기사를 잠시 보죠.

트럼프 정부, 국가 부채 22조 달러로 사상 최대 기록

(경향신문, 2019. 2. 14)

슈퍼 부양책에 미 국가 부채 25조 弗

(한국경제, 2020. 5. 7)

네, 미국의 가계나 기업의 부채는 이미 금융위기 당시의 수준을 크게 넘어섰답니다. 여기에 국가 부채 역시 천문학적으로 늘어난다고 하면 미국 역시 이런 부채 부담을 해결하기 위한 무언가를 고민하게 될 겁니다. 무엇이 있을까요? 네, 유럽이나 일본은 부채가 워낙에 심각했기에 마이너스 금리를 도입했죠. 미국도 상당한 국가 부채 부담을 짊어지게 되니 음…… 뭐랄까요? 마이너스 금리에 대한 이슈가 부각되지 않을까요? 그래서 이런 기사가 나오게 됩니다.

네, 부채가 많더라도 금리가 바닥에 붙어버리면 부채의 부담을 최소화할 수 있겠죠? 과거에도 전쟁이 끝난 직후에 각국 정부는 전비 조달로 인해 늘어난 부채 부담을 낮추기 위해 인위적인 저금리 기조를 이어가려고 노력했던 바 있습니다. 금융위기 이후 전 세계는 경기 부양을 위해 상당한 빚을 쌓아왔습니다. 그리고 코로나19 사태 이후 보다 많은 부채를 쌓게 되었죠. 그럼 그만큼 부담이 커지게 될 겁니다. 일본이나 유럽처럼 마이너스 금리까지는 아직 알 수 없지만 금리를 최대한 낮게 유지하려는 움직임은 향후에도 이어지지 않을까요? 네, 거대한 빚을 해결하는 세 번째 방법으로 금리를 낮추는 해법을 얘기해봤습니다. 앞의 두 가지 솔루션보다는 훨씬 더 현실적으로 들리네요.

부채를 녹여버리는 인플레이션의 마법

그럼 이걸로 끝일까요? 아닙니다. 이제 소개할 거대한 빚을 해결하기 위한 마지막 솔루션은 매우 매력적으로 들릴 겁니다. 바로, 부채를 '녹여버리는' 방법입니다.

기본적으로 부채는 화폐 표시 자산이죠. '1000만 원 대출', 이런 식으로 화폐로 부채의 크기를 나타내게 됩니다. 다들 알고 있는 '인플레이션'이라는 단어가 있습니다. 인플레이션은 물가의 상승을 의미하죠. 물가는 물건의 가격을 말합니다. 물건의 가격은 당연히 화폐로 나타내게 되죠. 물가가 오른다는 것은 물건의 가격이 비싸진다는 의미이지만, 뒤집어 생각하면 화폐의 가치가 하락하는 것이라고 해석할 수도 있지 않나요? 화폐의 가치가 하락하게 되면 마찬가지로 화폐 표시 자산인 부채의 실질적인 크기도 줄어들게 되지 않을까요?

조금 쉽게 생각해봅니다. 30년 전의 1000만 원 빚과 지금의 1000만 원 빚의 느낌을 비교해보는 겁니다. 30년 전 수도권의 작은 아파트 가격이 1000~2000만 원을 하던 때가 있었죠. 당시의 1000만 원은 사실상 집 한 채의 가치를 나타냅니다. 부채 1000만 원은 상당한 크기로 다가오게 되죠. 반면 지금은 수도권에서 1000만 원은커녕 1억 원짜리 집을 찾기도 쉽지 않습니다. 30년 전의 1000만 원 빚과 지금의 1000만 원 빚……. 당연히 전자의 빚이 훨씬 더 부담스럽게 느껴지죠. 이런 일이 일어난 가장 큰 이유, 당시보다 화폐의 가치가 하락했기 때문입니다. 화폐 가치의 하락은 화폐 표시 자산인 부채의 실질적인 부담을 줄여주게 됩니다. 그럼 부채의 부담을 줄이는 데 화폐 가치의 하락, 즉 물가의 상승을 의미하는 인플레이션은 하나의 특효약이 될 수 있겠죠.

홍길동이 은행에 1000억 원의 빚을 지고 있습니다. 갚을 방법이 없죠. 그런데 이상한 일이 일어납니다. 제1차 세계 대전 직후의 독일처럼 하이퍼 인플레이션이 찾아온 거죠. 당시 독일의 화폐인 마르크화 가치가 폭락하면서 거대한 인플레이션이 찾아왔습니다. 인플레이션은 화폐 가치의 하락을 의미하죠. 마르크화를 벽돌처럼 쌓아서 땔감으로 쓰거나 하는 일이 비일비재했습니다.

그렇게 인플레이션이 찾아와 홍길동네 집에 있는 TV의 중고 가격이 1000억 원이 되는 일이 벌어진 겁니다. 홍길동은 중고 시장에서 TV를 팔고 받은 돈을 은행에 가져다줍니다. 이렇게 부채를 청산한 거죠. 매우 과도한 비유이긴 하지만 인플레이션이 '부채를 녹여버린다'는 의미를 이해하기에는 가장 직관적인 예시라고 할 수 있습니다. 물론 이 정도의 인플레이션은 각국 화폐에 대한 신뢰를 무너뜨리게 되면서 경제 체제 자체를 위협하게 되기에 적절하지 않을 겁니다. 다만 적절한 수준의 인플레이션은 경제에 부담을 크게 주지 않으면서 부채의 부담을 조금씩 줄여주는 효과가 있기에 각국 정부나 중앙은행이 선호하는 거죠.

앞서 양적완화와 같은 통화 정책을 얘기했는데요, 이런 정책들은 시중에 화폐의 공급을 늘려서 화폐 가치의 하락을 유도하게 됩니다. 화폐 가치의 하락은 결국 화폐 표시 자산, 즉 부채의 실질적인 부담을 낮춰주는 역할을 하게 되죠. 네, 부채가 많은 각국의 정부들은 화폐의 공급을 늘리면서 화폐 표시 자산인 빚의 실질 부담을 낮추고자 노력하게 될 겁니다.

잠시 반대 케이스를 생각해보죠. 네, 바로 디플레이션입니다. 디플레이션은 물가의 하락을 의미하죠. 물가의 하락은 화폐 가치의 상승을 의

독일이 겪은 하이퍼 인플레이션. 길거리에 돈이 쓰레기처럼 버려지고 급기야 땔감으로 쓰기도 했다.　(출처 : 위키피디아)

미합니다. 화폐 가치가 상승하는 디플레이션이 찾아오면 화폐 표시 자산인 부채의 실질적인 부담은 어떻게 될까요? 네, 당연히 커지게 될 겁니다. 인플레이션과는 반대라고 할 수 있죠. 예를 들어봅니다. 홍길동이 1억 원의 빚을 지고 있습니다. 그 빚은 3억 원짜리 아파트를 사기 위해 빌렸던 돈이죠. 디플레이션이 찾아오면서 아파트 가격이 5000만 원으로 크게 하락했습니다. 그럼 과거에는 집을 팔고 빚을 갚아도 2억 원이 남았는데요, 지금은 이럴 수가…… 집을 팔아도 1억 원 빚의 절반밖에는 갚지를 못하죠. 네, 물건이나 자산의 가격이 하락하는 디플레이션이 찾아오게 되면 부채의 부담이 커지게 되는 일이 벌어지죠. 부채가 많은 상태에서 디플레이션은 그야말로 쥐약입니다.

그럼 빚이 많은 국가들이나 경제 주체들은 인플레이션과 디플레이션 중 무엇을 더 선호할까요? 당연히 전자의 인플레이션일 겁니다. 그리고 후자의 디플레이션을 그야말로 가장 크게 경고하겠죠. 그런데 글로벌 금융위기 이후 부채도 많은 상태에서 이런 소식들이 계속해서 들려옵니다. 아래 기사 제목들을 잠깐 보죠.

짙어진 中 디플레이션 그림자.. 4월 PPI 상승률 4년래 최저
(아주경제, 2020. 5. 12)

코로나19 발 디플레이션 오나⋯ 현실로 다가온 경제 충격
(뉴시스, 2020. 5. 4)

미 소비자물가, 금융위기 후 최대 폭 하락⋯ 디플레 우려↑
(이데일리, 2020. 5. 12)

근원물가, 21년 만에 최저⋯ 수요 부진 악순환 '디플레 공포'
(헤럴드경제, 2020. 5. 4)

거대한 빚이 있는 상황에서 디플레이션 위험이 커진다고 합니다. 원래 빚도 많은데 그 빚의 실질적인 부담이 디플레이션과 맞물리면서 엄청나게 늘어난다는 의미가 되겠죠. 그럼 디플레이션이라는 현재의 상황을 인플레이션으로 돌리기 위해 각국 정부는 상당한 노력을 하게 되지 않을까요? 네, 인플레이션을 만들어내기 위해 화폐 공급을 하기도 하지만 디플레이션으로 접어드는 것을 막기 위해서 각국 정부나 중앙은행은

안간힘을 쓰곤 합니다. 그래서 부채가 많은 상태에서 디플레이션 위협이 커진 지난 2012년 이후 일본과 유럽은 무제한 양적완화와 마이너스 금리를, 그리고 지금 코로나19 사태로 인해 크나큰 타격을 받은 미국 역시 무제한 양적완화를 도입하게 된 것이죠.

자, 이제 3안과 4안을 정리해봅니다. 3안은 과도한 부채 문제를 해결하기 위해 초저금리의 도입을, 4안은 화폐의 공급을 크게 늘려 디플레이션 억제 및 인플레이션 유도에 초점을 맞춘다는 것이죠. 앞서 얘기한 1, 2안에 비해서는 현실적이라는 생각이 들지 않나요? 코로나19 사태 이후 미국을 비롯한 전 세계의 부채가 훨씬 크게 늘어났습니다. 부채가 과거 대비 크게 늘어난 만큼 3안과 4안이 과거보다 더욱더 강해지게 되지 않을까요? 네, 결론입니다. 적어도 가까운 미래에는 미국을 비롯한 각국에서 저금리의 장기화와 양적완화와 같은 유동성 공급 프로그램의 상시화가 나타나게 될 것이라고 생각합니다.

초저금리의 장기화와 금 투자의 매력

앗, 그런데 잠시 부채 얘기를 하다 보니 잊었을 수 있겠지만 우리는 지금 '금'에 대한 얘기를 하던 중이었죠. 이렇게 금리가 낮아지면, 그리고 유동성 공급이 과거 대비 커지게 되면 금은 어떻게 반응하게 될까요? 계속 이야기했다시피 금은 '실물 화폐'입니다. 종이 화폐처럼 마구 찍어낼 수도 없지만 종이 화폐처럼 이자를 줄 수도 없죠. 만약 종이 화폐에 보다 많은 이자를 주게 되면, 즉 보다 높은 금리를 적용해준다면 금보다는 종이 화폐의 매력이 높을 수 있습니다.

앞서 미국 금리 인상 시기에 금이 고전했던 사례를 살펴봤죠. 그런데 금리가 낮아지고, 그런 저금리 상황이 상당 기간 이어진다고 합니다. 그리고 미국의 마이너스 금리 도입에 대한 얘기도 조심스레 회자되고 있죠. 종이 화폐에 마이너스 금리를 적용하게 된다면 이자를 주지 않는, 즉 제로 금리인 금 대비 종이 화폐의 가치는 보다 크게 하락하게 되지 않을까요? 종이 화폐의 가치 하락은 실물 화폐인 금의 가치를 상대적으로 높여주는 역할을 하게 될 겁니다. 2019년 6월 Fed가 금리 인하를 시사하자, 억눌려 있던 금 가격이 상승하기 시작했던 사례를 기억하면 이해가 빠를 겁니다. 3안, 즉 초저금리의 장기화라는 솔루션은 종이 화폐 대비 실물 화폐인 금의 가치를 높여 금 가격의 중장기적인 상승을 자극하게 되는 요인이 되리라 생각합니다.

이제 4안의 화폐 공급 증가는 보다 직관적입니다. 종이 화폐의 공급이 늘어나게 되면 종이 화폐의 가치가 하락하고 상대적으로 실물 화폐인 금의 매력이 높아지게 되겠죠. 기사 하나 잠시 읽어보죠.

'연준, 3~4년간 제로금리 유지할 듯… 대차대조표 10조$ 이상으로 늘 것' 블룸버그 설문

(한국금융신문, 2020. 4. 27)

코로나19 사태에 대응하기 위해 Fed는 적극적인 통화 완화에 나설 것이며 이로 인해 Fed의 대차대조표가 10조 달러 수준까지 증가할 것이라는 내용의 기사입니다. 여기서 대차대조표처럼 어려운 단어에 굳이 집중할 필요 없습니다. 그냥 대차대조표가 10조 달러까지 늘어난다는 의미는 Fed가 10조 달러의 자금을 시중에 공급한다는 의미로 보면 됩니다. 시중에 종이 화폐가 많이 풀리는 만큼 실물 화폐인 금의 매력은 더욱더 높아질 수 있다고 생각합니다. 네, 거대한 부채 문제를 해결하는 과정에서 보다 많은 종이 화폐의 공급이 나타날 수 있다는 점을 기억한다면 중장기적으로 금 가격 상승을 기대할 수 있다고 봅니다.

네, 이제 금 투자 편을 정리해보죠. 금에 투자하기 전에 우리는 금이 어떤 특성을 갖고 있는지를 생각해볼 필요가 있다는 고민에서부터 시작했습니다. 금은 원자재, 귀금속, 그리고 실물 화폐로서의 특성을 갖고 있죠. 이 중 원자재, 귀금속으로서의 특성은 실제 금 가격에 그리 큰 영향을 주는 것으로 보이지 않는다고 했죠. 그보다는 실물 화폐로서의 특성에 주목할 것을 얘기했습니다. 실물 화폐로서의 금을 살펴보면서 실물 화폐의 반대 자산, 즉 종이 화폐의 대표인 달러 가치 변화에 상당한 영향을 받는다는 점을 알 수 있었습니다. 달러의 매력이 낮아지는 시기에는 금의 가치가 상승했고, 반대로 달러가 각광을 받는 시기에는 금의 가치가 하락하는 일이 벌어지곤 했습니다. 이런 과거의 특성을 염두에 두면서 향후 어떤 상황이 펼쳐질지를 생각해보았고 코로나19 사태 이후 훨씬 더 크게 증가한 미국을 비롯한 전 세계의 빚에 주목했습니다.

이 빚을 해결하기 위해 각국은 초저금리의 장기화를, 그리고 양적완화와 같은 적극적 유동성 공급의 상시화를 이어갈 수밖에 없다는 점을 살펴보았죠. 미국 역시 정부 부채가 크게 늘어났기에 제로 금리 장기화 및 양적완화를 통한 큰 폭의 달러 공급 확대가 뒤따를 수밖에 없을 것으로 봅니다. 달러의 공급이 크게 늘어날 것으로 보인다면, 종이 화폐의 공급이 향후에도 지금보다 더 크게 늘어날 것으로 보인다면, 금이 갖고 있는 실물 화폐로서의 매력은 보다 크게 부각되지 않을까요?

네, 저는 금의 매력이 상당히 높다고 봅니다. 그리고 향후 포트폴리오에 금이 반드시 포함되어야 한다고 생각합니다. 전설적인 투자자죠, 레이 달리오 역시 금에 대해서는 다음과 같이 말을 하고 있습니다. 달리오의 코멘트와 함께 금 투자 파트를 마치고 마지막 최종 정리 편으로 넘어가죠.

레이 달리오 '세계 증시 패러다임 변해… 금 최고 투자처'

(연합인포맥스, 2019. 7. 18)

'헤지펀드 대부'로 불리는 레이 달리오 브리지워터 설립자는 세계 증시의 패러다임이 변하고, 금이 최고 투자처가 될 것이라고 전망했다. 17일 CNBC에 따르면 달리오 설립자는 이날 링크드인 포스트를 통해 "중앙은행들이 통화 가치를 절하하는 정책과 관련해 더 공격적으로 나올 것"이라며 "이는 투자에 있어 패러다임 변화를 초래해 금이 훌륭한 투자처가 될 것"이라고 말했다.

달리오 설립자는 "투자자들은 패러다임 변화, 특히 역사상 가장 긴 강세장을 넘어 어떤 현상을 나타낼지 준비해야 한다"면서 "이런 패러다임 변화가 있을 때 많은 사람은 인기가 지나치게 많은 것을 쫓다가 피해를 보곤 한다"고 지적했다. 달리오 설립자는 "만약 이런 변화를 이해하고 잘 헤쳐나간다면, 이를 피해 자신을 잘 지킬 수 있을 것"이라고 말했다. (……) 그는 "수익률이 훌륭한 자산은 화폐 가치가 절하되고 내수와 세계 경제 갈등이 심할 때 빛을 발하는 금과 같은 자산"이라며 "투자자들은 금을 포트폴리오에 추가해 위험을 줄이고 수익률을 극대화할 수 있다"고 내다봤다. (후략)

PART 4

THE BIG SHI

위기에 강한 자산에
투자하라

T OF MONEY

•••••• 앞에서 두 파트로 나누어 달러와 금에 대해서 살펴보 았습니다. '달러 혹은 금을 조금 사두면 어떨까요?'라는 질문 에서 시작했지만 단순 답변을 하기보다는 달러와 원화의 역사 적 흐름 및 펀더멘털에 대해 쓰면서 달러 가치의 불안 요인을 설명했습니다.

'그럼 불안 요인이 있기에 달러는 투자 대상으로 적합하지 않은가?'라는 후속 질문에 대해 달러가 갖고 있는 '달러 스마 일', 즉 안전 자산으로서의 특성을 얘기하면서 위기를 대비하 는 자산으로서의 적립식 달러 투자를 말씀드렸죠. 그리고 달 러 투자 편의 뒷부분에서는 안전 자산으로서의 달러의 지위마 저 흔들리게 되지 않을까라는 극단적인 달러 비관론에 대한 반론까지 상세히 적어보았습니다.

금 투자 편에서는 금의 특성 중 실물 화폐로서의 특성, 즉 종이 화폐인 달러의 대척점에 존재하는 금의 특성을 역사적 흐름을 통해 자세히 살펴보았습니다. 아울러 최근 글로벌 금융시장이 처해 있는 과도한 부채라는 상황에 기반하여 추가적인 통화 완화 및 초저금리 장기화의 개연성을, 그리고 이 과정에서 나타날 수 있는 종이 화폐 가치의 하락과 실물 화폐인 '금' 가격의 상승 가능성을 조심스레 점쳐보았습니다.

마지막 최종 정리 편에서는 이런 달러, 금의 특성을 향후 시장에 대한 전망과 엮어서 살펴볼까 합니다. 앞서 금 투자 편에서도 얘기했지만 미래를 예측한다는 것은 필연적으로 상당한 불확실성을 내포할 수밖에 없습니다. '이런 가능성도 염두에 두어야겠구나' 혹은 '저자는 이런 로직으로 시장이 이렇게 흘러갈 수 있다고 생각하는구나' 정도로 생각하면서 읽어주었으면 합니다.

글로벌 경기 침체
시나리오

앞으로 금과 달러는 어떻게 될까요? 먼저 지난 2014년으로 가보겠습니다. 금융위기 이후 닥쳐왔던 유럽 재정위기 등의 여진으로 인해 대부분의 국가들이 저성장의 충격 속에 신음하고 있을 때 미국은 가장 먼저 정상적인 성장 궤도로 진입하는 데 성공했죠.

미국 경제가 빠른 회복세를 보이자 제로 금리와 세 차례 진행해왔던 양적완화를 되돌리는 이른바 '통화 정책 정상화'가 금융시장 전체에 가장 큰 이슈로 부각되었습니다. 미국 경제가 빠른 회복세를 보이게 되면서 Fed는 기준금리 인상을 고민하게 되죠. 미국 금리는 달러 보유 시 얻을 수 있는 이자 보상을 의미합니다. 미국 금리 인상은 이런 보상이 커지는 것을, 그리고 미 달러화 보유의 매력을 높여주게 되죠. 미 달러화 보유 매력의 증가는 달러 강세로 이어지게 됩니다. 자, 여기까지 정리하면, 미국 경제가 좋아지면서 Fed의 금리 인상 가능성이 높아지고 이는 달러 강세로 이어졌다는 거죠.

달러 강세와 금리 인상의 사이클

적어도 금융위기 이후에는 달러 강세가 긍정적인 영향을 미쳤던 적은 없었던 듯합니다. Non-US 국가들, 특히 이머징 국가들의 경우 달러 표시 부채가 상당히 많았죠. 달러 부채가 많은 상황에서 달러가 강세로 돌아섭니다. 그럼 어떤 일이 벌어질까요? 네, 달러로 빌려서 자국 통화로 환전한 다음에 자국 내에서 투자를 했을 겁니다. 그런데, 달러 강세 기조가 나타나면 이 돈을 갚을 때 달러를 사서 갚아야 하잖아요? 네, 부채의 상환 부담이 달러 강세와 함께 상당히 커질 겁니다. 달러 강세라고 쓰고 이머징의 부채 부담 증가라고 읽을 수 있죠.

아울러 달러 강세는 미국의 수입 물가를 낮추게 됩니다. 한국 물건 1만 원짜리를 수입할 때 달러당 1000원의 환율이었다면 10달러를 지불하면 되겠죠. 반면 달러 강세로 달러당 2000원으로 환율이 올라버리면 5달러만 지불해도 다른 나라 물건을 수입할 수 있을 겁니다. 네, 수입 물가가 낮아지면서 물가를 전반적으로 낮추는 데 상당한 영향을 주게 됩니다. 그리고 2014년 하반기 이후 큰 폭으로 무너져 내린 국제유가 역시 물가를 낮추는 데 일조를 하게 되죠. 달러 강세라고 쓰고 물가의 하락이라고 읽으면 될 듯합니다.

반대로 달러 강세는 다른 국가들이 미국 물건을 사들일 때 더 많은 가격 부담을 갖게 합니다. 10달러짜리 물건을 달러당 1000원일 때에는 1만 원이면 살 수 있었지만 달러당 2000원이 되면 2만 원을 줘야 살 수 있죠. 그럼 가격 부담이 크기에 아무래도 미국 물건을 사들이는 데 상당한 부담을 느끼게 될 겁니다. 네, 달러 강세라고 쓰고 물가의 하락, 그리고 미국 수출 성장 위축이라고 읽으면 될 듯합니다.

달러 강세로 인해 이머징의 부채 부담이 증가하고 미국의 수입 물가가 낮아지며 수출이 어려워지게 됩니다. 그럼 미국 경기 역시 다소나마 충격을 받게 되지 않을까요? Fed는 달러 강세 부담에 금리 인상을 늦추게 됩니다. 금리 인상을 늦추게 되면 금리 인상을 예상하고 미리 하늘 높이 강세를 보이던 달러 가치가 '엥? 뭐지?' 하면서 되돌려지게 되겠죠. 네, 달러 가치의 하락을 말합니다. 달러 가치가 하락하면 마법처럼 앞의 과정이 되돌려집니다. 네, 이머징의 부채 부담이 낮아지고, 수입 물가가 올라가면서 물가 상승, 즉 디플레이션 압력도 완화됩니다. 마지막으로 이머징의 여건이 개선되고 달러가 약세를 보이기에 미국 수출 여건 역시 달러 강세 시기보다는 한결 나아질 수 있을 겁니다. 그럼 미국 경제를 짓눌렀던 요인들이 사라지게 되니 다시금 미국은 경기 회복 기대감을 키우면서 자칫 나타날 수 있는 경기 과열을 억제하기 위해 금리 인상을 고민하게 되겠죠. 또 그렇다면…… 금리 인상을 반영해서 시장은 달러 강세를 만들어내게 되고, 달러 강세는 이머징 시장의 부채 부담을 키우고, 미국의 수입 물가를 낮추고, 미국 수출 성장을 위축시켜버리게 될 겁니다. 그럼 다시금 성장에 대한 부담이 커지면서 Fed는 금리 인상을 포기하게 되겠죠. 그럼 달러 약세가 찾아오고…… 네, 약간 짜증 날 듯합니다. 일단 정리해보죠.

미국 경기 회복 → Fed 금리 인상 → 달러 강세 →
이머징 부채 부담 증가 & 수입 물가 하락 & 미국 수출 위축 →
디플레이션 및 경기 둔화 압력 확대 → 금리 인상 포기 →
달러 약세 → 미국 경기 회복 → Fed 금리 인상 → ……

이런 형태가 나타날 수 있죠. 계속해서 되돌이표가 나타나는 그림이 될 겁니다. 이게 실제 2014~2016년 미국 금리 인상 사이클에서 달러 강세가 촉발되면서 나타났던 그림이었죠.

당시 시장 상황을 간단히 정리해보면요, 우선 달러는 강세라는 말씀은 이미 했습니다. 그리고 달러의 공급을 줄이는 상황에서 이머징 시장이 위축되기 시작했죠. 달러 부채가 많았던 이들은 달러 부채 상환을 위해서 달러를 어떻게든 확보하고 싶어 했습니다. 그럼 달러의 수요도 크게 늘었겠죠. 달러 공급은 줄어드는데 달러 수요가 늘어납니다. 그럼 달러 가치는 크게 오르게 되겠죠. 달러 가치의 강세는 금 가격의 약세로 작용합니다.

다른 자산 측면에서 주식을 보면 미국 주식시장은 미국만의 차별적인 경기 회복에 고무되어 상승 기조를 유지했지만 금리 인상과 경기 둔화 압력으로 인한 긴장감이 커지면 한차례씩 휘청거리는 모습을 보였습니다. 이머징 주식시장은 이머징 성장 둔화에 대한 두려움으로 인해 전반적으로 눌려 있는 모습이었고, 미국 주식시장이 위축될 때에는 추가적인 하락세를 보이는 등 상당히 부진한 모습이었죠. 네, 미국 주식은 지속적인 상승 추세 속에서 그 추세의 흔들림이 수시로 나타난 반면, 이머징 주식시장은 지속적인 눌림 상태에서 한차례씩 휘청거리는 모습을 보인 겁니다.

여기까지만 잠시 정리합니다. 미국이 차별적인 성장을 나타낼 때 금리를 인상하는 상황입니다. 그 상황에서 나타나는 금융시장의 모습을 설명했습니다. 앞의 금 투자 편에서 2015~2016년 주식시장과 금 가격이 함께 떨어지던 그 국면에서 나타나던 시장의 흐름이었죠. 그런데 이런 그림이 지금은 다소 바뀌게 되었습니다.

미국의 차별적 성장과 전 세계적 경기 둔화

2019~2020년 미국의 차별적인 성장은 당시와 비슷하게 이어지고 있습니다. 다만 앞의 케이스와는 다소 다른데요, 미국의 차별적인 성장이 나타나는 핵심은 우선 첫째, 적극적인 재정 적자를 들 수 있습니다. 트럼프 행정부는 2017년 말 법인세 인하를 발표하죠. 대규모 감세안이 나온 겁니다. 경기가 좋은 상황에서 감세안을 발표하는 건 참 독특한데요, 일반적으로 경기가 좋을 때에는 증세를 검토하고 경기가 둔화되는 시기

에는 감세를 통해 경기 부양에 나서곤 합니다. 그런데 트럼프 행정부는 호경기를 유지하던 2017년 말에 대규모 감세안을 발표한 거죠. 미국의 재정 적자는 빠른 속도로 증가하기 시작했습니다. 그러던 중 코로나19 사태가 발생하죠. 그 이전에도 부담스러운 수준의 재정 적자를 기록했는데도 미국 재무부는 과감한 재정 정책을 발표하게 됩니다.

정부가 재정을 쓰기 위해서는 돈이 필요하죠. 그 돈을 국채를 발행해서 조달을 해야 할 겁니다. 미국 재무부는 2020년 2분기에만 3조 달러 이상의 국채를 발행해서 국가 채무를 늘리겠다고 하죠. 이렇게 확보한 돈으로 재정 지출을 하겠다는 겁니다. 관련 기사를 잠시 읽어봅니다.

미 2분기 국채 발행 3조 弗, 작년 한 해의 2배

(서울경제, 2020. 5. 5)

미국을 제외한 다른 국가들이 이렇게 채무를 늘리게 되면 국가 신용의 문제가 불거집니다. 빚더미에 앉은 나라라는 얘기가 되는 거죠. 그러면서 해당 국가의 국채를 기피 대상으로 선정하게 됩니다. 빚을 많이 걸머지고 있는 나라가 빚을 대규모로 더 내는 거잖아요? 그렇지만 미국은 다릅니다. 미국 국채의 위상이 워낙에 높기에 국채를 이 정도로 많이 발행해도 돈을 빌릴 수 있죠. 그렇기에 코로나19 사태의 한복판에서 대부분의 국가들이 국가 부채의 확대를 우려하여 재정 정책을 소극적으로 쓰고 있는 반면 미국은 강한 재정 부양을 이어갈 수 있는 겁니다.

그럼 다른 국가 대비 미국은 훨씬 강한 경기 부양을 할 수 있다는 의미가 되고, 미국은 다른 국가 대비 차별적인 성장을 나타낼 수 있습니다. 코로나19 사태로 인해 각국 중앙은행은 각종 유동성 공급 프로그램을 통해 시중에 돈을 뿌려놓았죠. 많이 풀려 있는 돈들은 어디론가는 흘러가야 할 겁니다. 당연히 다른 투자 대상보다는 차별적인 매력이 있는 곳으로 흘러가겠죠. 보다 강한 경기 부양을 할 수 있는 미국으로 쏠리게될 겁니다. 그럼 미국 자산을 사들여야 하기에 당연히 달러가 필요하겠죠. 그럼 달러에 대한 수요가 크게 늘어나게 되고 달러 강세가 찾아올겁니다. 팬데믹 충격 및 과도한 부채로 인해 경기가 짓눌리기에 미국은금리를 인하하고 양적완화를 통해 달러의 공급을 크게 늘렸죠. 그러나달러에 대한 수요가 늘어나면서 달러 가치가 하락하지 않고 버티는 그런 상황이 펼쳐진 겁니다.

두 번째, 국가 부채에 한정되지 않죠. 미국의 기업 및 가계 부채는 계속해서 증가 일로에 있습니다. 잠시 기사를 보시죠.

미국 회사채 4월 280조 원 육박… 두 달 연속 최대
(파이낸셜뉴스, 2020. 5. 2)

경기 둔화로 인해 Fed가 금리를 인하하여 금리가 낮아지자 미국 경제 주체들은 낮아진 금리로 돈을 가져올 수 있을 때 최대한 가져오자는생각을 하게 되죠. 그러면서 기업 및 가계의 부채의 증가 추세가 꺾이지 않습니다. 부채라는 것은 미래의 소득을 현재로 끌어와 쓰는 것을 말하죠. 미국 정부가 장기국채를 발행하여 미래의 세금 소득을 현재로 당겨와 쓰고 있죠. 마찬가지로 기업 및 가계도 지금 미래의 소득을 현재로 끌어와 지금 사용하는 그런 그림입니다. 그럼 미래의 소득을 미리 가져와 지금 질러버리고 있으니 상대적으로 성장세가 강하게 나타날 수 있겠죠.

세 번째, 무역 전쟁을 말씀드릴 수 있습니다. 일반적으로 미국 경기가 좋으면 대미 수출에 의존하여 성장하는 경향이 강한 이머징 국가들의 경기 역시 좋죠. 미국에 수출을 더 많이 해서 돈을 더 많이 벌어들이니 당연히 양호한 흐름을 보일 겁니다. 그런데 미국이 무역 전쟁을 하게 됩니다. 그러면서 미국에 수출을 할 때에는 관세를 부과하겠다고 말하죠. 그럼 미국 경기가 좋더라도 대미 수출이 어려워지니 그야말로 그림의 떡이 되죠. 미국은 관세 부과를 통해 자국 산업의 보호 및 해외로 나갔던 공장의 자국 회귀를 원합니다. 그래야 미국 내의 일자리가 계속해서 유지될 수 있기 때문이죠. 이렇게 되면 미국의 강한 성장에도 불구, 대미 수출 증가를 통해 이머징 국가들로 전해지는 따뜻한 온기를 더 이상은 느낄 수 없겠죠. 네, 미국의 성장은 강한 상황에서 이머징 국가의 성장이 상대적으로 크게 위축되는 구도를 확인할 수 있을 겁니다.

마지막으로 미국 셰일 산업의 성장을 생각해볼 수 있죠. 과거 미국은 산유국으로부터 원유를 수입하는 국가였습니다. 그러나 지금은 상황이 크게 바뀌었죠. 미국의 셰일 원유 공급으로 인해 국제유가가 크게 하락하자 기존 산유국들은 감산 공조로 대응했고 이 과정에서 미국 셰일 기업들은 기존 산유국들이 감산을 한 그 시장으로 침투하기 시작했죠. 미국은 현재 세계 최대 산유국이 되었습니다. 그럼 산유국들의 부를 미국으로 가져왔다고 해석을 해도 되겠죠.

지금까지 네 가지를 이야기했습니다. 미국은 재정 적자의 확대를 통해 미래의 세수(세금 수입)를 현재로 끌어와서 쓰고 있죠. 그리고 기업 및 가계 부채 확대를 통해 경제 주체의 미래 소득을 현재로 끌어와서 쓰고 있습니다. 그리고 무역 전쟁을 통해 관세 부과를 하지 않았다면 이머징으로 흘러갈 수 있는 성장을 미국에 묶어두고 있죠. 마지막으로 셰일 산업의 성장을 통해 산유국의 부를 미국으로 흐르게 합니다. 이게 최근 나타나고 있는 미국의 차별적 성장을 가능하게 만드는 요인이라고 할 수 있습니다.

이런 차별적 성장은 당연히 미국으로의 자금 쏠림 드라이브를 강하게 추동하겠죠. 미국에서 나타나는 차별적 성장의 과실을 따먹기 위해 글로벌 자금이 미국으로 쏠리게 됩니다. 그럼 미국 달러에 대한 수요가 크게 증가하면서 달러 강세가 나타나게 될 겁니다. 달러 강세의 결과는? 네, 앞에서 말씀드린 것처럼 이머징 국가들의 부채 부담 확대로 이어지게 됩니다. 그리고 미국의 수출 성장 둔화를 촉발하게 되죠. 그래서 트럼프 행정부가 관세를 부과했던 거겠죠. 미국 수출 둔화로 인해 무역 적자가 증가하게 되니까요. 그럼 예전보다 이머징 국가의 부담이 크게 증가하게 될 겁니다. 역설적으로 이로 인해 나타나는 이머징 국가들의 극단적 성장 위축이 미국을 포함한 전 세계적인 경기 둔화를 유발하게 됩니다.

이는 2019년 8월, 무역 전쟁으로 인한 성장 둔화 압력이 강해지자 중국이 위안화 절하 카드를 내세웠던 케이스로 얘기할 수 있습니다. 당시 중국은 2008년 이후 처음으로 달러당 7위안을 넘어서는 위안화 절하를 발표하게 되죠. 중국의 경제 상황이 심상치 않다는 뉴스는 전 세계 주식시장을 뒤흔들게 됩니다. 그리고 미국 증시 역시 예외는 아니었죠. 이에 Fed는 '미국의 경기는 양호하지만 중국, 유럽을 비롯한 다른 국가들의 성장 둔화가 미국의 경기 둔화를 촉발할 수 있다'는 점을 경계하면서 선제적인 금리 인하로 이런 악영향이 커지는 것을 차단하겠다고 발표하게 됩니다. 미국은 양호하지만 다른 국가들의 경기 둔화라는 역풍이 미국 경제를 잠식시키는 것을 좌시하지 않겠다는 의미입니다.

자, 그럼 어느 정도 그림이 그려지는 듯합니다. 미국의 차별적 성장이 달러 강세를 만들게 되고, 달러 강세로 인해 이머징이 힘겨워지고, 이게 미국 경제마저 흔들 수 있으니 Fed가 금리를 인하하게 된 겁니다.

미국이 금리를 인하하면 달러는 당연히 약세를 보여야 할 겁니다. 특히 코로나19 사태로 인한 팬데믹 속에서 다른 어떤 국가보다 적극적인 달러 유동성 공급 정책을 발표한 만큼 달러 공급 확대로 인한 달러 약세가 훨씬 강하게 나타나야 할 텐데요…… 금리를 인하해서 자금을 뿌리자, 그 돈이 눌려 있는 이머징 국가들을 외면하고 다시금 미국으로 몰리게 됩니다. 전 세계 자금이 미국으로 몰리면서, 즉 달러에 대한 수요가 늘어나면서 달러 강세 기조가 꺾이지를 않는 거죠. 달러 강세가 이어지게 되면 이머징의 부담은 계속해서 이어질 겁니다.

팬데믹 상황하에서 이머징 국가들은 마구잡이로 국채를 발행하기도 쉽지 않습니다. 국채를 발행해도 미국처럼 낮은 금리에 자금을 조달하기 어렵죠. 오히려 국가 부채가 천문학적으로 커지면서 국가 신용 등급 강등과 같은 악재에 직면하게 될 겁니다. 이머징 국가가 미국처럼 양적완화를 단행하기도 쉽지 않습니다. 달러에 대한 수요가 강한 지금 상황에서 이머징 국가가 자국 통화를 마구잡이로 찍게 되면 해당 국가 통화 가치는 폭락하게 되겠죠. 해당 국가 통화를 사서 그 나라의 주식, 채권, 부동산 등 자산에 투자하고 있던 외국인 투자자들은 깜짝 놀랄 겁니다.

결국에는 해당 국가 통화를 팔고 달러를 사서 돌아가야 하는데 그 통화 가치가 폭락하고 있다면 나중에 달러를 되살 때 상당한 환차손을 보기 때문이죠. 이에 지금이라도 빨리 달러를 사서 이곳을 탈출해야 한다는 생각을 하게 될 겁니다. 그럼 해당 국가의 자산을 팔고, 그렇게 팔고 받은 그 나라 통화를 팔아 달러를 사서 돌아가게 되죠. 네, 이머징 국가에서 이른바 '자본 유출'이라는 게 현실화되는 겁니다. 경기 살리려고 돈을 풀었는데 더 많은 돈이 빠져나가는 자본 유출이 촉발되니 이머징 국가들은 정말 답답하겠죠. 국가가 돈을 빌리기 어려우니 미국처럼 과감한 재정 정책을 쓰지도 못하고, 통화 정책 카드는 자본 유출이 두려워 내밀지도 못하는 상황이니까요. 아래 기사가 이런 상황을 잘 설명해주고 있습니다.

'경기 살려라' 무제한 돈 찍어내는 미… 신흥국은 '언감생심'
(이데일리, 2020. 4. 26)

(……) 미국은 강력한 달러 패권을 바탕으로 지금까지 우리나라 1년 예산(512조 원)의 여섯 배에 달하는 경기부양책을 쏟아냈다. 이마저도 부족해 경기부양책을 통과시키는 즉시, 다음 부양책을 논의하는 상황이다. 반면 개발도상국은 사정이 다르다. 돈을 마음껏 찍어내며 강력한 부양책을 예고해 자국 경제에 대한 신뢰를 유지하는 주요 선진국과 달리, 이들 국가는 돈을 찍어낼수록 통화가치가 하락하는 구조다. 강력한 재정 정책을 사용할 수 없으니 코로나19에 쓰러져가는 경제에도 속수무책이다. (후략)

자, 여기까지 정리합니다. 미국의 차별적 성장이 여전히 이어지고 있습니다. 그리고 그 성장은 재정 적자를 늘려서, 기업 및 가계 부채의 확대를 통해서, 무역 전쟁과 셰일 산업의 부흥에 기인한 바가 큽니다. 이런 차별적 성장은 달러 강세를 지속시키게 되죠. 기존보다 강해진 달러는 이머징 국가들을 더욱 힘겹게 하는데요, 이들의 경기 침체가 글로벌 경기 둔화로 이어질 수 있기에 Fed는 기준금리를 인하하죠.

기준금리를 인하하게 되면 일반적으로는 달러는 약세를 보여야 하는데, 미국의 차별적 성장으로 인해 그 자금이 미국으로 다시 쏠려서 달러 강세를 더욱 공고하게 만드는 상황이 펼쳐집니다. 달러 강세는 이머징 국가들의 상황을 지속해서 짓누르게 되고, 이로 인한 글로벌 경기 둔화 우려가 커지면 또 금리 인하와 달러 강세 상황을 계속해서 이어가게 합니다. 이게 2019~2020년을 거치면서 나타나고 있는 새로운 달러 강세 상황이죠. 앞의 케이스와 다른 것은 금리를 인상하는 게 아니라 금리를 인하하고 있다는 점입니다.

자, 그럼 이런 상황에서 자산시장은 어떤 반응을 보이게 될까요? 일단 달러는 강세죠. 다만 미국이 금리를 인하하고 있죠. 달러 강세 부작용으로 인해 경기 둔화 우려가 커질 때마다 금리를 인하해서, 즉 달러 공급을 늘려서 이를 제어하고 있죠. 금은 가만히 있는데 달러의 공급이 늘어나게 됩니다. 그럼 달러 대비 금의 가치는 상승하게 되겠죠. 네, 2019년 하반기부터 나타나고 있는 달러와 금의 동반 강세는 이렇게 설명이 가능합니다. '어? 이상하다. 달러가 강한데 어떻게 금도 같이 강하지?'라는 생각이 들 수 있는데요, 간단합니다. 달러는 '종이 화폐 대비' 강합니다. 다만 달러는 금보다 약한 거죠. 현 상황이 이어진다면 '금 〉 달러 〉〉〉〉〉 이머징 국가 통화'라는 구도가 보다 강해지게 될 겁니다.

마찬가지로 다른 자산도 생각해보죠. 일단 미국 주식은 미국의 차별적 성장의 수혜를 받으면서 당연히 강세를 보일 겁니다. 다만 이머징의 성장 둔화가 미국의 성장까지 위협한다는 소식이 들릴 때마다 휘청거리겠죠. 반대로 이머징은 계속해서 눌려 있는 그림…… 지난 2014~2015년의 케이스와 큰 차이가 없습니다.

네, 최근 자산시장의 흐름을 보면 '일단 2014년 이후 달러는 강세니까 달러는 계속 유지를 하고, 금은 금리 인하 사이클에서 최대의 수혜자니까 보유를 하고, 미국 주식은 포에버다. 이머징은 쳐다보지도 말자'라는 생각이 들 겁니다. 지금까지의 상황으로는 이 얘기가 맞겠죠. 그런데요, 이런 구도가 앞으로도 계속해서 이어지게 될까요?

한계에 부딪힌 성장이 가져올 시나리오

2014~2016년 금리 인상 사이클에서 달러가 강세를 보이던 시기에 금은 영원히 가라앉는 자산처럼 생각되었지만 2019년 초부터 금리 인하 사이클이 갑작스레 시작되면서 금이 화려하게 부활하게 되었죠. 금리 인상이 갑작스레 금리 인하로 바뀐 것처럼 앞의 구도에서도 무언가 변화가 나타날 수 있지 않을까요? 네, 저는 상당한 변화가 나타날 것이라 생각합니다. 그리고 그 변화에 어떻게 대응하느냐가 향후 투자의 관건이 되리라 봅니다.

우선 이렇게 생각해보죠. 미국의 차별적 성장 요인들을 보면 재정 적자의 확대, 기업 및 가계 부채의 확대에 기반한 바가 큽니다. 코로나19 사태 이후 미국의 재정 적자는 그야말로 천문학적인 수준으로 늘어나게 될 겁니다. '미국이니까 상관없다'라는 얘기가 설득력을 얻기가 어려운 이유가요, 지난 2011년 8월 글로벌 신용평가 회사 S&P는 미국의 신용 등급을 강등했던 바 있죠. 잠시 기사를 보겠습니다.

S&P, 미국 신용 등급 AA+로 한 단계 낮춰… 1941년 S&P 설립 이래 처음

(아주경제, 2011. 8. 6)

그렇다면 현재의 부채 수준도 과도한데 여기서 부채를 더 늘린다면

다시금 신용 등급 강등 이슈에 직면하게 되지 않을까요? 신용 등급이 강등되면 추가로 빚을 낮은 금리에 끌어오기가 어려워질 수 있습니다. 자, 팬데믹 직후 나오고 있는 기사를 보죠.

미, 올해 재정적자 3.7조 弗… 신용 등급 강등 악몽 재연되나
(한국경제, 2020. 4. 26)

백악관 고위 인사들, 코로나19 부양책 눈덩이 지출 우려
(뉴시스, 2020. 5. 11)

어떤 느낌이 드나요? 트럼프 행정부에서도 워낙에 빠르게, 그리고 대규모로 늘어난 국가 부채에 부담을 느끼고 있음을 알 수 있습니다. 빚을 영원히 늘려갈 수는 없습니다. 재정 적자가 현 수준에서 급격하게 증가하기는 어렵다는 의미죠. 기업 및 가계 부채 역시 마찬가지입니다. 미국 기업 부채는 사상 최대치임에도 불구하고 최근 낮아진 금리에 더 많은 조달을 하면서 그 수위를 높여가고 있습니다. 그러나 미국 가계의 부채 레벨이 한계에 도달했을 때 터졌던 사건이 금융위기였다는 점을 알면 이런 식의 부채 증가가 현재 속도로 계속해서 증가하기는 어려울 것으로 보입니다.

산유국의 이슈 역시 심각하죠. 2020년 3월 러시아가 산유국 감산 공조 동맹에서 이탈한 후 모든 산유국이 증산에 나설 것이라는 두려움이

원유시장을 뒤덮게 되었죠. 원유 공급이 크게 늘면 국제유가가 크게 하락하게 됩니다. 여기에 원유 저장 탱크 부족 사태까지 회자될 정도로 크게 늘어나 있는 원유 재고로 인해 국제유가는 유례를 찾아볼 수 없는 마이너스 레벨로 추락해버렸죠. 이런 상황에서 미국 셰일 기업들이 계속해서 원유 공급을 늘리면서 지속적 성장을 이어갈 수 있을까요? 미국 셰일 산업이 어려울 것이라는, 셰일 공급이 줄어들 것이라는 기사와 미국 주식시장과는 전혀 다른 움직임을 보이는 미국 에너지 관련 기업 주가를 보면 지금까지 이어왔던 미국 셰일 산업의 성장 역시 한계에 부딪힐 것이라는 데 공감하리라 생각합니다.

네, 2014~2016년 나타났던 달러 강세 구도와는 사뭇 다른 금리 인하 상황에서의 달러 강세 구도가 지금을 설명하고 있다고 얘기했습니다. 그리고 미국의 차별적 성장의 한계를 근거로 이 구도가 영원히 이어지기는 어려울 것이라고 했죠. 그럼 어떤 변화가 나타나게 될까요?

우선 현 상황이 장기적으로 이어졌을 때 나타날 수 있는 전 세계적인 성장의 둔화, 즉 글로벌 경기 침체 시나리오를 생각해볼 수 있습니다. 현재 전 세계에서 유일하게 강한 성장을 만들어내는 곳은 미국 정도라고 할 수 있죠. 그러나 미국의 성장 엔진마저 꺼지게 된다면 전 세계의 성장이 위축되는 상황이 펼쳐질 겁니다. 미국 성장 엔진이 꺼지는 것을 막기 위해 Fed가 현 수준에서 추가적인 통화 완화 정책을 펼치면서 방어를 해보아도 금리 인하할 때만, 그리고 통화 완화를 하는 그 순간에만 성장이 잠시 회복되는 모습을 보여줄 뿐 달러 강세라는 구조적 악순환에서 벗어나지 못하는 그림이 이어지는 시나리오입니다.

아마 똑같은 약도 계속해서 쓰다 보면 약효가 떨어지는 것을 경험해 본 적이 있을 겁니다. 만성적으로 나타나는 저성장 속에서 통화 완화 정책이라는 카드로 계속 보완을 해나가게 되면 과거 대비 똑같은 완화 정책이라 해도 그 효과가 사뭇 떨어지는 현상이 나타날 수 있죠. 미국의 성장이 둔화되는 가운데 Fed의 완화적 통화 정책마저 약효가 크게 떨어지는 상황이 오는 거죠. 이렇게 되면 이른바 전면적 경기 침체 국면으로 접어들게 됩니다. 정말 상상하고 싶지 않은 시나리오죠.

경기 침체가 닥치게 되면 금융시장에도 매우 부정적 현상이 나타나게 됩니다. 경기 침체에도 살아남을 수 있는 일부 기업들을 제외하면 나머지 기업들에는 돈을 빌려주지 않는 현상이 뚜렷해질 겁니다. 돈을 아무리 많이 풀어도 시중에 돌지 않는 이른바 돈 경색, 즉 '신용 경색'이 금융위기 이후 다시금 나타날 수 있죠. 오랜 경기 침체의 파고에서 살아남기 위해 경제 주체들은 현금을 쟁여두려 할 겁니다. 여기서 얘기하는 현금은 한국 원화가 아니죠. 네, 글로벌 기축 통화인 미 달러화를 말합니다. 안전 자산인 달러화의 수요가 증가하면서 달러는 강세를 보이게 되겠죠.

달러 가치가 상승하기에 금은 약세를 보이는가? 그건 아닙니다. 추가적인 경기 둔화를 사력을 다해 막는 과정에서 더 많은 돈이 풀려나오게 되겠죠. Fed는 경기가 돌아서는 그 순간까지 달러 공급을 늘릴 겁니다. 네, 달러 수요가 커지겠지만 달러의 공급도 크게 늘어나기에 금 가격이 크게 흔들리지는 않을 것으로 보입니다. 금리 인상으로 인한 경기 침체 국면에서야 달러가 강해지고 금이 약해지겠지만, 경기 둔화를 막기 위

● 그래프 53 S&P500 지수와 미국 에너지섹터 주가 추이(2015년 이후)

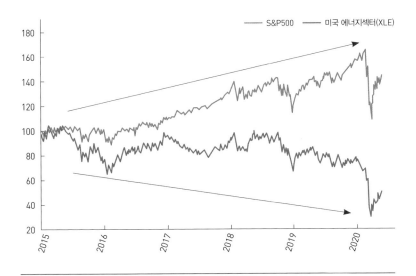

2015년 이후 S&P500 지수와 미국 에너지섹터 주가를 100으로 환산한 후 나타낸 추이입니다. 미국 주식시장은 코로나19 사태 직전까지 연일 사상 최고치를 경신하면서 60% 가까이 상승(약 160포인트)했죠. 반면 에너지섹터 주가는 부진한 모습을 이어가면서 코로나19 사태 이전까지도 약 20% 수준으로 하락합니다(약 80포인트 수준까지 하락) 미국 에너지 기업들의 상황이 여의치 않을 알 수 있죠.

해 금리를 마구잡이로 낮추면서 달러 현금을 푸는 상황에서는 달러가 다른 종이 화폐 대비 강세를, 그리고 금은 공급이 늘어난 달러 대비로 강세를 나타내는 그림이 나오게 될 것으로 생각합니다. 네, 첫 번째 시나리오⋯⋯ 생각하고 싶지 않은 시나리오지만 전반적인 글로벌 경기 침체라는 시나리오겠죠. 이 경우 안전 자산인 달러와 종이 화폐 공급을 반영한 금의 동반 강세가 가능할 것으로 보입니다. 그리고 글로벌 경기 침체를 가정했기에 주식시장은 당연히 어려운 모습을 보이게 되겠죠.

나쁜 인플레이션이 가져올 시나리오

다음으로는 이런 시나리오를 생각해볼 수 있습니다. 지금 상황을 반대로 꺾어버리기 위해 Fed가 무리해서 화폐의 공급을 너무 크게 늘리는 경우입니다. 이 경우 달러의 공급이 너무 많이 늘어나게 되면서 달러의 신뢰가 추락해버리는 일이 벌어질 수 있죠. 달러 가치의 하락 정도가 아니라 달러 신뢰의 추락이 나타나게 되면 어떤 일이 벌어지게 될까요?

혹시 앞의 금 투자 편에서 1971년 닉슨 쇼크로 금본위 화폐제가 철폐되면서 종이 화폐인 달러가 마구 찍혀 나온, 그렇게 해서 만들어진 인플레이션의 역사가 기억나나요? 네, 1970년대 산유국들의 원유 공급 감소와 맞물려서 나타난 극단적인 물가의 상승 기조. 이런 현상이 나타날 수 있습니다.

'디플레이션이 두려운데 인플레이션이 나타나면 좋은 것 아닌가'라고 생각할 수 있는데 절대 그렇지 않습니다. 인플레이션에도 두 가지 종류가 있죠. 우선 성장이 나오는 인플레이션입니다. 경기가 좋아지면서 사람들이 물건을 사들이게 되죠. 물건의 수요가 늘어나면서 물가가 오르는 현상입니다. 물가가 미래에 더 올라갈 것 같다는 기대 때문에 사람들은 물가가 오르기 전에 물건을 사려는 움직임을 보이게 되죠. 네, 성장이 나오면서, 그리고 수요가 늘어나면서 물가가 안정적으로 상승하는 인플레이션이야말로 우리 모두가 기다려야 할 지상 과제입니다.

반면 원유 가격의 급등, 혹은 화폐 가치의 급락으로 인해 만들어지는 인플레이션은 위의 인플레이션과는 전혀 다르죠. 경제 성장이 만들어낸 것이 아니기에 소비자들의 소득이 늘어나지 않았습니다. 오히려 화폐 가치가 하락하면서 기존에 보유한 현금성 자산의 구매력이 떨어졌을 뿐이죠. 가계 소비 주체의 소비 심리가 위축됩니다. 반면, 원자재 가격의 상승이나 화폐 가치 하락으로 인한 전반적인 생산비의 증가 때문에 기업들은 힘겨워하죠. 실제 소비 주체의 소득이 늘지 않아 소비가 약하기에 판매가를 크게 올리지는 못하는데, 제품 생산 원가가 올라간 겁니다. 그럼 기업의 마진이 줄어들게 되겠죠. 네, 정말 예쁘지 않은 인플레이션이 찾아오게 됩니다. 참고로 인플레이션의 시대였던 1970년대에는 미국 주식 및 채권시장이 모두 고전을 했죠. 원자재 및 금 가격만 올라가는 참 독특한 시대였습니다. 잠깐 다음 페이지의 차트를 보죠.

이 차트를 보면 어떤 느낌이 드나요? 네, 본능적으로 이런 형태의 인플레이션, 즉 종이 화폐의 가치가 무너지면서 나타나는 인플레이션의 경우 금 투자가 답이 될 수 있다는 생각이 팍 들지 않나요? 네, 코로나 19 사태 이후 Fed의 제로 금리 및 무제한 양적완화 정책이 도입되면서 투자자들 사이에서는 이렇게 돈을 많이 풀면 결국에는 인플레이션이 찾아오는 것 아니냐라는 질문을 하곤 합니다. 가능한 시나리오 중 하나입니다. 그리고 그런 인플레이션은 좋은 인플레이션이 아니고요, 1970년대와 같은 이른바 바람직하지 않은 인플레이션입니다. 그리고 이런 시나리오하에서는 주식, 채권시장이 모두 힘겨워하죠. 신뢰를 잃어버린

● 그래프 54 **S&P500 지수와 미국 10년 국채 금리(1965~1985년)**

1965년부터 1985년까지의 미국 주식 및 채권 금리 그래프입니다. 박스를 쳐둔 1970년대를 보면 주식시장이 10년 동안 큰 성과를 내지 못하는 것을 알 수 있습니다. 채권 금리는 1970년대 초반 6% 수준에서 우상향해서 1970년대 말 10% 수준까지 상승했죠. 금리의 상승은 채권 가격의 하락을 의미합니다. 네, 주식과 채권이 1970년대에는 동반 부진했던 시기였습니다. 원자재와 금이 유독 강세를 보였던 시기이기도 했죠.

종이 화폐의 대표인 달러 역시 마찬가지고요. 이런 상황에서 기대할 수 있는 우리의 대안 자산은 바로 '금'이 될 겁니다.

 Fed가 돈을 뿌려도 효과가 없기에 나타나는 글로벌 경기 침체 시나리오, 그리고 너무 많이 뿌린 돈 때문에 나타날 수 있는 나쁜 인플레이션의 시나리오를 살펴보았습니다. 이런 시나리오가 현실화될 수 있기에 우리는 철저히 대비해야 한다는 얘기를 떠나서 너무 우울한 디스토피아

330 •

를 그리고 있죠. 조심스럽지만 저는 이런 우울한 두 가지 시나리오가 현실화될 가능성은 그리 높지 않을 것으로 생각합니다. 제 천성이 낙관론자이다 보니 그런 생각을 하는 것도 있지만, 지난 인류의 삶을 보면 이런 어려움들을 하나하나 극복해왔다는 것을 알 수 있죠. 물론 현재 상황의 극복이 쉽지 않다는 점에는 동의하지만, 이번에도 지금의 저성장을 극복할 수 있는 해법이 반드시 나올 것이라는 기대를 갖고 있습니다. 그리고 그런 기대를 품고 긍정적인 마지막 시나리오를 하나 적어봅니다.

글로벌 경제 성장
시나리오

마지막 시나리오는 앞의 우울한 그림들과는 달리 성장이 나오는 시나리오입니다. 그리고 성장과 함께 안정적인 인플레이션이 나타나는 시나리오일 겁니다. 말이 안 된다고요? 음…… 어디서부터 얘기하면 좋을까요? 네, 무역 전쟁에서부터 시작합니다.

조금은 황당하지만 만약 무역 전쟁이 잘 풀린다면 어떻게 될지에 대해 생각을 해보는 겁니다. 무역 전쟁은 교역을 위축시키면서 글로벌 성장의 파이를 쪼그라들게 합니다. 그리고 성장의 파이가 줄어든 상태에서 미국이 그 줄어든 파이의 상당 부분을 가져가는 구도를 만들어냅니다. 여기서 소외된 이머징 국가들은 성장 정체로 인해 지속적으로 어려운 국면에 처하게 되죠.

이머징의 성장, 그야말로 답이 보이지 않는다는 생각이 듭니다. 그럼 이머징으로 투자 자금이 흘러갈 수 없겠죠. Fed가 아무리 돈을 많이 뿌려도, 전 세계 중앙은행이 아무리 달러를 비롯한 종이 화폐 공급을 늘려도 자금이 이머징 국가로 흘러들어 가지 않습니다. 상대적으로 성장이 강한 미국으로 자금이 몰려버리게 되죠. 기본적으로 Fed의 제로 금리 도입 및 양적완화는 달러 공급의 확대를 만들어내기에 달러 약세 요인입니다. 그러나 미국의 차별적 성장 때문에 미국 투자를 위한 달러 수요가 늘어나기에 달러가 오히려 강세를 보이고 있는 거죠. 미국의 차별적 성장은 뒤집어 말하면 이머징 국가의 성장 부진이 될 겁니다. 이런 이머징 국가의 성장 부진에는 무역 전쟁이 상당한 역할을 하고 있는 거고요. 이런 상황에서 무역 전쟁이 거짓말처럼 해소된다면 어떤 일이 벌어지게 될까요?

무역 전쟁의 해소가 가져올 시나리오

투자자들은 이머징 국가의 성장은 앞으로도 나오기 어려울 것이라는 판단을 하고 있을 겁니다. 무역 전쟁으로 인한 불확실성을 그 결정적인 요인으로 염두에 두고 있겠죠. 그런데 무역 전쟁이 완화된다면 투자자들은 이머징 국가가 최악에서 벗어나게 된다는 인식을 갖게 되겠죠. 그렇다면 극단적인 비관을 반영하면서 바닥으로 추락했던 이머징 국가들에 대한 투자 심리가 돌아서게 될 수 있습니다. 이머징 국가들로 투자 자금이 유입되겠죠. 그 과정에서 달러를 팔고 이머징 국가들의 통화를 사서 이머징 국가의 주식과 채권을 사게 됩니다. 그럼 미약하게나마 달러 약세가 나타나고 이머징 국가들로는 자금의 수혈이 가능해지게 되는 것 아닐까요?

자, 조금만 이어갑니다. 달러 약세는 달러 표시 부채가 많아 신음하고 있는 이머징 국가들의 실질적인 부채 부담을 낮춰주게 되죠. 무역 전쟁의 완화로 성장의 물꼬를 틀죠. 아울러 이 과정에서 나타난 달러 약세와 투자 자금의 유입으로 이머징 국가들의 부채 부담 역시 줄어들게 됩니다.

이머징 국가들에서 자금을 빼서 나가려는 수요가 강하다면, 그리고 달러 강세 기조가 워낙에 강하다면 이머징 국가들은 함부로 금리를 인하하거나 국가 부채를 크게 늘리는 적극적 경기 부양책을 쓸 수가 없죠. 그러나 이머징으로 자금 유입이 재개되고 달러 강세 추세가 한풀 꺾이게 되면 이머징 국가들은 강한 경기 부양에 나설 수 있을 겁니다. 그럼 이머징의 성장이 보다 뚜렷하게 강해지겠죠.

Fed는 이미 상당한 달러 공급을 해놓은 상태죠. 그러나 다른 국가들의 성장이 위축되어 있기에 그렇게 뿌린 달러가 미국으로 빨려들어가면서 달러 강세 기조가 바뀌지 않고 있습니다. 만약 이머징 국가들의 성장이 현실화된다면? 네, 뿌리고 있는 달러가 미국으로 가는 게 아니라 이머징 국가들로 갈 수 있겠죠. 그 과정에서 달러를 팔고 이머징 국가의 통화를 사들이게 될 테니 이머징 국가 통화 가치의 상승, 즉 달러 강세가 달러 약세로 돌아설 수 있습니다. 그럼 달러 약세는 이머징 국가의 달러 표시 부채 부담 완화를 만들어내고 이머징 국가의 경기 부양 룸을 만들어내게 되면서 추가적인 성장을 추동하는 그림을 만들어내겠죠. 네, 앞서 달러 강세에 의한 답 없는 악순환이 달러 약세의 선순환으로 바뀌게 될 수 있습니다.

믿을 수 없는 시나리오라고요? 네, 믿기 어려울 듯하여 2017년에 일어난 일을 이야기해보겠습니다. 2014~2016년의 미국 금리 인상에 기반한 달러 강세의 악순환 시나리오가 기억날 겁니다. 이 시나리오를 보기 좋게 깨버렸던 때가 바로 2017년이었죠. Fed는 금리 인상 속도 조절과 함께 유연한 달러 유동성 공급을 약속했고, 이머징 국가들은 자국 통화 강세와 함께 적극적인 내수 경기 부양에 나섰던 때였습니다. 2016년까지 진행되었던 달러 초강세가 거짓말처럼 풀리면서 급격한 달러 약세에 기반한 이머징 국가의 성장 스토리가 그려졌던 시기가 2017년이었죠.

조금 더 시곗바늘을 앞으로 돌리면 우리는 2005~2007년의 이머징 국가의 전성시대를 만날 수 있습니다. 1990~2000년의 10년 동안은 미국의 일방적인 성장 시기였죠. 미국 경제는 다른 어떤 나라보다 차별적 성장을 보여주면서 팍스 아메리카나라는 찬사를 받았고요, 기술주를 중심으로 미국 주식시장은 최장기 상승세를 기록했죠. 그리고 미국 자산을 사들이기 위한 투자자들의 쏠림 속에서 달러는 당연히 초강세 기조를 나타냈습니다. 미국으로 돈이 몰리면서 이머징 국가들은 당연히 소외되지 않았을까요? 1995년 멕시코 사태, 1997년 동아시아 경제 위기 그리고 1997년 12월에는 우리에게는 너무나 아픈 역사인 한국의 IMF 구제금융 사태가 연이어 발생했죠. 1998년에는 러시아가 모라토리움을 선언했고, 1999년에는 브라질과 아르헨티나가 모라토리움을 선언하게 됩니다. 그러다가 만난 것이 2000년 IT 버블 붕괴와 2001년의 9.11 테러였습니다. 그 이후 유일한 세계 경제 성장 엔진인 미국 경제는 무너져 내리기 시작했죠. 그럼 전 세계의 성장 엔진은 꺼진 것인가…… 그게 아니었죠. 이머징 국가들의 성장 엔진이 가동되었고 전 세계의 성장은 이머징 국가들에 의해 추동이 되었답니다. 당시 급격한 달러 약세와 함께 브릭스 국가(브라질, 러시아, 인도, 중국)를 중심으로 한 이머징 국가 전성시대가 열렸던 기억이 있습니다. 미국이라는 성장 엔진이 주춤한 사이 이머징 국가라는 새로운 성장 엔진이 불을 뿜었던 것이죠.

저는 과거 2000년대 초중반과 2017년의 달러 약세 국면을 제시하면서 이머징 국가의 성장이 다시금 재개될 수 있는 희망을 말했습니다. 그리고 그런 희망을 점화시키기 위한 시발점으로 무역 전쟁의 완화를 짚어보았던 겁니다. 일단 긍정적인 것은 좋은데 꿈같은 얘기로 들린다고요? 무역 전쟁이 완화될 것인가에 대한 회의감도 강하게 드실 것이라 생각합니다. 음…… 그럼 2016년 2월로 가보죠.

달러 약세 배경에 G20 '상하이 비밀 합의' 있다

연합뉴스, 2016. 3. 21)

미국 달러화의 가치가 최근 몇 주간 크게 떨어진 배경에는 '상하이 합의'가 있

다는 설이 제기되고 있다고 마켓워치가 20일 보도했다. 주요 20개국(G20) 중
앙은행장들이 지난달 말 중국 상하이에서 열린 G20 회의에서 글로벌 금융시
장의 안정을 위해 미국 달러화 가치를 떨어뜨리기로 비밀 합의했다는 주장이
다.(후략)

사우디, 러시아 등 4개국 산유량 동결.. OPEC – 非OPEC 첫 합의

(연합뉴스, 2016. 2. 16)

당시 글로벌 금융시장은 미국 금리 인상의 파고 속에서 크게 흔들리
고 있었죠. 미국은 자국 경제의 회복을 근거로 빠른 금리 인상을 예고
했죠. 이는 달러 강세를 촉발했고 이머징 국가를 비롯한 전 세계 주식
시장이 부진의 늪에 빠져버렸던 때였습니다. 아울러 미국 금리 인상으
로 인한 원유 수요 둔화가 사우디와 러시아의 원유 공급 확대 경쟁과
맞물리면서 국제유가 역시 큰 폭으로 하락하고 있었죠. 유가의 큰 폭
하락으로 인해 모두가 죽을 것이라는 공멸의 리스크를 읽게 되자 사우
디와 러시아가 감산 공조를 시사하게 됩니다. 지금이야 OPEC+가 익
숙하지만 당시만 해도 사우디와 러시아의 감산 공조라는 것이 그리 익
숙한 스토리가 아니었습니다. 그러나 공멸의 위기의식 앞에서 이 둘은
손을 잡게 되었고요, 우선적으로 추가 증산을 멈추는 데 역사적인 합의
를 하게 되죠. 이 합의로 인해 하릴없이 무너지던 국제유가는 바닥을

잡는 데 성공합니다.

국제 공조는 산유국들 사이에서만 나타났던 것이 아니었죠. 2016년 2월에 미국 Fed는 달러 강세를 촉발했던 금리 인상 예고를 철회합니다. 2016년 초에 Fed는 그해에만 네 차례 금리 인상을 예고했는데요, 속도 조절을 하겠다는 것을 암시하죠. 마찬가지로 관련 기사를 보고 가죠.

美 3월 금리 인상 먹구름… Fed, 악재에 굴복하나
(연합인포맥스, 2016. 02. 04)

금융시장 변동성이 확대되고 글로벌 경기도 부진한 모습을 보이자 미국 연방준비제도(Fed)가 오는 3월 기준금리를 올리지 못할 것이란 전망이 강화되고 있다. 중국 등 신흥국 경제 성장세가 둔화하고 일본과 유럽이 통화완화 기조를 지속하는 가운데 미국의 서비스업 경기에 적신호가 들어오자 Fed가 금리를 올리기 어려운 상황이 조성됐다는 진단이 쏟아져 나오고 있다. Fed가 올해 기준금리를 네 차례 올릴 것이라던 시장 전망은 후퇴하고 올해 첫 금리 인상 예상 시점도 점차 늦춰지는 모습이다. 최근 라엘 브레이너드 Fed 이사는 "최근 경제 동향이 (통화정책에 대한) 판단을 유보하고 예의 주시watchful waiting 해야 할 필요성을 키웠다"며 "중국 등 신흥국 금융시장 스트레스와 선진국 저성장이 미국 경제에도 영향을 미칠 수 있다"고 말했다. (후략)

실제 2016년 내내 금리 인상은 2016년 12월 한 번에 그쳤습니다. 네 차례 금리 인상이 예고되었던 만큼 당시 달러 가치는 하늘 높이 치솟으면서 강달러 기조를 보였죠. 그러나 금리 인상 속도가 크게 늦춰질 것이

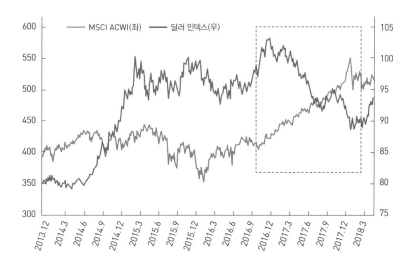

MSCI ACWI는 'All Country World Index'를 말합니다. 전 세계 주식시장의 주가를 인덱스화 한 지수입니다. 2017년을 보면 ACWI가 빠른 속도로 우상향함을 알 수 있죠. 그리고 그런 주가의 강세는 급격한 달러 약세와 함께했다는 것을 무너지는 달러 인덱스 수치를 보면서 느낄 수 있습니다. 그리고 이런 '주가 강세 & 달러 약세'는 2018년 1월 말에 막을 내리게 되죠.

라는 기대감이 커지면서 달러는 빠른 속도로 약세 전환하게 됩니다. 그리고 달러 약세로 인해 한숨 돌리게 된 이머징 국가들이 자국의 성장에 박차를 가하게 되죠. 미국 금리 인상 속도가 늦춰지며 달러 약세 요인이 발생합니다. 여기에 이머징 국가들의 성장이 강하게 나와주면서 이머징 국가들로 투자 자금이 유입되기 시작합니다. 당연히 달러를 팔고 이머징 국가 통화를 사면서 자금이 유입되었겠죠. 달러 약세가 보다 강하게 나오게 된 겁니다. 미국 Fed의 금리 인하와 이머징 국가들의 성장 부양 정책이라는 글로벌 정책 공조가 앞서 얘기했던 2017년 달러 약세에 기반한 글로벌 금융시장 강세장을 만들어내었던 겁니다.

2016년 2월 나타난 산유국 간의 그리고 미국과 이머징 국가 간의 두 가지 정책 공조를 얘기했습니다. 한 국가 내에서도 특정 정책에 대한 의견 합의를 만들어내기 쉽지 않죠. 당연히 다른 국가와의 정책 합의를 만들어내기란 훨씬 더 어려울 겁니다. 각 국가마다 이해가 서로 다르기 때문이죠. 이들이 정책 공조를 하게 되는 동인은 무엇일까요? 네, 위기입니다. '공멸의 위기' 앞에서 정책 공조에 합의를 하게 되는 것이죠. 현재의 저성장 상황이 별다른 해법 없이 계속 이어지게 된다면 앞서 얘기한 디스토피아 시나리오를 만나게 될 수 있습니다. 아무런 대응 없이 이런 디스토피아를 받아들이게 될까요, 아니면 이런 디스토피아 시나리오를 극복하기 위한 정책 공조의 대응을 보게 될까요?

천성이 낙관론자인 저는 후자를 기대합니다. 네, 저는 달러 약세에 기반한 글로벌 성장의 재개가 가능하다고 생각합니다. 다만, 이를 위해서는 과거 2017년과 같이 '달러 약세'라는 글로벌 정책 공조가 필요합니다. 그리고 정책 공조는 위기 속에서 싹트게 되지 않을까라는 조심스러운 생각을 해봅니다.

다변화된 시장의 투자 포트폴리오

그럼 마지막으로 이런 긍정적 시나리오가 현실화된다면 어떤 투자가 효과적일까요? 달러는 다른 통화 대비 빠른 약세를 보일 수 있습니다. 다만 미국의 완화적 통화 정책으로 달러의 공급이 늘어난 데다 이머징 국가의 성장으로 달러 수요까지 줄어들게 되면서 달러 가치가 빠른 하락세를 보이는 만큼 금 가격은 강세를 나타낼 수 있겠죠. 이머징 시장으로 자금이 유입되면서 2017년 이후 계속해서 부진을 거듭했던 한국을 비롯한 이머징 주식시장 역시 강한 흐름을 나타낼 수 있을 것으로 생각합니다. 마지막 시나리오에서는 달러는 약해지고 금은 강해지는 그림을 볼 수 있겠네요.

이제 마지막으로 정리합니다. 현재의 저성장 국면을 설명했죠. 미국 유일의 성장은 지속가능하지 않다는 점도 아울러 얘기했습니다. 지속가능하지 않다는 것은 결국 무엇인가 새로운 상황으로의 변화를 의미하죠. 디스토피아로 변할 수도 있습니다. 그런 디스토피아 상황이 오지 않기를 바라고, 또 와서도 안 되지만 투자의 세계에서는 이런 바람보다는 현실적인 대비가 필요하죠. 만일의 사태를 위한 효과적 대비를 위해서 금과 달러가 이런 상황을 극복하는 데 도움을 줄 것이라고 생각합니다. 그리고 아직은 현실적으로 보이지 않지만 2017년과 같은 달러 약세에 기반한 긍정적 시나리오하에서는 지금까지 소외되었던 이머징 국가의 자산이나 금 역시 새로운 탄력을 받을 수 있다고 봅니다.

미래를 예측한다는 것은 정말 어렵습니다. 너무나 많은 변수가 존재하고 향후에도 어떤 돌발 이슈가 나타날지 알 수 없기 때문이죠. 주식으로만, 혹은 채권으로만 투자를 해서는 대비할 수 없는 그런 상황이 펼쳐질 수 있습니다. 이에 대한 효율적 대비를 위해 우리는 달러와 금이라는, 아직은 우리에게는 생소한 자산들에 대한 투자도 필요하다고 봅니다. 이들에 대한 투자를 위해서는 이 두 자산이 어떤 특성을 갖고 있는지를 살펴봐야 할 겁니다. 지금까지 짚어본 달러 및 금에 대한 설명과 현 시장 상황, 그리고 앞으로의 조심스러운 전망이 보다 다변화된, 그리고 보다 많은 시장 상황에 유연하게 대비할 수 있는 투자 포트폴리오를 구성하는 데 도움이 될 수 있기를 바랍니다.

THE BIG SHIFT OF MONEY

두 가지 질문

지금까지 긴 역사를 통해서, 그리고 최근의 시장 흐름을 통해서 금과 달러에 대한 이야기를 했습니다. 물론 이 정도까지의 스토리 라인은 아니지만 예전에 투자 상담을 해드렸던 고객 분께 이와 비슷한 설명을 하면 항상 뒤따라 나오는 질문이 두 가지가 있었습니다. 첫 번째는 바로 이거죠.

"그런데 금이나 달러는 구체적으로 어떻게 투자를 하면 되나요?"

네, 결국 이 부분이 가장 궁금할 겁니다. 그래서 간단히 에필로그를 통해 답변을 해봅니다.

우선 금의 경우는 금 ETF에 투자를 하는 방법, 금 투자 펀드를 사는 방법, 금 실물을 사거나 금 통장을 만드는 방법이 있습니다. 네 가지나 되니까 좀 복잡한 느낌을 받을 수 있으실 텐데요, 하나씩 얘기해보겠습니다.

일단 ETF는 'Exchange Traded Fund'의 약자입니다. 이 책은 ETF를 전문적으로 분석하는 책이 아니니까 아주 러프하게 얘기할게요. 투자자들이 다양한 투자 자산을 쉽게 투자하실 수 있도록 만든 금융 상품입니다. ETF에는 주식, 채권뿐 아니라 이 책에서 다루고 있는 금이나 달러, 원유, 농산물 등 정말 다양한 자산들을 쉽게 투자할 수 있도록 지수화해두었죠. 금 ETF에 투자하게 되면 국제 금을 매입한 것과 비슷한 효과를 기대할 수 있습니다.

금 펀드는 ETF와는 조금 차이가 있는데요, 금 실물에도 투자를 하지만 금에 대한 투자를 펀드 매니저가 역동적으로 조절할 수 있죠. 그리고 금에만 투자를 하는 것이 아니라 금 관련 기업의 주식에도 투자를 할 수 있습니다. 국제적으로 금을 채굴 혹은 판매하는 기업의 주식에 투자를 하는 거죠. '그게 그거 아니냐?'라는 생각이 들 수도 있지만 금 자체에 투자하는 것과 금 관련 기업의 주식에 투자할 때 투자 수익률이 다소 차이가 날 수 있답니다.

금 가격이 오르면 금 관련 기업의 매출이 늘어날 것이기 때문에 주가는 오를 가능성이 높죠. 그러나 만약 시중금리가 크게 뛰어 해당 기업의 이자 부담이 크게 늘어나게 되거나 혹은 기업 내부의 문제가 발생하여 투자자들이 해당 기업을 선호하지 않게 된다면 금 가격의 상승에도 불구하고 기업 자체적인 이슈로 인해 금 가격이 오른 만큼의 수익을 내지 못할 가능성이 있습니다. 물론 반대로 금 가격의 상승보다 금 관련 기업의 주가가 크게 오르면서 더 높은 수익을 가져다줄 수도 있겠죠. 다만 금 가격의 오르내림을 오롯이 반영되지 못할 수 있다는 점을 기억해둘 필요가 있습니다. 앞서 얘기한 ETF는 금 가격을 반영하는 것이 대부분이지만 그중에는 금 관련 기업의 주가를 따라가는 ETF도 있는 만큼 투자하기 전에 어디에 투자를 하는 상품인지를 꼼꼼히 챙겨보는 게 필요할 겁니다.

그럼 실물은 어떨까요? 금 실물을 매입하면 일단 든든합니다. 100g, 혹은 1kg의 골드바를 사들이는 것인데요, 골드바는 보유하는 것 그 자체로 든든합니다. 다만 이런 골드바를 사들일 때 금 가격 외에 부가세 10%를 추가로 부담해야 한다는 게 안 좋은 점이죠. 그래서 다른 금 투자 대안과 비교했을 때 금을 가장 직접적으로 보유하는 느낌은 받지만 부가세 10%를 추가로 내야 하기에 가장 높은 비용을 치러야 한다는 단점이 있습니다.

마지막으로 금 통장을 말씀드렸죠? 요즘 시중 은행을 방문해보면 달러 통장처럼 금을 사서 쌓아둘 수 있는 통장이 있답니다. 금 실물을 가지는 것은 아니지만 금을 몇 그램 사들였다는 금 거래 내역이 찍히는 통장을 받을 수 있죠. 그리고 통장 내에 보유한 금을 사고팔 수 있습니다. 시중 금 가격의 오르내림을 잘 반영할 수 있다는 점도 장점이라고 할 수 있습니다.

편의성을 생각한다면 금 ETF나 금 통장이 수월할 듯하고요, 실물 금을 보유하고 싶은 분들은 금 실물을 매입하는 방법을, 그리고 금 관련 기업에 대한 투자를 통해 '플러스 알파'를 추구하고자 하는 분들은 금 펀드를 생각해보면 좋을 듯합니다.

달러 역시 비슷합니다. 달러 ETF가 있고요, 달러 실물을 보유할 수도 있고, 마지막으로 달러 통장을 개설해서 꾸준히 달러를 쌓을 수도 있죠. 달러 ETF를 살 때에는 일종의 달러 ETF를 주식처럼 거래하는 컨셉이다 보니 소정의 거래 수수료가 발생하게 되죠. 달러 실물을 보유하거나 달러 통장을 통해 달러를 매입하는 경우에는 은행 환전 수수료가 발생하게 됩니다. 크지는 않지만 달러 투자에서 이런 수수료는 무시할 수 없는 요소인 만큼, 특히 달러를 큰 규모로 투자하려는 분이라면 충분히 고려해야 한다고 봅니다.

첫 번째 질문, 즉 달러와 금 투자를 어떻게 하면 좋을지에 대한 답을 간단히 해봤습니다. 여기까지 설명하면 이어지는 두 번째 질문이 또 있습니다.

"그럼 빚 내서 금이나 달러를 사라는 건가요?"

어떻게 보면 매우 민감한 질문이라고 할 수 있죠. 사람마다 투자의 스타일은 다릅니다. 모험적인 투자를 선호하는 분이라면 충분히 고려해볼 수 있는 투자 방법이라고 생각합니다. 그런데요, 저는 이런 모험적 투자가 전체의 투자 스타일을 대변하지는 않는다고 봅니다. 이 책 전반에 걸쳐서 달러 투자는 '포트폴리오의 보험 컨셉'에서 접근하라는 데 초

점을 맞추고 있죠. 그리고 금 역시 화폐 가치의 하락으로부터 내 투자 포트폴리오를 지킬 수 있는 자산임을 강조하고 있습니다. 즉, 어디까지나 전체 투자 자산의 일부로서 금과 달러를 감안할 필요가 있습니다. 특정 투자 자산에 몰빵식으로 넣는 것보다는 주식과 채권을 나누고, 주식과 채권의 분산만으로 커버할 수 없는 위기가 찾아왔을 때 금과 달러라는 자산이 큰 도움을 줄 수 있죠. 내 투자 포트폴리오가 고려하지 못하는 예상 외의 위기 국면을 대비한다는 점에서 꼭 고려해야 하는 자산입니다. 빚 내서 달러 초강세, 혹은 금 가격 강세에 투자하라는 말과는 맥이 다르다는 점을 꼭 기억해주었으면 합니다.

2020년부터 시작된 유례없는 팬데믹 사태를 겪으면서 이런 생각을 해보게 됩니다. '앞으로는 이런 이례적인 시장 급변 상황이 자주 나타날 수도 있겠다'라고요. 근본적인 부채의 문제를 뼈를 깎는 구조조정 등의 힘든 과정을 통해 해결하는 것이 아니라 화폐의 공급을 늘리고 오히려 부채를 더 늘리면서, 그리고 문제를 봉합하면서 현재의 상황을 이어가고 있습니다. 이 같은 현재의 상황이 이어진다면 작은 충격에도 금융시장이 매우 크게 흔들릴 수도 있다고 봅니다.

이런 급격한 변화가 자주 찾아오게 된다면 우리는 어떻게 대응을 해야 할까요? 그때그때 시장 상황을 판단해서 귀신같이 적절한 자산을 사고 판다 일까요? 주가가 떨어질 것 같으면 빠르게 주식을 팔고 안전 자산을 사들이고, 바닥이 온 것 같으면 빠르게 주식으로 바꾸어 타는 이런 신과 같은 대응이 가능할까요? 어지간한 전문가들도 이런 식의 대응은 사실상 불가능할 겁니다. 이 책을 읽는 개인투자자들은 이런 식의 비현실적 가정보다는 급격한 변화에서도 흔들리지 않는 촘촘한 포트폴리오를 구축한다는 관점으로, 그 일환으로 금과 달러를 고려해야 한다는 관점으로 이 책을 이해해주었으면 합니다.

앞서 책의 프롤로그에서 저는 많은 분들과 매크로 경제라는, 일견 매우 복잡해 보이는 분야에 대한 소통의 일환으로 이 책을 집필했다는 얘기를 드린 바 있습니다. 나름 쉽게 쓴다고 노력은 했지만 많은 아쉬움이 남는 것도 사실입니다. 금본위제에 대한 부분이나 대공황, 혹은 금융위기에 대한 이야기는 조금 더 깊게 다루었으면 하는 생각이 있었지만 금이라는 주제 하나를 다루는데 너무 부수적인 역사 담론을 길게 언급하면 본질이 흐려질 수 있기에 적지 못했던 내용도 많습니다.

그리고 너무 연대기적으로 몇 년도에는 무슨 일이 있었고, 몇 년에는 무슨 일이 있었고 하는 식의 팩트 기술을 계속 이어가면 단조로워질 수 있기에 중간 중간 뛰어넘은 부분도 있었습니다. 사실 역사적 흐름 하나하나가 모두 중요하다고 봅니다. 다만 한 권의 책에 모두 담아낼 수 없기에 다루지 못했을 뿐이죠. 향후에 다른 주제를 다루게 될 때 이런 부분들도 함께 담아낼 수 있도록 고민해보겠습니다.

금융시장은 살아 있는 생명체와 같습니다. 매일 새로운 모습으로 변화해나가죠. 이런 금융시장의 변화에 대응하기에는 이 책의 내용만으로는 많이 부족하다고 할 수 있죠. 특히 코로나19 사태 이후의 극적인 변화가 이어지는 최근의 상황을 보면 더더욱 이를 절감하게 됩니다. 이 책을 읽는 독자분들께서도 이를 감안해서 지속적으로 시장의 변화를 읽어가는 습관을 기르기를, 그리고 이 책을 통해 쌓은 지식이 그런 습관을 배양하는 데 도움이 되기를 진심으로 기원하며 이만 줄이겠습니다. 감사합니다.

금융시장에 대한 본격적인 공부를 하고자 하는 분들이 어떤 책을 읽으면 좋을지를 많이 물어봅니다. 기회를 빌려 여기서 책 몇 권을 소개해보고자 합니다. 난이도에 따라 상중하로 나누어보았습니다. '난이도 하'는 읽기 쉬운, 초심자 분들에게 추천하는 책입니다. 단, 난이도가 낮다는 것일 뿐 책의 완성도와 가치는 매우 높다는 점을 꼭 기억해주었으면 합니다.

● 난이도 : 하

(1) 박정욱, 《중동은 왜 싸우는가?》, 지식프레임, 2018

국내에 중동 역사에 대해 이 정도로 잘 다룬 책은 드물 거라고 생각됩니다. 중동 이야기를 쉽고 흥미롭게 풀어나가는 탁월한 책입니다. 참고로 책 자체도 정말 가치가 있지만, 이 분의 유튜브 방송을 보는 것도 중동 경제를 이해하는 데 큰 도움이 되리라 생각합니다.

(2) 차현진, 《금융 오디세이》, 인물과사상사, 2013

(3) 차현진, 《숫자 없는 경제학》, 인물과사상사, 2011

차현진 박사님의 책은 금융 역사를 다룬 책 중에서도 백미라고 할 수 있습니다. 정말 좋은 책들이 많은데요, 일단 이 두 권을 금융 역사를 공부하는 초심자 분들을 위해서 추천합니다. 먼 옛날부터 최근에 이르기까지 화폐와 관련되어 일어나는 일련의 사건들을 흥미진진하게 읽어나갈 수 있는 좋은 기회가 될 겁니다. 참고로, 차현진 박사님이 가끔 언론에 기고를 하시곤 하는데, 그 글을 찾아 읽어보는 것도 도움이 됩니다. 저 역시 종종 포털 검색창에 박사님 이름을 치고 기고하시는 글을 읽어보곤 합니다. 통화 정책에 관한 국내 최고 권위자라고 생각합니다.

(4) 게랄트 브라운 베르거 · 베네딕트 페르, 오승구 옮김, 《한 권으로 읽는 경제위기의 패턴》, 웅진윙스, 2009

경제위기의 역사를 부담스럽지 않은 수준에서 다룬 책입니다. 《금융투기의 역사》와 같은 다소 깊이가 있는 책을 읽기 전에 가볍게 위기의 역사에 대해 심플하게 읽어보고자 하는 초심자 분들에게 적합하다고 봅니다.

(5) 최지웅, 《석유는 어떻게 세계를 지배하는가?》, 부키, 2019

원유 패권에 대한 역사를 알기 쉽고 재미있게 풀어 쓴 책입니다. 개인적으로 중동의 역사를 공부하고 싶었는데 이 책을 접하면서 매우 쉽고 즐겁게 해당 내용을 공부한 기억이 납니다. 초심자 분들이 원유 패권에 대해 공부할 때 입문서로 적합한 책이라고 봅니다.

● 난이도 : 중

(6) 안근모, 《샤워실의 바보들》, 어바웃어북, 2014

개인적으로 존경하는 '글로벌 모니터'의 안근모 편집장님이 쓰신 책입니다. 일단 내용이 어렵지 않으면서도 깊이가 상당한 책입니다. 금융위기 이후 2015~2016년까지의 상황을 통화 정책 관점에서 심도 있게 다루고 있지만 다양한 삽화와 쉬운 예시를 들기에 그리 어렵지 않게 읽힙니다. 각국 중앙은행의 통화 정책에 대한 이해도를 한 단계 업그레이드 시키고자 한다면 이 책이 정답이라고 생각합니다. 그리고 '글로벌 모니터'의 리서치 역시 레벨이 다른, 좋은 정보를 제공한다는 점도 참고하기 바랍니다.

(7) 이종헌, 《에너지 빅뱅》, 프리이코노미북스, 2017

에너지 관련 책 중에서는 가장 손꼽히는 책이 되어야 하지 않나 싶습니다. 에너지 시장의 역사에서부터 현재 각국의 에너지 정책 상황, 향후 흐름과 나아가야 할 방향까지 정말 많은 것을 배울 수 있게 하는 명저라고 생각합니다. 개인적으로 수차례 읽은 책입니다. '강추'합니다.

(8) 홍성국, 《수축사회》, 메디치미디어, 2018

홍성국 님의 책은 일단 현실에 대한 냉정한 인식을 바탕으로 시작합니다. 그리고 구조적인 문제와 역사적으로 축적된 모순들에 대해 매우 날카로우면서도 직관적으로 이해가 될 수 있도록 설명을 해줍니다. 현 저성장 국면과 부채 이슈에 대한 인사이트를 얻기에 정말 좋은 명저입니다.

(9) 김기수, 《중국 경제 추락에 대비하라》, 살림출판사, 2012

국제 화폐 금융 체계에 대한 정말 깊은 이해를 갖고 계신 분입니다. 이 분이 중국 경제를 바라보는 시각을 담은 책인데요, 어렵지 않으면서도 핵심을 빠르게 파악하는 데 큰 도움이 됩니다. 현재 중국 경제가 처해 있는 핵심적인 리스크가 무엇인지를 알고 싶다면 '강추'하는 책입니다.

(10) 임경, 《돈은 어떻게 움직이는가?》, 생각비행, 2020

두껍지만 재미있게 읽히고, 쉬워 보이지만 절대 쉽지 않은 내용을 담은 좋은 책입니다. 한국은행에 근무하는 저자는 특유의 재미있는 강의 스킬을 바탕으로 책역시 편안한 구어체로 이루어져 있습니다. 통화 정책, 외환 정책 등에 대한 깊이있는 설명을 들어보고 싶다면 이 책을 추천합니다.

(11) 유재수, 《다모클레스의 칼》, 삼성경제연구소, 2015

앞에서 《한 권으로 읽는 경제위기의 패턴》 읽었다면 이 책으로 한 단계 더 레벨업 하기를 권합니다. 단순히 특정 위기를 단편적으로 설명하고 지나가는 것이아니라 깊이 있는 지식에 근거해서 당시의 세계 경제 상황과 역사적 흐름까지반영해 위기를 설명해주는 책입니다. 저도 개인적으로 세 번이나 읽은 책인 만큼 경제 역사에 흥미를 가진 분들이면 큰 도움을 받을 수 있으리라 생각합니다.

● 난이도 : 상

(12) 도쿠가츠 레이코, 유주현 옮김, 《마이너스 금리의 경고》, 다온북스, 2016

난이도는 높은데요, 국내 책들에서는 만나기 어려운 내용들을 많이 담고 있습니다. 특히 일본의 통화 정책이나 일본 금리 등에 대해서는 이 정도로 세심하고 전문적으로 설명하는 책을 국내 서적 중에서는 만나기 어려울 듯합니다. 외환 시장에 몸담고 있는 분들이라면 일독을 권합니다.

(13) 레이 달리오, 송이루 · 이종호 · 임경은 옮김, 《레이 달리오의 금융 위기 템플릿》, 한빛비즈, 2020

개인적으로 가장 존경하는 금융투자 전문가 레이 달리오의 책입니다. 내용이 쉽지는 않습니다. 금융위기의 역사에 대한 깊이 있는 고민을 하고자 하는 분들에게 추천합니다.

(14) 김기수, 《국제통화 금융체제와 세계 경제의 패권》, 살림출판사, 2011

개인적으로 지금도 통화 정책 공부의 교과서로 삼고 있는 책입니다. 제가 갖고 있는 책은 페이지마다 구멍이 나 있을 정도로 많은 줄을 긋고 별표를 치며 읽었습니다. 쉽지 않은 내용이지만 그 많은 내용 중 거를 것 하나 없는 고급 서적이라고 생각합니다. 통화 정책의 역사에 대해 더 알고 싶은 분, 통화 정책에 대한 이해도를 한 레벨 더 올리려는 분들에게 추천합니다. 단, 내용이 좀 어렵습니다.

(15) 리처드 쿠, 정성우 · 이창민 옮김, 《밸런스시트 불황으로 본 세계 경제》, 어문학사, 2014

밸런스시트 불황에 대해 설명하면서 기존 매크로 경제학이 담아내지 못하는 인사이트를 남겨주는 책이죠. 지금의 상황을 이해하기에 정말 적합한 책이 아닐 수 없습니다. '강추'합니다.

달러와 금의 흐름으로 읽는 미래 투자 전략

부의 대이동

초판 1쇄 발행 2020년 7월 20일
초판 25쇄 발행 2024년 7월 10일

지은이 오건영
펴낸이 김선준

편집이사 서선행
편집3팀 최한솔, 오시정, 최구영
마케팅팀 권두리, 이진규, 신동빈
홍보팀 조아란, 장태수, 이은정, 유준상, 권희, 박지훈, 박미정
경영지원 송현주, 권송이

펴낸곳 페이지2북스 **출판등록** 2019년 4월 25일 제2019-000129호
주소 서울시 영등포구 여의대로 108 파크원타워1 28층
전화 02) 2668-5855 **팩스** 070) 4170-4865
이메일 page2books@naver.com
종이 (주)월드페이퍼 **인쇄·제본** 한영문화사

ISBN 979-11-968310-8-0 (03320)